Ervas e Benzimentos

Ervas e Benzimentos

O LIVRO SAGRADO

FÁBIO DANTAS

Edição revista
e ampliada

academia

Copyright © Fábio Dantas, 2023
Copyright © Editora Planeta do Brasil, 2023
Todos os direitos reservados.

Revisão: Franciane Batagin e Fernanda Guerriero
Projeto gráfico e diagramação: Estúdio Negrito
Ilustrações de miolo: Jean Carlo da Silva
Ilustração e composição de capa: Luísa Fantinel

O conteúdo a seguir é baseado nas experiências profissionais e estudos do autor. Seu objetivo é fornecer material útil e informativo sobre os assuntos abordados e de maneira alguma substitui aconselhamento médico ou psicológico.

CIP-BRASIL. CATALOGAÇÃO NA PUBLICAÇÃO
ANGÉLICA ILACQUA CRB-8/7057

Dantas, Fábio
Ervas e benzimentos: o livro sagrado / Fábio Dantas inspirado pelo espírito Pai Benedito de Aruanda. São Paulo: Planeta do Brasil, 2023.
352 p. : il.

ISBN: 978-85-422-2202-9

1. Ervas – Uso terapêutico 2. Benzimentos 3. Obra espírita I. Título II. Benedito de Aruanda, Pai (Espírito)

23-1841   CDD 615.537

Índice para catálogo sistemático:
1. Ervas – Uso terapêutico

 Ao escolher este livro, você está apoiando o manejo responsável das florestas do mundo, e outras fontes controladas

2025
Todos os direitos desta edição reservados à
Editora Planeta do Brasil Ltda.
Rua Bela Cintra 986, 4º andar – Consolação
São Paulo – SP – 01415-002
www.planetadelivros.com.br
faleconosco@editoraplaneta.com.br

"São luzes resplandecentes do astral a capacidade e o agir do ser encarnado na busca pela paz interior. Bater em portas corretas dignas da essência pueril natural é bálsamo que não se prima a nenhum filho. Os ventos, as tempestades, os tufões e os furacões chegam para limpar impurezas guardadas e não deixadas partir. Sei que o adeus é desesperador a tantas coisas ruins já acostumadas no peito e alimentadas pela mente, mas chegou a hora. Respeite-se."

Pai Benedito de Aruanda

Com Deus me deito,

Com Deus me levanto.

Com a Virgem Maria

E o Espírito Santo...

Gratidão

Agradeço ao Espírito Pai Benedito de Aruanda pela inspiração desta obra.

A Thyago Avelino, companheiro de jornada, pela parceria na construção e expansão do Centro de Formação Espiritual Águas de Aruanda e dos saberes milenares.

A Jean Carlo, por entender mais uma vez a essência transmitida pela espiritualidade para a construção da obra, mostrada aqui por meio das ilustrações, que vão além de um resgate de memórias.

Às benzedeiras Dona Dionelia e Neide, minhas primeiras professoras da arte do benzimento.

Aos meus pais, que me apresentaram desde cedo os benefícios das plantas.

Aos familiares, amigos e a você, que a partir de agora começa essa jornada das ervas e dos benzimentos.

À editora Planeta, pela parceria, e especialmente a Clarissa Melo, Fernanda Simões Lopes e Bernardo Machado, pelo carinho e pela atenção na condução do projeto.

Prefácio

A presente obra é um compêndio de organização e de disciplina do autor, compreendendo um marco orientador para aqueles que desejam aprofundar-se no fascinante saber dos benzimentos, ambos oriundos das orações feitas com ramos de plantas.

O Bem se manifesta em todo ato de amor, sendo a natureza profundamente abundante e plena em tudo que coloca à disposição dos seres encarnados. Nesse contexto, o manchester de observar o poder dos fluidos benéficos das plantas para o infinito compartilhar com os humanos é uma experiência incomensurável para toda a Espiritualidade que conduz a seara de regeneração.

Benditos sejam aqueles que estendem as mãos em prol do outro, lembrando sempre que o outro é você e você é o outro. A sinergia majestosa ao caminhar de mãos dadas com o Todo, manifestado no microcosmo (seres em experiência humana) com o macrocosmo (planetas, galáxias, estrelas), faz lembrar os saberes conscienciais ainda despertos no âmago encarnatório dos que se prestam a servir com benzeduras e direcionamentos herbários.

Em nome do Pai, da Mãe, do Filho e do Espírito Santo. Todo e qualquer ser em experiência encarnatória pode realizar o sinal da cruz na testa; cruzando todo o corpo com esse pequeno e poderoso gesto na nuca, no peito e nos lados dos braços. Afugentando, assim, todo o mal que esteja a se alimentar dos seus fluidos vitais.

A autobênção também é possível, realizando o cruzamento sobre o próprio corpo, sempre com a mente em oração e na vigília dos pensamentos.

As ervas – para banhos, infusões, macerações, benzeduras – são meios originários de conexão com um Deus vivo em plasma verde, disponível na natureza. Deus é manifestação de tudo que há de bom e próspero nas dimensões herbárias existentes no planeta Terra, devendo os seres em experiência humana proceder a estudos de aproximação para compreender alguns dos mistérios revelados e disponíveis para o processo de autocura de cada Ser.

Neste livro, você encontra um profundo e sério estudo sobre o assunto, sem devaneios do autor, que se mantém continuamente comprometido com a partilha de informações de alto calibre, diante da condução sutil da Egrégora Espiritual sempre presente.

Cada traço, palavra e pensamento foi devidamente registrado nesta obra com o primor de quem está com a consciência em quinta dimensão, despertando memórias ancestrais trazidas desde o plantio dos campos excelsos em Atlântida.

Caro leitor, renovo o meu pedido de estudo contínuo na sua caminhada; afinal, estar em experiência encarnatória significa um ato de coragem e de amor ao Bem Maior manifestado no espírito, acumulando saberes. Lembre-se, portanto, de fortalecer os degraus dessa experiência com estudo, estudo e estudo.

Desejo ótima viagem na jornada das ervas e dos benzimentos, ensinados de maneira tão educativa e sensível pelo autor.

"Deus Pai, Mãe, Divina Consciência, abençoai o leitor que inicia a jornada de leitura e de aprofundamento dos seus próprios Eus por meio desta obra, iluminando-o em momentos de escuridão da mente e encorajando-o nos momentos de desânimo, pois sois a lamparina acesa e regente de toda a humanidade. Assim seja em manifestação."

O amor é uma canção que une versos do coração, assim como descrevo este livro abençoado pela Excelsa força maior.

Somos uno.

Espírito Pai Damião
Por Thyago Avelino

Pai Benedito

Apresentação

Desde criança, na cidade de Frei Paulo, interior de Sergipe, fui apresentado a esse mundo das ervas, pois morava vizinho a uma benzedeira cuja sabedoria e cura faziam parte do seu propósito de vida.

Diversas vezes fui bafejado com a cura que vinha dos galhos das ervas e dos benzimentos daquela benzedeira, fosse por conta de problemas para dormir na infância, fosse por causa de doenças cuja causa a medicina tradicional não descobria, pois estavam ligadas a fenômenos espirituais.

A partir de 2009, diante de um novo contexto religioso a que fui apresentado, aproximou-se de mim o mentor espiritual Pai Benedito de Aruanda e toda essa trajetória herbal fez mais sentido para mim, uma vez que ele me mostrou cada erva e seus poderes ritualísticos, além do campo curativo com base em um olhar universalista.

Desde o nosso reencontro nesta trajetória encarnatória, esse companheiro espiritual faz seu trabalho de liderança com amor, no Centro de Formação Espiritual Águas de Aruanda, juntamente com o Espírito Pai Damião, ambos em consciências manifestadas como Pretos Velhos, nos ensinando a vivenciar os saberes ancestrais deste planeta através das forças da natureza.

Nesta obra abordo o uso das ervas por meio de banhos, chás, incensos, defumações, aromaterapia, bate-folhas, benzimentos e rituais que podem nos beneficiar de diversas maneiras, como afastar energias negativas, combater a insônia, eliminar o cansaço físico e mental, neutralizar a ansiedade e ajudar com os ataques espirituais.

Assim, convido você a iniciar a jornada pelos mistérios e saberes das ervas, banhando-se das expertises disponíveis aos seres humanos a fim de edificar uma caminhada com maior proteção, autocura, autoconhecimento e pertencimento de que a natureza e nós somos a unicidade de consciências.

Bons estudos!

Fábio Dantas

Sumário

1 Breve histórico das ervas 27

2 O corpo humano e sua relação com chakras, cores, cristais e ervas 37

Chakra básico ou raiz – *Muladhara* 40
Chakra sacral ou umbilical – *Svadhisthana* 41
Chakra plexo solar – *Manipura* 42
Chakra cardíaco – *Anahata* 43
Chakra laríngeo – *Vishuddha* 44
Chakra frontal – *Ajna* 45
Chakra coronário – *Sahasrara* 46

3 O poder do som 49

As Frequências de Solfeggio 53
O som das plantas 55
Cânticos e instrumentos sagrados 55

4 Preparos caseiros com ervas 59

Medidas 61
Horários recomendados para ingestão de preparados herbais 61
Bochecho e gargarejo 63
Borrifo d'água – Spray 64
Cataplasma e emplastos 64
Compressa 65
Decocção – cozimento 66

Escalda-pés 66
Garrafada 67
Inalação 67
Infusão – tisana ou "chá" 68
Maceração 69
Óleo aromático 69
Óleo de massagem 69
Pó 70
Pomada 70

Purê 71
Sal aromático 71
Tintura 71
Unguento 72
Vaporização 73
Xaropes ou lambedores 73
Xarope com tintura 73
Xarope com hortelã, gengibre e mel 74

5 Banhos de ervas 77

Divisão das ervas 78

Ervas quentes ou agressivas 78
Ervas mornas ou equilibradoras 79
Ervas frias ou específicas 80
Banhos ritualísticos 80
Banhos de descarrego 81
Banhos de energização 82
Banho de imersão 82
Amacis 83
Banho de assento 83
Ervas femininas 84
Ervas masculinas 84
Ervas calmantes 84
Ervas fortalecedoras da mediunidade 84
Como preparar o banho de ervas 85
A água utilizada para os banhos 86

Relação das ervas para banhos 87

Alecrim 87
Alfavaca 88
Alfazema-lavanda 88
Alho 88
Amoreira 89
Anis-estrelado 89
Aroeira 90
Arruda 90
Artemísia 90
Babosa 91
Bálsamo 91
Bambu 91
Boldo-do-chile 92
Café 92
Camomila 93
Cana-do-brejo 93
Canela 93
Casca de cebola 94
Cipó-caboclo 94
Colônia 94
Cordão-de-são-francisco 95
Couve 95

Cravo 95
Cravo-da-índia 96
Erva-cidreira 96
Erva-de-são-joão 97
Erva-doce 97
Espada-de-santa-bárbara 97
Espada-de-são-jorge 98
Espinheira-santa 98
Eucalipto 99
Folha-da-fortuna 99
Framboesa 99
Funcho 100
Girassol 100
Graviola 100
Guiné ou tipi 101
Hortelã 101
Jabuticabeira 101
Jasmim 102
Jurema-preta 102
Jurubeba 102
Lágrima-de-nossa-senhora 103
Lança-de-ogum 103
Laranjeira 103
Limão 104
Lírio 104
Louro 104

Macela 105
Malva 105
Mamona 105
Mangueira 106
Manjericão 106
Manjerona 106
Maracujá 107
Mirra 107
Noz-moscada 108
Orégano 108
Peregum 108
Picão-preto 109
Pimentas 109
Pinhão-roxo 110
Pitangueira 110
Poejo 110
Romã 111
Rosas-brancas 111
Rosas-vermelhas 111
Sabugueiro 112
Sálvia 112
Samambaia 112
Tabaco ou fumo 113
Tomilho 113
Trevo 114
Verbena 114

6 Rituais com ervas 117

Banho de sete ervas 118
Banho para atrair prosperidade 119
Banho para harmonia conjugal 119
Banho para auxiliar a meditação 120
Banho para abertura espiritual 120
Banho para acalmar criança 120
Banho para estimular a mente 120
Banho de descarrego com sal grosso 121

Escalda-pés com sal grosso 121
Amuleto com sal grosso para proteção da casa 122
Preparo com sal grosso para limpeza de ambientes 122
Uso de mel no ritual com ervas 122
Sete plantas de proteção para ambiente 123

Soprar canela no primeiro dia do mês para atrair prosperidade *123*
Patuá para atrair sorte e espantar olho gordo *124*
Tampar o umbigo com ervas de proteção *124*
Pote de sal grosso para proteção de ambiente *125*
Pote da prosperidade com ervas *125*
Espada-de-são-jorge cruzada debaixo da cama *126*
Folha de louro na carteira *126*
Garrafada para proteção da casa *127*
Carvão no copo d'água *128*
Uso de folhas no travesseiro *128*
Para desemprego *129*
Para vícios *129*
Para dores nas articulações *129*
Para irritação nos olhos *130*
Banho com cana-de-açúcar *130*
Cactos para proteção da casa *131*
Ritual para afastar vícios *131*
Rituais com ervas e fases da Lua *132*
Bate-folhas *136*
Sacudimento *136*
Ritual das sete ondas com flores *137*
O pêndulo e as ervas *137*
Aprenda a utilizar o pêndulo *138*
Defina: sim, não, sem resposta *139*
Rituais com velas *139*
Escrevendo para anjos e arcanjos *140*

7 Incensos e defumações com ervas *143*

Relação de incensos e suas propriedades *145*
Absinto *145*
Acácia *145*
Alecrim *145*
Alfazema *145*
Alho (casca) *146*
Almíscar *146*
Âmbar *146*
Amêndoas *146*
Andiroba *146*
Angélica *146*
Anis-estrelado *146*
Arruda *146*
Artemísia *146*
Bálsamo *146*
Bambu *146*
Baunilha *146*
Benjoim *146*
Café *147*
Calêndula *147*
Camomila *147*
Canela *147*
Cânfora *147*
Citronela *147*
Citrus *147*
Cravo *147*
Erva-cidreira *147*
Erva-doce *147*
Eucalipto *147*
Flor de laranjeira *147*
Gardênia *148*
Gengibre *148*
Gerânio *148*
Hortelã *148*
Ipê-roxo *148*
Jaborandi *148*
Jasmim *148*

Lavanda *148*
Louro *148*
Manjericão *148*
Mirra *148*
Morango *148*
Narciso *149*
Noz-moscada *149*
Olíbano *149*
Orquídea *149*

Patchuli *149*
Pimenta *149*
Pitanga *149*
Rosa-branca *149*
Rosa-vermelha *149*
Sálvia *149*
Sândalo *149*
Violeta *149*

8 Ervas dos Orixás *151*

Classificação dos Orixás *153*
Os Orixás e o corpo humano *153*
Ervas específicas de cada Orixá *154*
Exu *154*
Ogum *155*
Oxóssi *155*
Ossain *156*
Oxumarê *156*
Omolu/Obaluaiê *157*
Xangô *157*

Logun Edé *158*
Tempo/Iroko *158*
Ibeji *159*
Iansã/Oyá *159*
Oxum *160*
Iemanjá *160*
Obá *161*
Ewá *161*
Nanã *162*
Oxalá *163*

9 Elementos e elementais *167*

Terra *169*
Água *169*
Ar *170*
Fogo *171*
Os elementais *173*
Elementais da terra *174*
Gnomos *174*
Duendes *175*
Fadas *176*
Avissais *176*
Elementais da água *176*

Ondinas *177*
Ninfas *178*
Sereias *178*
Tritões *178*
Elementais do fogo *180*
Salamandras *181*
Elementais do ar *182*
Silfos *183*
Fadas *184*
Hamadríades *184*
Elementais artificiais *185*

10 Aromaterapia 189

Alguns dos óleos essenciais utilizados 192
Alecrim 192
Alfazema 192
Almíscar 192
Arruda 192
Artemísia 192
Bálsamo 192
Bergamota 192
Camomila 193
Canela 193
Cânfora 193
Capim-cidreira ou capim-limão 193
Cardamomo 193
Cravo-da-índia 193
Flor de laranjeira 193
Gardênia 193
Hortelã 193
Hortelã-pimenta 194
Ilangue-ilangue 194
Jasmim 194
Lavanda 194
Limão 194
Maçã verde 194
Mel 194
Morango 194
Noz-moscada 194
Olíbano 195
Patchuli 195
Rosa-branca 195
Rosa-vermelha 195
Sálvia 195
Sândalo 195
Verbena 195

11 Plantas medicinais 197

Abacateiro 199
Acerola 199
Agrião 200
Alcachofra 200
Alcaçuz 200
Alecrim 201
Alfafa 201
Alfavaca 202
Alfazema 202
Algodoeiro 203
Alho 203
Alteia 203
Amora-miura 204
Angélica 204
Angico-vermelho 204
Anis-estrelado 205
Arnica 205
Artemísia 206
Assa-peixe 206
Babosa 206
Bananeira 207
Barbatimão 207
Boldo-do-chile 208
Café 208
Cajueiro 208
Calêndula 209

Camomila *209*
Cana-do-brejo *210*
Canela *210*
Capim-santo *211*
Carqueja *211*
Cavalinha *212*
Chapéu-de-couro *212*
Cipó-mil-homens *213*
Cravo-da-índia *213*
Cúrcuma *214*
Dente-de-leão *214*
Erva-cidreira *215*
Erva-mate *215*
Espinheira-santa *215*
Eucalipto *216*
Garra-do-diabo *216*
Gengibre *216*
Ginkgo biloba *217*
Goiabeira *217*
Graviola *218*
Ginseng *218*
Hibisco *218*
Hortelã *219*
Inhame *219*
Ipê-roxo *220*
Laranja *220*
Limão *220*
Louro *221*
Maçã *221*
Malva *221*
Mangabeira *222*
Manjericão *222*
Maracujá *223*
Mastruz *223*
Melissa *223*
Mulungu *224*
Noz-moscada *224*
Picão-preto *225*
Pitanga *225*
Pixurim *225*
Quebra-pedra *226*
Romã *226*
Rosa-mosqueta *226*
Sabugueiro *227*
Sálvia *227*
Sambacaitá *228*
Sucupira *228*
Tangerina *228*
Unha-de-gato *229*
Valeriana *229*

12 Benzimentos e orações *231*

Benzimentos *234*

Pragas rogadas e maldições *234*
A quem é destinada a reza ou benzimento? *235*
Objetos de benzimento *235*
Como se faz o benzimento? *236*
Passo a passo *237*

Benzimento com uso da água benta *239*
Prática de benzimentos *239*
Fechamento do corpo *239*
Para criança doente *240*
Autobenzimento contra mau-olhado *240*
Contra acidentes *240*

Contra doenças, desastres, perigos e inveja *241*
Benzimento com copo com água *242*
Autobenzimento com copo com água *242*
Benzimento para fechamento do corpo *243*
Para afastar os bichos do caminho *243*
Para cisco no olho *243*
Para pessoa enferma *244*
Para proteção e graças *244*
Para herpes *244*
Para trovoada *245*
Para alergias *245*
Para cólicas *246*
Para ciática *246*
Para dor de cabeça *246*
Para sinusite *247*
Para problemas com a garganta *247*
Para bronquite *247*
Para afastar vícios *248*
Para afastar o azar *248*
Para má digestão *248*
Para caxumba *249*
Para os dentes *249*
Para dor de dente *249*
Para doença de crianças *250*
Contra animal bravo *250*
Benzimento para afastar o mal *250*
Autobenzimento antes de dormir *251*
Para afastar pragas *251*
Benzimento para abertura de caminhos *251*
Para fechar o corpo contra inimigos *252*
Para olho gordo *252*
Para quem está com tremores no corpo *252*
Benzimento para proteção pessoal *253*
Para cortar demandas enviadas *253*
Para fechar o corpo contra inimigos *254*
Benzimento com os três arcanjos *254*
Decreto da espada erguida do Arcanjo Miguel *255*
Para cura de animais *255*
Benzimento da água – Santa Água *256*
Para quebranto *256*
Para afastar mau-olhado *258*
Para quebranto e mau-olhado *259*
Benzimento de garganta *259*
Benzimento para cobreiro de pele *260*
Para dor de cabeça *261*
Benzedura para dor de cabeça e dor de ouvido *263*
Benzedura para afastar más-línguas *263*
Benzimento de verruga *264*
Para erisipela *264*
Prisão de ventre, cólicas e soluço *265*
Para hérnias e fraturas *265*
Para dores diversas *266*
Para bucho virado ou ventre virado *266*
Benzimento para epilepsia *267*
Para espinhela caída *268*
Benzimento a distância *269*
Benzimento com azeite a distância *270*
Benzimento a distância para empresa *270*
Benzimento com frutas, legumes e folhas *271*
Benzer a casa com água *271*

Benzimento com cruz, rosário, guia ou terço 272
Benzimento com faca sem ponta e sem serra 272
Benzedura com azeite contra mau-olhado 272
Para benzer contra inveja e energia negativa 273
Benzedura para depressão e cansaço 273
Benzimento contra mau-olhado e maldição 273
Contra amarrações e demandas enviadas 274
Para afastar o mal 275
Benzimento para caxumba 275
Benzimento para apneia 275
Benzimento para tirar mau-olhado dos animais 275
Benzimento para problemas de bexiga e urina 276
Para dor no corpo 276
Para tirar pedra dos rins 277
Benzimento para impigem 277
Para os remédios ficarem mais eficazes 278
Contra dor de cabeça 278
Para qualquer doença 279
Para curar reumatismo 279
Para dor de barriga 279
Contra as doenças da pele 280
Contra as epidemias 280
Reza para azia 281
Contra hemorragia 281
Para cisco no olho 281
Benzimento para curar feridas 281
Para curar queimaduras 282
Para pedra na vesícula 282
Para atrair prosperidade 282
Benzimento para a constipação 283
Para acabar com cólicas causadas por prisão de ventre 284
Contra qualquer tipo de doença 284
Para dor de dente e nevralgia 285
Benzimento da mãe para fazer no filho 285
Para combater a indigestão 286
Benzimento para sinusite 286
Para feridas na boca (sapinhos e aftas) 287
Benzedura contra sapinho 287
Benzimento contra problemas da vista 287
Benzimento para deixar de beber 288
Para afastar cobras 289
Benzimento para espinha na garganta 289
Reza para "tirar engasgo" 289
Para trovoada 290
Para dormir bem 290
Para criança ou adulto sem energia 291
Contra inveja ou bruxaria 291
Para cortar o mal 292
Benzimento para afastar as forças do mal 293

Orações 293

Oração aos antepassados 294
Para pedido de cura 294
Consagração do aposento 295
Para os momentos de provação 296
Prece de cáritas 297
Oração para atrair prosperidade 297
Pai-nosso, a partir do aramaico 298
Oração para proteger as crianças 298
Glória ao Pai 299
Ave-maria 299
Pai-nosso 299

Salve-rainha *299*
Credo *300*
Santo Anjo *300*
Maria passa na frente *300*
Oração de São Miguel para proteção diária *301*
Oração das 7 direções do Arcanjo Miguel *301*
Oração de São Jorge *302*
Oração da Medalha de São Bento *302*
Oração a São Bento *303*
Poderosa oração de São Bento contra inveja *303*
Oração de Santa Luzia contra os males da vista *303*
Oração a São Lázaro *304*
Salmo 23 *305*
Invocação às sete potências *305*
Oração para afastar o mal *305*
Salmo 91 *306*
Oração do manto da invisibilidade do Arcanjo Miguel *307*
Apelo ao comando do Arcanjo Miguel *307*
Oração para limpeza de ambiente *308*
Oração para proteção de uma casa *308*
Oração para bênção da casa *308*
Oração do banho *309*
Oração para antes de deitar *309*
Oração para proteger atividades comerciais *309*
Bênção para local de trabalho *310*
Oração para abençoar um veículo *310*
Oração para ter paciência *311*
Oração do perdão *311*
Oração para afastar os maus espíritos *311*
Oração às santas almas benditas *312*
Oração contra medos e tormentas mentais *312*
Oração para pedir proteção à Cruz de Caravaca *313*
Oração para proteção quando sair de casa *313*
Oração para quando abrir a porta pela manhã *314*
Oração da pedra cristalina para afastar o mal *314*
Oração do manto de São Jorge *315*
Oração para alguém que acaba de morrer *315*
Oração de proteção aos filhos nos momentos difíceis *315*
Oração para proteção pessoal *316*
Oração de fortalecimento *316*
Oração para afastar o mal *316*
Conjuração do sete do Rei Salomão *317*
Oração a Nossa Senhora da Rosa Mística *318*
Oração ao Arcanjo Rafael *319*
Oração ao Arcanjo Gabriel *320*
Oração aos Orixás *320*
Oração de São José para arrumar emprego *322*
Oração de São Longuinho para achar coisas perdidas *322*
Oração para diminuir vícios *323*
Oração das sete chaves de São Pedro para abrir caminhos *323*
Oração de São Francisco *324*
Oração do amuleto de madrepérola *324*

13 Liberdade de crença *327*

14 Considerações finais *333*

Fontes de consulta *337*

Glossário de termos farmacêuticos e médicos *339*

Sobre o autor *344*

Deus repousa neste corpo e
neste corpo Deus permanecerá.

Pai Damião

CAPÍTULO 1
Breve histórico das ervas

O conhecimento sobre as plantas está associado à evolução do homem desde as mais primitivas civilizações. As ervas sempre foram utilizadas para fins alimentares, medicinais e espirituais. Até o surgimento da escrita, todo o conteúdo era transmitido oralmente, de geração em geração.

A prática espiritual com ervas surgiu diante da necessidade de sobrevivência e da religiosidade dos povos antigos, pois acreditava-se que as curas por meio das plantas eram promovidas pelas divindades, que concediam aos humanos o conhecimento sobre os poderes curativos da natureza.

Na Bíblia há diversas referências às ervas. Por exemplo, no Antigo Testamento, o livro de Gênesis (1:29) destaca:

> E disse Deus:
> Eis que vos tenho dado toda a erva que dê semente, que está sobre a face de toda a terra; e toda a árvore, em que há fruto que dê semente, ser-vos-á para mantimento.

No Novo Testamento, Lucas (11:42) menciona:

> Mas ai de vós, fariseus, que dizimais a hortelã, e a arruda, e toda a hortaliça, e desprezais o juízo e o amor de Deus. Importava fazer estas coisas, e não deixar as outras.

Não há um consenso entre estudiosos sobre uma época de início de aplicações das plantas medicinais. Os primeiros escritos sobre o assunto foram registrados em documentos sumérios e babilônicos, em placas de barro, alguns datados de mais de 3000 anos a.C., atualmente conservados no Museu Britânico, em Londres.

Na Mesopotâmia, os sumérios, considerados os primeiros agricultores da humanidade, possuíam receitas tão preciosas que somente os sábios sacerdotes e feiticeiros as conheciam. Eles as guardavam na memória e apenas as transmitiam a seus substitutos na velhice. Entre os escritos sumérios há referências à erva-doce, à beldroega e ao alcaçuz.

O Código de Hamurabi já mencionava o ópio, o gálbano, a assafétida, o meimendro e muitos outros produtos vegetais. O Pen Ts'ao Kong Mu, de 2800 a.C., escrito pelo herborista chinês Shen Numg, descreve o uso de centenas de plantas medicinais na cura de variadas enfermidades.

Relatos de historiadores da Antiguidade, sobre os Jardins Suspensos da Babilônia, construídos por Nabucodonosor, fazem referência ao fato de que, entre flores e árvores, eram plantados o alecrim e o açafrão.

O famoso papiro decifrado em 1873 pelo egiptólogo alemão Georg Ebers registra em sua parte introdutória: "Aqui

Sumérios

começa o livro relativo à preparação dos remédios para todas as partes do corpo humano". Provou-se que o papiro de Ebers representa o primeiro tratado médico egípcio conhecido da primeira metade do século XVI, antes da era cristã.

Egito Antigo

O Egito Antigo foi, sem dúvida, um centro de avançado conhecimento médico, absorvendo ensinamentos do Oriente Médio e importando da Mesopotâmia muitos temperos desidratados, ervas e óleos perfumados. Seu primeiro curandeiro ilustre foi Imhotep, médico do faraó Djoser, em torno de 2600 a.C.

Na Índia, por volta do ano 1000 a.C., dá-se o apogeu das ervas medicinais e mágicas. Se bem que as primeiras referências a elas se encontram nos Vedas, principalmente em sua parte AthaRda Veda, escrita perto de 2500 a.C.

À medida que a Grécia foi crescendo em seus conhecimentos médicos, famosas escolas de Medicina foram surgindo em torno de grandes curandeiros.

Conta-se que o Centauro Quíron foi o primeiro herborista e boticário da humanidade. Esse ser mitológico, metade homem, metade cavalo, ficou famoso por seu conhecimento das propriedades medicinais das plantas. Diz a lenda que Apolo lhe confiou a educação de seu próprio filho, Asclépio – que viria a ser o deus da Medicina.

Hipócrates (460 a.C.-377 a.C.), médico grego, considerado o pai da Medicina, possuía princípios éticos que até hoje servem de juramento para os novos médicos.

Quíron

Um dos maiores jardins gregos foi o de Teofrasto, discípulo de Aristóteles e Platão, considerado o pai da Botânica, que escreveu a história das plantas onde descreve 450 tipos de árvores, flores e ervas em geral.

Breve histórico das ervas

Com o apogeu do Império Romano, o saber deslocou-se para Roma e é lá que se encontram os dois maiores herbolários da Era Cristã: Dioscórides e Galeno.

Pedânio Dioscórides foi um autor greco-romano, considerado o fundador da farmacognosia por sua obra *De matéria médica*, a principal fonte de informação sobre drogas medicinais desde o século I até o século XVIII.

Hipócrates

Galeno foi médico de imperadores como Marco Aurélio e Cômodo, entre outros. Escreveu mais de duzentas obras, sendo que cerca de cem são hoje reconhecidas como de sua autoria. Fisiologista, descobriu que a urina é excretada pelos rins, sendo considerado pai da Fisiologia. Um de seus maiores feitos foi a descoberta de um método de separar os princípios ativos das plantas, usado até hoje, denominado galênico.

Dioscórides

Com o declínio do Império Romano e a desestruturação de sua sociedade pelas invasões bárbaras, a importância da Medicina retornou ao Oriente, com destaque para o grande médico Avicena (980-1037), que aos 17 anos era um mestre na arte de curar, tendo já sua fama se espalhado pelo mundo árabe. Em seus preparos usava lavanda, camomila e menta. Ficou conhecido por mais de seis séculos como "Príncipe dos Médicos".

Galeno

Na Idade Média, os mosteiros tornaram-se centros importantes de estudo. Os livros e manuscritos existentes foram todos recolhidos pelos monges, que se apoderaram do saber antigo. Os membros de muitas ordens religiosas também utilizavam os conhecimentos greco-latinos sobre o emprego das plantas medicinais, de modo que, ao redor das igrejas, mosteiros e conventos passaram a ser cultivadas ervas, sendo estas utilizadas como alimentos, bebidas e medicamentos. Muitos destes herbários são conservados até hoje na Europa, principalmente na Inglaterra.

Avicena

A importância das ervas pode ser medida pelo empenho da Europa em achar "um caminho para as Índias", com a finalidade quase que exclusiva de adquirir as chamadas "especiarias", temperos só lá obtidos e com alto preço nos países europeus. A babosa, o cravo, a canela, a carambola, o gergelim, por exemplo, são vegetais originários da Índia.

O boticário Tomé Pires, enviado à Índia em 1511, escreveu uma carta em 27 de janeiro de 1516 ao rei de Portugal D. Manuel I, relatando a origem geográfica e as aplicações de muitas drogas usadas em suas paragens, mas que só seriam conhecidas trezentos anos depois.

Ainda no início do século 16, um físico suíço, conhecido como Paracelso, iniciou o processo de extração de substâncias vegetais, que denominou "quinta essência".

Tomé Pires   Paracelso

Esse conhecimento atravessou a Idade Média e o Renascimento europeus, ganhando atenção especial nas primeiras universidades que surgiam, pois naquele tempo as doenças eram tratadas com terapia vegetal.

Além do aspecto medicinal e religioso, destacava-se o emprego de plantas como cosmético, auxiliando a beleza da pele, a desintoxicação de órgãos e a tonificação do corpo.

Ainda no tocante ao aspecto religioso, acreditava-se que as plantas possuíam propriedades ocultas e segredos revelados à humanidade pelos deuses. Daí a incorporação religiosa e mística do emprego das plantas para a cura de doenças.

Quando os portugueses chegaram ao Brasil, encontraram índios que usavam urucum para pintar o corpo, e protegê-lo das picadas de insetos, além de tingir seus objetos cerâmicos. José de Anchieta, em suas "cartas", descreveu a riqueza da flora e da medicina indígena.

Essa cultura está relacionada ao sagrado, pois os índios acreditam na cura quando há a integração entre o homem e a natureza. A medicina dos pajés brasileiros e o conhecimento tradicional introduziram ao catálogo muitas plantas que são utilizadas até os dias atuais.

No arsenal terapêutico dos indígenas, temos infusões e outras bebidas quentes, cataplasmas, compressas, fumaça com ervas queimadas, preparação de óleos e outros preparos para curar o corpo e o espírito.

Ainda no território brasileiro, os padres jesuítas trabalhavam com suas plantas vindas do Reino de Portugal, a exemplo de mirra, incenso e estoraque, com as quais manipulavam remédios para os índios e colonos, passando também a estudar as ervas utilizadas pelos índios.

A cultura e religiosidade indígena por meio das ervas foi se associando à prática dos benzedores, curandeiros, rezadores e praticantes de religiões afro-brasileiras que também utilizam as plantas em seus rituais.

Consideremos a importância do elemento vegetal em todos os momentos da vida religiosa, em especial na crença afro-brasileira, no sentido de que sem folha não há Orixá (*Kosi ewe, Kosi orisa*).

Símbolo do Orixá Ossain

As ervas possuem axé (força) e atuam energeticamente sobre o corpo espiritual das pessoas. Quando combinadas, limpam a aura, equilibrando aquele que faz o seu uso, seja no campo espiritual, seja no material. Portanto, sem folhas não há Orixá e não há seres humanos.

Outro exemplo clássico de mescla de culturas na religiosidade afro-brasileira é a figura do Caboclo e do Preto Velho fumando suas ervas sagradas para fazer seus trabalhos de limpezas energéticas e curas em seus consulentes.

Diante da pluralidade religiosa brasileira, outras denominações religiosas se utilizam do poder das ervas, como a Umbanda, o Catimbó (ou linha de jurema), o Santo Daime, a União do Vegetal (UDV), a Barquinha, em que o uso de plantas ou bebidas sagradas é imprescindível para as práticas ritualísticas.

Caboclo

Preto Velho

Dessa forma, os indígenas nativos, o negro africano escravo e os portugueses mesclaram o conhecimento de suas ervas, criando-se essa grande diversidade de medicina popular, misturada aos aspectos religiosos das três etnias, fazendo com que o Brasil seja um grande berço de cura por meio das ervas em todos os seus contextos.

Entender a energia das plantas, portanto, vai além de tudo que conhecemos; o homem, desde que passou a habitar o planeta Terra, tem pesquisado, além de outros campos de atuação, também a Fitoterapia, a Fitoenergética e, mais recentemente, a Fitoconsciência.

A Fitoconsciência é uma importante reflexão e um profundo caminhar espiritual sobre o reino vegetal, mais precisamente sobre os saberes disponibilizados a todos nós – seres em experiência humana – por meio das plantas trazidas de outros planetas e constelações, materializadas no planeta Terra para auxiliar nas constantes ressignificações existenciais e calibragens humanas.

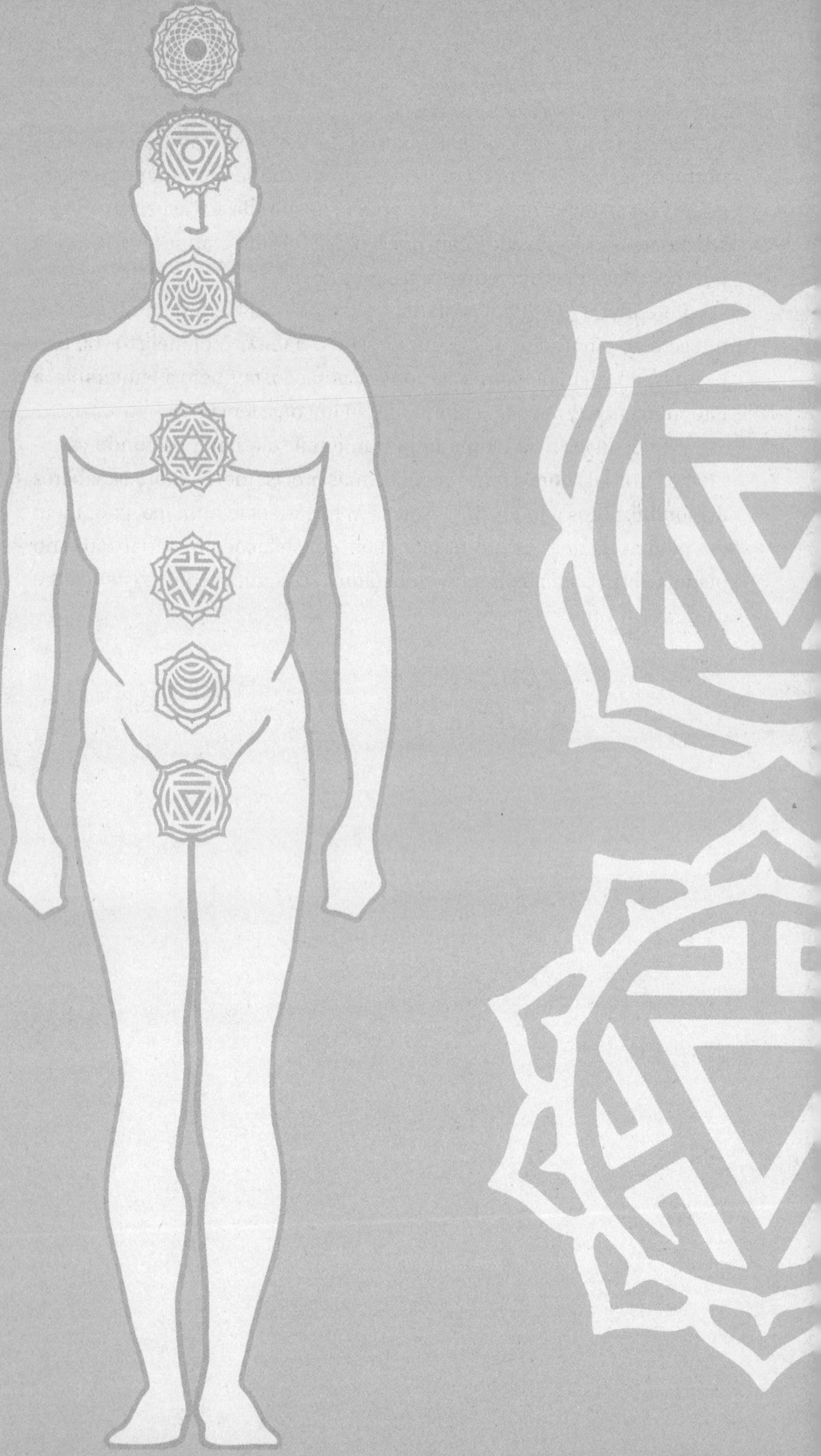

CAPÍTULO 2

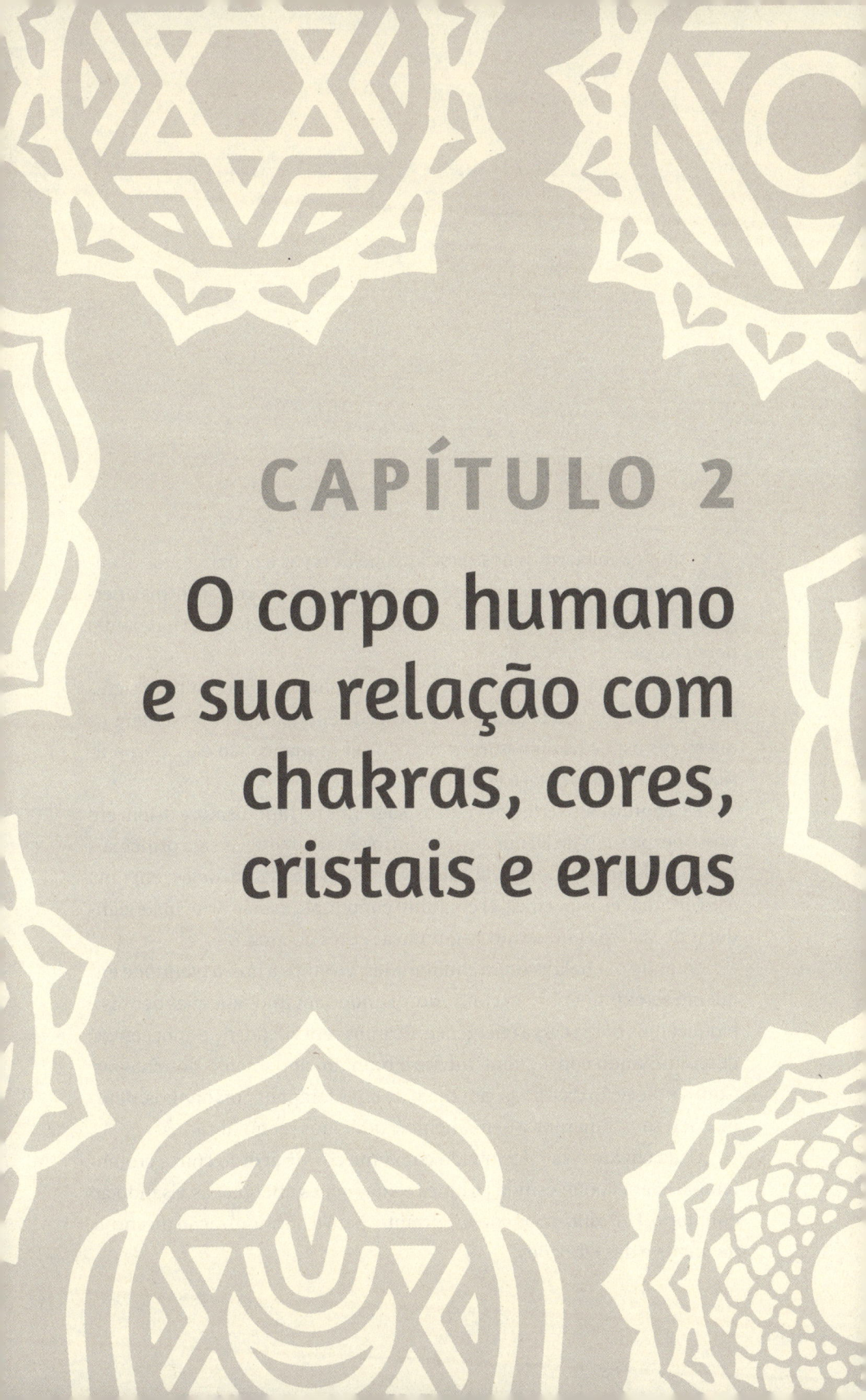

O corpo humano e sua relação com chakras, cores, cristais e ervas

Antes de iniciarmos nossa jornada pelas ervas e benzimentos, é importante conhecermos um pouco sobre os chakras, centros energéticos que possuem a função de captar e distribuir energia vital para o nosso corpo.

A palavra "chakra" vem do sânscrito, língua da Índia Antiga, e significa "roda de luz". Os chakras são centros de energia que representam os diferentes aspectos da natureza sutil do ser humano. São eles: corpo físico, emocional, mental e espiritual.

De acordo com os textos védicos, sagrados no hinduísmo, existem em nosso corpo mais de 80 mil desses centros energéticos. Os sete principais estão localizados ao longo da coluna vertebral e cada um deles tem uma área de atuação específica. O conjunto contempla as sete principais glândulas do sistema endócrino, seguindo as cores do arco-íris.

Quando os chakras estão equilibrados, vivemos a nossa plenitude enquanto seres humanos. Ao contrário, quando captamos energias densas e bloqueamos nossa carga energética, ficamos sem vitalidade e adoecemos, descontrolando consequentemente o bom funcionamento dos chakras. Com a utilização das ervas, por meio de chás terapêuticos, banhos, defumações, sacudimentos e benzimentos, podemos reequilibrá-los.

Cada chakra está relacionado com uma cor, de acordo com a cromoterapia, ciência que estuda as cores e suas ações energéticas visando ao equilíbrio. Utilizam-se as cores, portanto, para a harmonização do corpo, da mente e das emoções.

Por sua vez, as cores também têm suas funções terapêuticas específicas de acordo com a área a ser trabalhada. Existe uma associação das cores com a temperatura, dividindo-as em "quentes", "frias" ou "neutras".

São cores quentes aquelas que fazem referência ao fogo, à vitalidade e ao movimento (amarelo, laranja e vermelho). As frias estão associadas à água e ao frio, aos efeitos calmantes e tranquilizantes (azul, verde e violeta). Já as cores neutras não estão relacionadas a essas sensações, pois possuem pouca reflexão de luz, como aquelas de tons pastel e marrons.

Os benefícios da cromoterapia são os mais diversos: diminuição do cansaço físico, sensação de bem-estar, melhora da circulação sanguínea, estímulo do sistema nervoso central, melhora da autoestima e da qualidade do sono, entre outros efeitos.

Podemos ainda associar os chakras aos cristais, que estão entre as estruturas mais simples e estáveis reconhecidas no universo: suas moléculas e átomos estão dispostos seguindo um padrão regular que se repete exatamente da mesma maneira em todas as direções.

Daí vêm as suas propriedades. Essa estrutura tão ordenada lhes proporciona a capacidade única de absorver, armazenar, gerar e transmitir energia. Cada cristal forma uma geometria específica e pode ser utilizado para garantir o equilíbrio do corpo, da mente, do emocional e do espírito, devido ao seu poder de energização. São canais por meio dos quais podemos tratar os mais diversos desequilíbrios.

Eles atuam por meio da repetição de ondas do sistema de cristalização. Cada pedra possui um arranjo molecular específico, que é o sistema por meio do qual ele se cristalizou, e que o permite interagir energeticamente, expandindo-se por todo o campo áurico e o corpo físico, favorecendo a reposição mineral de forma vibracional.

Para que os cristais possam manter o seu bem-estar, é importante conhecer as suas propriedades e saber sintonizar com a frequência energética necessária para o campo que você vai utilizar.

Os cristais captam e transmitem energia, motivo pelo qual precisam ser limpos regularmente. Podemos lavá-los com água e em seguida colocá-los ao sol, por aproximadamente três horas, para energizá-los.

Para um reequilíbrio energético, há cristais correspondentes a chakras específicos. Mas é importante ter em mente que existem cristais relativos a mais de um chakra ou até mesmo a todos. A seguir, descrevo a associação entre os chakras, cores e cristais.

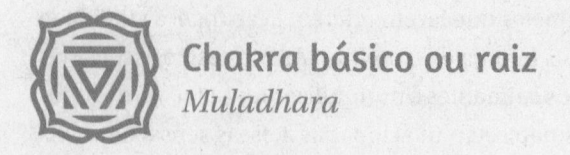

Chakra básico ou raiz
Muladhara

Localizado na base da coluna vertebral (períneo), ele está relacionado à sobrevivência e existência terrena; liga-se ao mundo material, à energia física. Ele nos mantém firmes no solo, proporcionando uma sensação de segurança quando está equilibrado.

Está relacionado à energia da ação. É o chakra do eu comigo mesmo com as minhas necessidades. Está associado ao elemento Terra. É nesse chakra que está adormecida a energia Kundalini, que pode ser despertada ativando o fluxo energético, subindo pela medula espinhal e fortalecendo a rotação dos demais chakras, apurando sentidos como a intuição e a comunicação com o cosmos.

Quando o chakra raiz está equilibrado, a pessoa consegue dar conta de sua vida e tudo funciona de acordo com o planejado. Quando está bloqueado, existe um esforço ou uma agressividade para que os objetivos sejam alcançados. Há também escassez de coisas prioritárias à vida e à saúde.

Esse desequilíbrio pode ocasionar sentimentos de medo, impaciência, apego, avareza, materialismo, culpa, vergonha, vícios, violência, morte e dor. Se não estiver funcionando adequadamente, o chakra sacral ou sexual, que está acima dele, também apresentará mau funcionamento, por não receber energia o suficiente. Atua nas glândulas suprarrenais. Corresponde à nota musical Dó.

A cor desse chakra é vermelha, sendo associada ao amor e à vida. É utilizada na cromoterapia para afastar a depressão e o desânimo, além de despertar a energia sexual. Acelera o ritmo cardíaco e aumenta a circulação. Favorece a liberação da adrenalina. Cuidado com essa cor no quarto, pois pode deixar você agitado e sem sono. O vermelho é poderoso para honrar e liberar a raiva, em vez de suprimi-la.

Para fazer o alinhamento do chakra básico ou raiz, podemos utilizar os seguintes cristais: rubi, ônix, quartzo vermelho, granada vermelha, hematita, obsidiana, turmalina negra, quartzo esfumaçado, jaspe-sanguíneo, calcita vermelha, obsidiana preta e outras pedras nesses tons.

Diversas plantas podem ser utilizadas para o equilíbrio do chakra básico, a exemplo de cenoura, batata, nabo, rabanete, cebola e alho. Podem ser feitos também chás de dente-de-leão, sálvia, gengibre, sabugueiro e cravo-da-índia.

> As pedras pretas são doadoras de proteção e dissipam a negatividade, realizando limpezas espirituais e alinhamento energético. Fazem-nos colocar os pés no chão. As pedras vermelhas são doadoras de vitalidade física e promovem saúde no sangue, atuando na circulação, doando coragem, decisão, sensualidade. Cuidado com o uso excessivo dessas pedras para não causar insônia, irritabilidade ou agressividade.

Chakra sacral ou umbilical
Svadhisthana

Localizado três dedos abaixo do umbigo, ele está relacionado à criatividade, à reprodução, à energia sexual e ao poder. Proporciona esperança e otimismo, quando equilibrado.

Está relacionado ao alimento, à criatividade e à maternidade. É acima dele que acontece a gestação e sua expansão abriga outro ser. Está associado ao elemento água.

Esse chakra aborda a relação eu e o outro e, se sua energia estiver fluindo, haverá relacionamentos harmônicos com outros seres.

Se estiver em desequilíbrio, a pessoa pode acessar rejeição, solidão, ressentimentos, vingança, ciúme, depressão, inveja e problemas ligados à sexualidade, como frigidez, impotência ou transtornos sexuais. Atua nas gônadas, glândulas sexuais masculinas e femininas (testículos e ovários). Corresponde à nota musical Ré.

A cor laranja é a cor da alegria, estimulante da liberdade, da coragem. Alivia os sintomas de tristeza e remove qualquer tipo de rigidez ou repressão. É usada, ainda, para equilibrar o sistema imunológico.

Para fazer o alinhamento do chakra sacral ou umbilical, podemos utilizar os seguintes cristais: cornalina, coral, opala de fogo, ágata marrom-alaranjada, âmbar, serpentinita, calcita laranja e outras pedras nesses tons.

Encontraremos diversas ervas que podem ser utilizadas para o equilíbrio do chakra umbilical, a exemplo de calêndula, gardênia, sândalo, erva-doce, alcaçuz, canela, baunilha, sementes de gergelim, sementes de cominho, hibisco e framboesa.

> As pedras da cor laranja são doadoras de estímulo criativo, espontaneidade; afloram talentos, proporcionam aconchego, desintoxicam o organismo, desobstruem energias, dissolvem estados mentais perturbados e confusos, abrem a mente para solução dos problemas, aliviam o estresse mental.

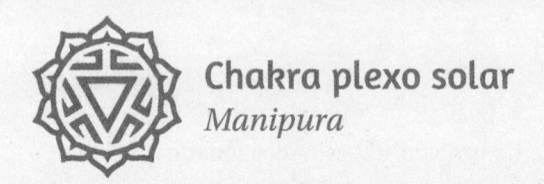

Chakra plexo solar
Manipura

Localizado no alto do estômago, ele está relacionado com a personalidade, a vitalidade, a autoestima, o poder pessoal e a sensação de bem-estar físico. Está associado ao elemento fogo e conecta-se à identidade.

É a porta de entrada e de saída para o mundo. Quando a sua energia está fluindo naturalmente, a pessoa torna-se plena e realizada com o trabalho e com o dinheiro.

Quando sua energia está bloqueada, entramos em competição com o outro e acessamos sentimentos de ansiedade, raiva, medo, desvalorização, falta de realização profissional, ganância por poder e dinheiro, preocupação, indecisão, preconceito, desconfiança, negligência e mentira. Seu desequilíbrio pode ocasionar problemas na região do estômago. Atua no pâncreas. Corresponde à nota musical Mi.

A cor desse chakra é o amarelo, que estimula a criatividade e o sistema nervoso e melhora o autocontrole. É muito boa para utilizar em locais de estudo em pequenas quantidades, pois estimula o intelecto. Ajuda a limpar a mente.

Para fazer o alinhamento do chakra plexo solar, podemos utilizar os seguintes cristais: quartzo-citrino, pedra do sol, turmalina amarela, enxofre, jaspe leopardo, topázio imperial e calcita amarela, entre outras pedras nesses tons.

Encontraremos diversas ervas que atuam no sistema digestivo e são excelentes para o equilíbrio desse chakra, a exemplo de bergamota, alecrim, gengibre, hortelã, louro, canela, erva-doce e calêndula.

> As pedras amarelas são estimulantes, doadoras da alegria de viver, revigorantes, energizadoras, responsáveis pelo magnetismo pessoal, materialização de bens, atrativas da riqueza, coragem, autoconfiança, brilho, poder e fama.

Chakra cardíaco
Anahata

Localizado no centro do tórax, ele está relacionado ao amor incondicional, à união e ao amor divino. Ele aumenta a compaixão e o respeito. Está associado ao elemento ar.

O bloqueio desse chakra faz com que a pessoa se torne fechada para os vínculos, para dar e receber amor, impedindo-a de criar laços profundos.

Esse desequilíbrio nos faz ainda acessar a desilusão, o pânico, a depressão e a ausência de perdão, contribuindo com distúrbios respiratórios e enfermidades cardíacas. Atua na glândula timo. Corresponde à nota musical Fá.

Esse chakra corresponde a duas cores: o verde, que diz respeito ao amor humano e está conectado com os chakras inferiores; e o rosa, relativo ao amor divino, ao amor incondicional, estando conectado com os chakras superiores.

O verde é a cor da natureza, da vida. Melhora qualquer condição física negativa, pois traz equilíbrio e cura. Já a cor rosa trabalha o amor, a autoestima, a felicidade.

Para fazer o alinhamento do chakra cardíaco, podemos utilizar os seguintes cristais: esmeralda, larimar, ágata musgo, aventurina, quartzo verde, amazonita, calcita verde, turmalina verde, malaquita, quartzo rosa, calcita rosa, turmalina rosa, rodocrosita e outras pedras nesses tons.

Diversas ervas podem ser utilizadas para o equilíbrio do chakra cardíaco, como sálvia, tomilho, lavanda, manjericão, agrião e espinheira-santa.

> As pedras verdes e rosas são doadoras de equilíbrio, saúde, estabilidade, sabedoria, segurança, propriedade, sensibilidade. Trabalham o aspecto mental, a inspiração, a criatividade, o equilíbrio emocional, a autoconfiança, o amor, a autoestima, a sensibilidade e a doçura.

Chakra laríngeo
Vishuddha

Localizado na garganta, ele está relacionado com a comunicação, a criatividade, a iniciativa, a expressão, a manifestação da vontade e a independência. Está associado ao som.

Se esse chakra estiver em desequilíbrio, a pessoa pode acessar fracasso, apatia, desespero, limitação, insegurança, autorreprovação, submissão; bem como apresentar problemas na região da garganta e nas cordas vocais, medo de falar, distorção da verdade. Atua na glândula tireoide. Corresponde à nota musical Sol.

O azul é a cor da serenidade e da paciência, indicada para casos de insônia e estresse. Boa para colocar no quarto e na sala de meditação. Traz quietude à mente, paz, trabalho de sonhos. Mas cuidado com o seu excesso para não causar tristeza.

Para fazer o alinhamento do chakra laríngeo, podemos utilizar os seguintes cristais: topázio azul, calcedônia, larimar, turquesa, água-marinha, calcita azul, quartzo azul, angelita e outras pedras nesses tons.

Entre as diversas ervas que podem ser utilizadas para o equilíbrio do chakra laríngeo, estão a erva-cidreira, o eucalipto e o capim-limão.

> As pedras azul-claras são doadoras de sabedoria, discernimento, consciência e calma. Promovem segurança, paciência, tolerância, compreensão e aliviam tensões, pressões e dores. Promovem a fluidez verbal e a comunicação.

Chakra frontal
Ajna

Localizado no meio da testa, entre os olhos, ele está relacionado à intuição, à nossa conexão com o universo dos sonhos, das sensações, dos símbolos, onde as coisas estão além da matéria.

Quando está fluindo livremente, possibilita o equilíbrio entre os nossos lados racional e intuitivo. Está associado à luz.

Se estiver em desequilíbrio, a pessoa pode atingir a ganância, a arrogância, a tirania, a rigidez e a alienação. Ocasiona, ainda, falta de raciocínio lógico, vícios, excesso de racionalidade, dificuldade de aprendizado. Atua na glândula pituitária. Corresponde à nota musical Lá.

A cor índigo equilibra a energia mental e trabalha a intuição, desenvolve as habilidades, além de contribuir para a limpeza e purificação de ambientes.

Para fazer o alinhamento do chakra frontal, podemos utilizar os seguintes cristais: sodalita, safira azul, lápis-lazúli, turmalina azul, azurita e outras pedras nesses tons.

Há diversas ervas que podem ser utilizadas para o equilíbrio do chakra frontal, a exemplo de jasmim, espinheira-santa, sálvia, melissa, rosas brancas e tomilho.

> As pedras azul-índigo são doadoras de clareza mental, segurança e paz. Induzem à meditação, à contemplação, proporcionam senso de justiça e ajudam a nos dar direcionamento.

Chakra coronário
Sahasrara

Localizado no topo da cabeça, ele está relacionado à consciência espiritual. Sua fluidez faz com que a pessoa consiga se dedicar à espiritualidade e tenha acesso a experiências espirituais. Está associado ao éter.

Se estiver em desequilíbrio, a pessoa pode apresentar sintomas de neurose, irracionalidade, desorientação, fobias, ausência de fé, histeria, insônia e obsessão. Atua na glândula pineal. Corresponde à nota musical Si.

A cor violeta limpa os ambientes de vibrações negativas e é indicada para casos de neurose. Ela purifica, transmuta, ilumina e eleva a consciência. É uma cor bastante indicada para exercícios de meditação, pois favorece a concentração. Também se utiliza a cor branco para esse chakra, que é a união de todas as cores, a cor espiritual usada pela maioria das tradições.

Para fazer o alinhamento do chakra coronário, podemos utilizar os seguintes cristais: ágata azul rendada, quartzo cristal, diamante, safira violeta, topázio incolor, ametista, amazonita, damburita, fluorita, selenita e outras pedras nesses tons.

São diversas as ervas utilizadas para o equilíbrio do chakra coronário, a exemplo da lavanda, do anis-estrelado e do girassol.

> As pedras de cor violeta são transmutadoras e auxiliam na conexão espiritual.

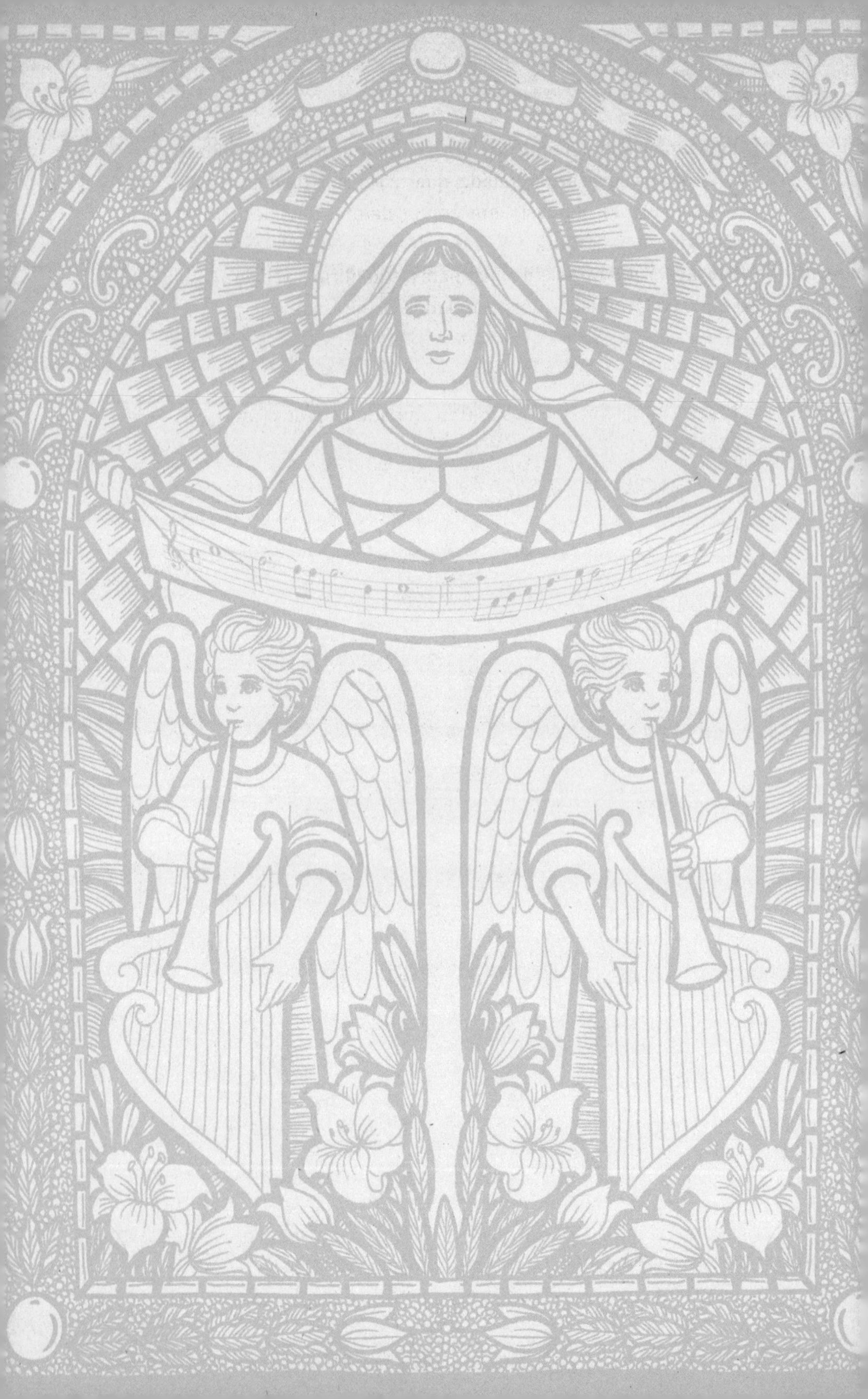

CAPÍTULO 3
O poder do som

O som é um estímulo ambiental que pode ser detectado pelas plantas, influenciando seu comportamento. Além disso, faz vibrar átomos e forças nos planos sutis, materializando as cores que existem no cosmo, alterando funções celulares por meio de diversos efeitos energéticos.

Na Bíblia Sagrada existem várias passagens em que são entoados os toques sagrados, a exemplo da derrubada das muralhas de Jericó, após o toque das trombetas.

Os povos antigos compartilhavam a crença de que o mundo foi criado por meio do som. Os egípcios, por exemplo, acreditavam que Thoth criou o mundo apenas com a voz. Destaca Gênesis: "Disse Deus: 'Faça-se a luz'". Portanto, o som da voz de Deus criou todas as coisas.

> Josué 6. O Zohar do século XIII, ou "Livro do Esplendor", contém muitas alusões ao som e ao seu significado no universo. Nele também está escrito que os reis Davi e Salomão conseguiam ouvir a canção do universo, sendo assim inspirados a escrever hinos reunidos nos Salmos do Antigo Testamento e nos Cânticos de Salomão.

O som tem a capacidade de elevar a consciência do ser humano à fonte divina, promovendo mudanças nos níveis físico, emocional e espiritual. É uma das energias mais transformadoras que existem.

Muitas obras musicais, por exemplo, antes de chegarem à nossa compreensão, foram compostas no plano etérico e, posteriormente, transmitidas aos grandes mestres da música.

Inúmeros estudos têm mostrado que o estresse, o pessimismo e a falta de esperança abatem todos os aspectos de nosso sistema imunológico. Existem estudos também no sentido de que a música pode mudar a fisiologia, reduzindo a ansiedade e as frequências cardíaca e respiratória, além de contribuir para a redução da pressão arterial e para a queda nos níveis dos hormônios do estresse.

Quando nos sentimos culpados, assustados e tristes, há uma baixa frequência vibratória que atrai negatividades. Por isso, precisamos lembrar que energias sutis, pensamentos e emoções desempenham o papel principal nas nossas experiências de vida e que o som pode elevar nosso padrão energético.

Se você se sente animado, alegre e grato por tudo o que tem, essas emoções enviam uma frequência de alta vibração que magnetiza mais coisas positivas para que você se sinta ainda mais animado, mais alegre e mais grato. Tudo que tiver essa mesma frequência energética vai se aproximar do seu campo de energia.

Escala Hawkins da consciência

A medição e a determinação matemática de níveis de consciência é um dos mais interessantes trabalhos do médico psiquiatra americano David R. Hawkins (1927--2012). Ele começou a sua prática de psiquiatria em 1952, e então descobriu o poder da Cinesiologia, a ciência que obtém respostas diretamente da mente subconsciente de uma pessoa através de um teste muscular. Com isso, ele foi pioneiro ao criar e calibrar um mapa da consciência humana.

Hawkins realizou várias pesquisas usando a Cinesiologia e relacionou os níveis de consciência em estratificações que contêm algumas semelhanças com as estruturas dos chakras. (David R. Hawkins M.D. Ph.D. *Power vs Force: The Hidden Determinants of Human Behaviour*. Hardcover – 1995.)

EXPANSÃO
- Iluminação – 700-1.000
- Paz – 600
- Alegria – 540
- Amor – 500
- Razão – 400
- Aceitação – 350
- Boa vontade – 310
- Neutralidade – 250
- Coragem – 200

CONTRAÇÃO
- Orgulho – 175
- Raiva – 150
- Desejo – 125
- Medo – 100
- Tristeza – 75
- Apatia – 50
- Culpa – 30
- Vergonha – 20

Os humanos percebem a frequência de vibração das ondas sonoras como um tom. Cada nota musical corresponde a uma frequência em particular, que pode ser medida em hertz. O ouvido de um bebê percebe frequências entre 20 Hz até 20.000 Hz; enquanto o ouvido de um humano adulto percebe entre 20 Hz e 16.000 Hz.

> As frequências, medidas em hertz (Hz), são vibrações que são emitidas por segundo. Ou seja, todas as músicas possuem uma frequência capaz de colocar nas pessoas uma vibração específica. Dessa forma, a música pode elevar a consciência, equilibrando todos os corpos, como também desequilibrá-los, a depender de sua harmonia, melodia e ritmo.

Seguindo o mesmo raciocínio, músicas que falam de morte, traição, tristeza e abandono vão interferir no que vibramos. Nosso cérebro aceita o que elas emanam como uma realidade e libera química no corpo, fazendo com que a frequência vibracional seja afetada.

A musicalidade invocada desbloqueia os chakras, sendo tal atuação potencializada com o uso dos cristais e das ervas. Esta descoberta levou os cientistas a uma maior compreensão sobre os campos eletromagnéticos ao redor das pessoas e sobre a maneira como as irradiações emitidas nas músicas atuam na saúde, no bem-estar e na harmonia, por meio da ressonância.

> A ressonância é um fenômeno físico no qual a frequência de oscilação de uma fonte emissora equivale à frequência fundamental de oscilação de um receptor. Quando estamos em ressonância, estamos em equilíbrio. Cada célula do nosso corpo absorve e emite som com uma frequência.

Entre as frequências hertz mais famosas estão a 8 Hz e a 432 Hz. A 8 Hz foi considerada a frequência do universo e a 432 Hz também possui indícios de ser uma das mais potentes que existem.

Na frequência de 432 Hz, as músicas são relaxantes, assim como a prática da meditação, por exemplo, que é comprovadamente benéfica para a saúde por promover a paz interior e reduzir os níveis de estresse.

Frequências como a 440 Hz, porém, podem ser extremamente prejudiciais para nós, uma vez que elas podem desencadear o desequilíbrio.

A frequência de 528 Hz é também utilizada para reparar o DNA humano, pois influencia moléculas de água que circundam a hélice do DNA. Tem ainda efeitos sobre a consciência e é conhecida como a "frequência do amor", conectando nosso coração e nossa essência espiritual à realidade em espiral do céu e da Terra. Segundo estudos sobre o assunto, raios de sol, flores e até o zumbido de abelhas vibram na frequência de 528 Hz.

A frequência de 741 Hz também proporciona muita cura ao corpo humano. Ela atua na limpeza das células e também das radiações eletromagnéticas presentes. Atua ainda na limpeza de infecções por vírus, fungos e bactérias.

A frequência de 852 Hz é relacionada diretamente ao chakra do terceiro olho. Os poderes dessa frequência despertam a autorrealização e a força interior. Ela é, inclusive, uma das mais potentes vibrações para dissolver estagnações mentais e comunicativas.

As Frequências de Solfeggio

As Frequências de Solfeggio são uma série de seis sons musicais eletromagnéticos que os monges gregorianos costumavam usar quando cantavam em meditação. Redescobertas em

1974 pelo dr. Joseph Puleo, diz-se que as Frequências Solfeggio penetram profundamente na mente consciente e subconsciente, estimulando a cura interior.

A escala original de Solfeggio foi desenvolvida por um monge beneditino, Guido d'Arezzo (992-1050). As frequências eram usadas para que os cantores pudessem aprender os cantos e as músicas com mais facilidade. A escala original contém seis notas ascendentes atribuídas a Dó-Ré-Mi-Fá-Sol-Lá. As sílabas dessa escala foram tiradas do hino São João Batista, "Ut Queant Laxis".

Nikola Tesla disse uma vez: "Se você soubesse a grandeza dos números 3, 6 e 9, teria a chave para o Universo". Curiosamente, esses três números formam a vibração raiz das seis Frequências de Solfeggio. São elas:

DÓ – 396 Hz – transforma tristeza em alegria e culpa em perdão.
RÉ – 417 Hz – elimina a negatividade e remove os bloqueios do subconsciente.
MI – 528 Hz – estimula o amor, restaura o equilíbrio, repara o DNA.
FÁ – 639 Hz – fortalece as relações, a família e a unidade da comunidade.
SOL – 741 Hz – limpa fisicamente o corpo de todos os tipos de toxinas.
LÁ – 852 Hz – desperta a intuição e ajuda a retomar o equilíbrio espiritual.

Nikola Tesla foi um inventor austro-húngaro que deixou contribuições essenciais para o desenvolvimento das tecnologias mais importantes dos últimos séculos.

Hoje conhecemos a escala Solfeggio como sete notas ascendentes atribuídas às sílabas Do-Ré-Mi-Fá-Sol-Lá-Si. A nota musical Si, com 963 Hz, transcende ativando a glândula pineal, conectando à consciência divina.

As Frequências de Solfeggio foram usadas em mais de 150 cantos gregorianos, e dizem que aumentam cada vez mais a sua vibração quando ouvidas. Cada tom de Solfeggio ajuda a remover camadas de negatividade e bloqueios de energia, auxiliando o ouvinte a experimentar liberação emocional e espiritual.

Muitas pessoas descrevem ouvir esses tons como calmantes, inspiradores, purificadores e até mesmo reveladores, pois nos ajudam a ter clareza e compreensão sobre os problemas em nossa vida, reagindo bem a eles, portanto.

Outros que ouvem as Frequências de Solfeggio podem sentir dores de cabeça ou até mesmo emoções reprimidas, como a raiva, em resposta à desarmonia da vibração. Isso acontece porque as frequências de cura sonora podem ter um efeito de "limpeza" em seu campo de energia, o que ocasiona para alguns uma sensação de enjoo.

O som das plantas

Com relação às plantas, o cientista Itzhak Khait e seus colegas da Universidade de Tel Aviv, em Israel, identificaram que pés de tabaco e tomateiros emitem uma sequência de "gritos" ultrassônicos quando estão sob estresse. No entanto, os sons produzidos por essas plantas têm uma frequência muito alta para serem ouvidos por seres humanos.

Esse conhecimento é importante para compreendermos bem essa sintonia com as plantas antes de cultivá-las para fazer o seu uso ritualístico, conforme será verificado nos capítulos seguintes.

Cânticos e instrumentos sagrados

Diante de minha experiência com os índios Kariri-Xocó e Xocós, por meio do Toré (Canto Sagrado) e outros eventos, verifico o quanto é importante o uso do som aliado às plantas sagradas. Para eles, os cantos são sagrados, pois vieram da Mãe Terra e do Pai Eterno.

Presente nas manifestações culturais de diversos povos indígenas que vivem no Nordeste, o Toré é um ritual que une dança, religião, luta e brincadeira. Ele pode variar de acordo com a cultura de cada povo, mas é praticado por muitos, como os Kariri-Xocó, Xukuru-Kariri, Xocó, Potiguara, Pankararé, Pankakarú, Truká e os Fulniôs.

Pau de chuva

Maraca

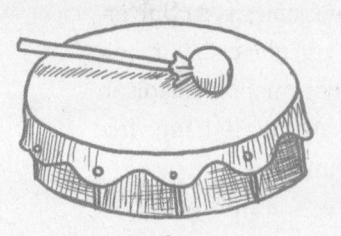

Os índios e xamãs utilizam os instrumentos sagrados para entoar seus cantos e fazer meditações, a exemplo do pau de chuva. Este instrumento de purificação move na sua sonoridade a força e o movimento das águas, proporcionando relaxamento da mente e limpeza espiritual.

O instrumento conhecido como maraca ou chocalho sagrado é muito utilizado pelas tribos brasileiras para a limpeza energética do corpo e dos ambientes, através da força do seu som.

Tambor

Dentro da tradição xamânica, o tambor é o veículo pelo qual os xamãs fazem suas viagens a outros mundos. Os nativos norte-americanos associam o toque do tambor às batidas do coração da Mãe Terra e também ao som do útero.

O tambor é o instrumento que faz a comunicação entre o Céu e a Terra, que permite ao xamã viajar entre as dimensões, através dos estados alterados de consciência que o som do instrumento proporciona.

Nos rituais afro-brasileiros, é comum aparecer o atabaque, um instrumento musical que chegou ao Brasil por meio de escravizados africanos, cujo toque emite vibrações que promovem a ligação entre os homens e seus guias e Orixás.

O agogô, também conhecido como gã, é um instrumento musical formado por um único ou múltiplos sinos originados da música tradicional yorubá, da África Ocidental.

É por esse motivo que as religiosidades utilizam o som sagrado, seja por meio de cânticos, de instrumentos, seja até mesmo através do silêncio para ouvir a voz da natureza e acessar o divino.

O papel das ervas sagradas é de fundamental importância, pois elas estão associadas ao ritual com o uso desses instrumentos sagrados como forma de ativar o poder do curador.

O Divino Aterramento, ferramenta estelar canalizada por Thyago Avelino, traz ensinamentos dos seres conscienciais de Órion, com a utilização da frequência das notas musicais, no equilíbrio dos centros energéticos e restabelecimento da conexão com o Eu Superior.

O Sistema (Constelação) de Órion é um complexo de nove dimensões ou planetas – entre físicos e suprafísicos – do qual fazem parte quatro estrelas brilhantes: Betelgeuse (estrela alfa da constelação de Órion), Bellatrix (gama), Saiph (Kapa) e Rigel (beta), além de três estrelas alinhadas quase em linha reta, popularmente conhecidas como as Três Marias: Mintaka (delta), Alnilam (epsilon) e Alnitak (zeta).

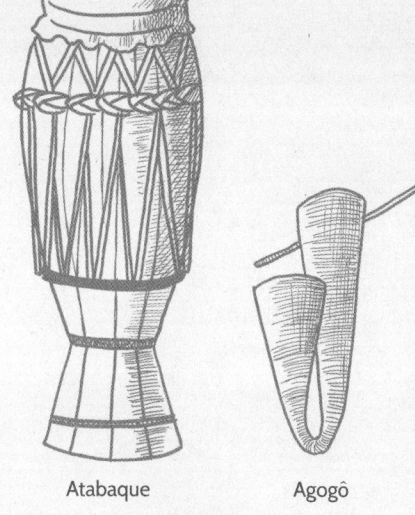

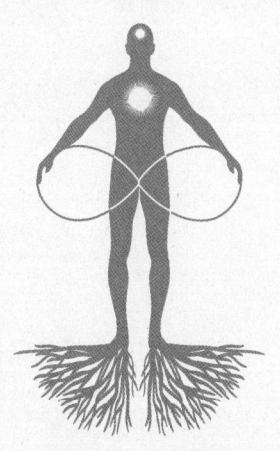

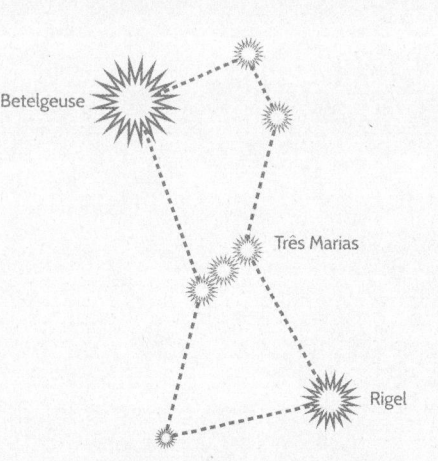

Divino Aterramento

Estrelas da Constelação de Órion

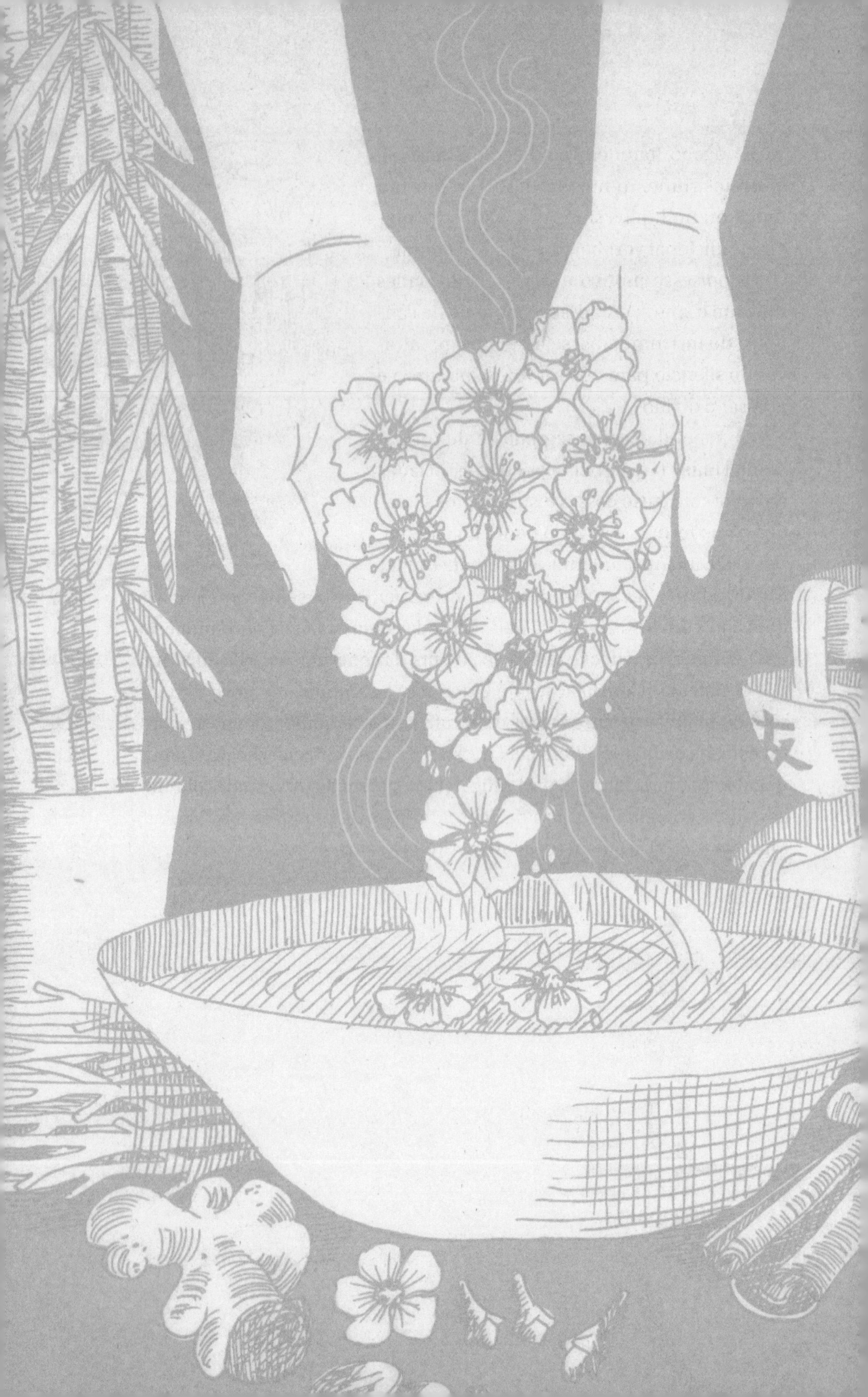
友

CAPÍTULO 4

Preparos caseiros com ervas

Neste capítulo, abordaremos procedimentos feitos ao longo dos tempos nas boticas, local conhecido como a farmácia de antigamente. O boticário foi por muito tempo e é até hoje a única opção de medicina para vilarejos e interiores longe dos centros urbanos.

Antes de fazer qualquer preparo com ervas, certifique-se de que esteja usando a parte certa da planta – folhas, flores, caules e raízes –, pois cada uma delas possui propriedades diferentes.

Outros cuidados que precisam ser observados:

- Higienize o local onde será manipulada a erva, bem como os equipamentos e utensílios;
- Faça a sua higiene pessoal (lavar as mãos, escovar as unhas, retirar relógio e anéis);
- Coloque os ingredientes nos medidores, despejando-os delicadamente;
- Caso sejam utilizados frascos de vidro para maceração e armazenamento dos preparos herbais, providencie a esterilização deles. Utilize água quente neste procedimento;
- Etiquete todas as preparações que não sejam de uso imediato para evitar erros posteriores, mesmo que o preparo seja para uso doméstico. Isso ajudará a verificar a validade;

- Leve em conta o tamanho das xícaras e das colheres. O ideal é usar medidores padronizados para que as ervas sejam manipuladas com o máximo de segurança;
- Ao medir ingredientes secos em xícaras ou colheres, nunca os aperte, salvo se isso for solicitado na receita.

Medidas

Gotas: 20 gotas = 1 ml

Uma pitada: É o tanto que se pode segurar de sólidos triturados entre as pontas de dois dedos. ½ colher de chá para sólidos secos triturados.

Um punhado: Um punhado é o tanto que se pode pegar com uma mão e fechá-la.

Uma colher de café: 2 ml e 0,5 a 1,0 g

Uma colher de chá: 5 ml e 1,0 a 2,0 g

Uma colher de sobremesa: 10 ml e 2,0 a 3,0 g

Uma colher de sopa: 15 ml e 5 a 10 g

Um cálice: 30 ml

Uma xícara de café: 50 ml

Uma xícara de chá: 150 a 200 ml

Horários recomendados para ingestão de preparados herbais

Antiácidos – Trinta minutos antes das refeições principais.

Antifermentativos – Após as refeições.

Antirreumáticos – Trinta minutos antes do desjejum ou café da manhã e/ou duas horas antes ou depois das refeições principais.

Antitussígenos (preparados contra tosse) – Trinta minutos antes do desjejum ou café da manhã e/ou duas horas antes ou depois das refeições principais.

Aperientes (estimulantes do apetite) – De trinta a quarenta minutos antes das principais refeições.

Calmantes – Duas horas antes ou depois das refeições principais.

Carminativos (antigases) – Logo após as refeições principais.

Depurativos de toxinas e resíduos (purificantes do organismo) – Trinta minutos antes do desjejum ou café da manhã e/ou duas horas antes ou depois das refeições principais.

Digestivos – Logo após as refeições principais.

Diuréticos (estimulantes de eliminação de urina) – Trinta minutos antes do desjejum ou café da manhã e/ou duas horas antes ou depois das refeições principais.

Emenagogos (estimulantes do fluxo menstrual) – Trinta minutos antes do desjejum ou café da manhã e/ou duas horas antes ou depois das refeições principais.

Expectorantes – Trinta minutos antes do desjejum ou café da manhã e/ou duas horas antes ou depois das refeições principais.

Febrífugos (preparados contra febre) – Trinta minutos antes do desjejum ou café da manhã e/ou duas horas antes ou depois das refeições principais.

Hepatoprotetores (protetores do fígado) – Antes das refeições principais e/ou antes de dormir.

Laxantes – Trinta minutos antes do desjejum ou café da manhã e/ou entre as refeições e/ou antes de deitar.

Neurotônicos (revigorantes ou equilibradores dos nervos) – Duas horas antes ou depois das principais refeições.

Tônicos – Trinta minutos antes do desjejum ou café da manhã e/ou duas horas antes ou depois das refeições principais.

Vermífugos (eliminadores de vermes intestinais) – Trinta minutos antes do desjejum ou café da manhã e/ou duas horas antes ou depois das refeições principais.

> **Atenção!** Não ingerir qualquer preparado de planta em forma de chá por mais de 24 horas depois de pronto, pois as plantas entram em fermentação, causando problemas gástricos e intestinais. Preparar cada dia o tanto que vai ser ingerido naquele dia.

Bochecho e gargarejo

Usa-se a infusão ou a decocção. O objetivo é tratar de problemas gerais da boca, como inflamação das mucosas, aftas, língua rachada, dentes manchados, mau hálito e gengiva fraca.

> **Modo de fazer:** 1. Prepare a infusão ou a decocção. 2. Espere amornar e então faça o bochecho ou o gargarejo. 3. Jogue fora a solução. 4. Repita esse processo pelo menos três vezes ao dia.

Borrifo d'água – Spray

Usa-se a infusão ou suco coado feito com água mineral. Cuidado com o uso de frutas ácidas, pois podem causar queimaduras no rosto. Outra opção é usar água de coco ou ainda água mineral misturada com algumas gotas de óleo essencial de sua preferência. Para tanto, não se esqueça de que é preciso antes diluir o óleo essencial em um pouquinho de óleo carreador. O objetivo é refrescar e hidratar a pele.

> **Modo de fazer:** 1. Escolha o tipo de líquido desejado. 2. Coloque tudo em um pequeno borrifador. 3. Em momentos de muito calor e secura da pele, borrife no rosto e no pescoço.

Cataplasma e emplastos

Cataplasma é o processo no qual se aplica um preparado quente ou frio de plantas medicinais, geralmente com a finalidade de se reduzir uma inflamação e/ou dor local. Utiliza-se no seu preparo um veículo que pode ser argila, farinha de mandioca ou fubá de milho. O emplasto é a pasta feita de planta pura.

As plantas frescas podem ser aplicadas diretamente no local. As plantas secas são utilizadas em trouxinhas de pano, frias ou quentes, a depender do caso. Deve ser preparado na hora da aplicação. O objetivo é aquecer o local em que é aplicado, umedecer e estimular a circulação.

> **Modo de fazer:** 1. Separe as partes da planta que lhe interessam e lave-as cuidadosamente. 2. Promova a trituração dos elementos. No caso de legumes e frutas, transforme-os em purê. 3. Misture tudo em água quente ou em algum outro líquido, que poderá ser a infusão feita de alguma planta medicinal ou ainda uma tintura diluída em água. 4. Passe um pouco de óleo no corpo na região afetada, de

modo a evitar a aderência do cataplasma à pele. 5. Aplique o cataplasma no local, diretamente sobre a pele e envolva-o com uma atadura. 6. Troque o cataplasma a cada duas horas e, se possível, deixe agir durante a noite. Você pode utilizar também panos finos (gaze).

Compressa

É uma forma de tratamento que consiste em colocar, sobre o lugar lesionado, um pano ou gaze limpo e umedecido com um infuso ou decocto frio ou aquecido, dependendo da indicação de uso. Prepara-se o suco ou chá por infusão ou decocção da planta a ser utilizada e aplica-se no local mergulhando antes em um pano limpo ou algodão. O tempo de aplicação pode variar de cinco a vinte minutos a depender do processo de inflamação e deve ser preparado na hora da aplicação.

Recomenda-se usar a infusão, a decocção ou a tintura. Pode ser feita em diferentes temperaturas, de acordo com o efeito desejado. Usa-se compressa fria para tratamento de contusões, torções, dor muscular, inchaço nas pernas, olhos e pele congestionados e problemas inflamatórios gerais. A compressa morna é usada principalmente para acalmar peles irritadas e avermelhadas e relaxar músculos doloridos. A compressa quente é usada para estimular a circulação do corpo e ajudar na eliminação de toxinas pela pele. Para fazer a compressa, você precisa ter dois panos. Um deles, feito de algodão puro, vai direto em contato com a pele. O outro, feito de flanela, vai por cima do primeiro, para ajudar a manter a umidade e a temperatura em equilíbrio.

Modo de fazer: 1. Escolha a planta que será utilizada e prepare sua infusão, sua decocção ou ainda use sua tintura diluída em água. Você pode usar também o óleo essencial, que deverá ser diluído previamente em óleo carreador e depois diluído em água. 2. Analise o problema a ser tratado e escolha a temperatura ideal. 3. Mergulhe o pano de algodão no líquido. 4. Aplique diretamente sobre a pele e cubra em seguida com o pano de flanela.

Decocção – cozimento

A decocção é um chá feito por meio do processo de cozimento da erva junto com a água. Este método é mais adequado para partes lenhosas da planta, como caules, raízes, sementes e cascas, para extração dos seus princípios ativos até a ebulição.

Quentes, frios, feitos de ervas ou de flores, esses remédios naturais beneficiam o sono, auxiliam no emagrecimento, limpam o fígado e contribuem diretamente para o relaxamento mental.

Modo de fazer: 1. Separe as partes da planta que lhe interessam e lave-as cuidadosamente. De preferência, macere a quantidade necessária da erva seca até obter um pó grosso. 2. Coloque em uma panela a água mineral e leve ao fogo, juntamente com a planta. 3. Quando a água chegar ao ponto de fervura, baixe o fogo e, com a panela tampada, deixe cozinhar por 10 a 15 minutos. 4. Após esse tempo, retire do fogo e deixe a panela tampada por mais alguns minutos antes de usar. 5. Mexa antes de coar o chá e servir. Se precisar, coloque na geladeira.

Escalda-pés

O escalda-pés é tão poderoso quanto um banho de ervas. Nossos pés possuem aproximadamente 70 mil terminações nervosas e todas elas têm relação com os órgãos do corpo. Dessa forma, o escalda-pés vai proporcionar o alívio do corpo por inteiro.

Auxilia na redução dos inchaços dos tornozelos e pés, que na maioria das vezes é o acúmulo de líquido. Ativa a circulação sanguínea, que vai contribuir para a redução do inchaço.

Recomenda-se usar infusão, sal aromático, decocção ou óleo essencial, diluído previamente em um pouquinho de óleo carreador. É indicado para acalmar e tirar as dores de pés cansados e inchados, estimular a circulação, relaxar e descongestionar.

São muito eficazes nos resfriados, gripes, amigdalites, crises reumáticas dos pés e das pernas, cãibras dos membros inferiores, má circulação nas pernas, insônia, cólicas menstruais, torcicolos e outros.

> **Modo de fazer:** 1. Aqueça bem o líquido que será usado, de acordo com a erva que será utilizada, que poderá ser macerada, em se tratando de ervas frescas. No caso de se usar o óleo essencial, ferva uma chaleira de água. 2. Coloque o líquido em uma bacia. Para usar o óleo essencial, despeje a água fervida na bacia e então pingue o óleo. 3. Quando alcançar uma temperatura suportável, mergulhe os pés nela e relaxe, mantendo o corpo sempre bem aquecido. 4. Mantenha os pés mergulhados por, no máximo, 20 minutos.

Garrafada

As garrafadas são preparados medicinais feitos de cascas, ervas, raízes e outros ingredientes naturais. São medicamentos naturais antigos que buscam a cura do organismo. Seu uso é bem específico para a finalidade a que se propõe.

Inalação

As inalações de vapor de água que suavizam, umedecem e eliminam as mucosidades do nariz, garganta, brônquios e ouvido interno são feitas com remédios caseiros e naturais que ajudam no caso de bronquite, gripes e resfriados, em que é possível adicionar à água algum tipo de planta medicinal que beneficie mais os pulmões e ajude a descongestionar.

Infusão – tisana ou "chá"

A palavra "infusão" é usada para descrever um chá ou uma tisana obtidas a partir do processo de imersão de um punhado de plantas herbáceas frescas ou secas em água fervente.

Recomenda-se usar folhas, flores e tecidos tenros. No caso de se querer usar partes mais grossas da planta, é necessário picar bem miúdo e deixar a solução em repouso por mais tempo.

A palavra "chá" é popularmente conhecida em Portugal e no Brasil como sinônimo de infusão de frutos, folhas, raízes e ervas contendo ou não folhas de chá. É considerada a segunda bebida mais consumida no mundo, perdendo apenas para a água. Portanto, sempre que você faz uma xícara de chá com um saquinho de ervas, está preparando uma infusão.

O chá possui uma longa e mitológica trajetória na China. Os especialistas acreditam que o produto surgiu a partir das plantas das regiões montanhosas das províncias de Sichuan e Yunnan.

É sempre necessário avaliar individualmente o uso de chás e ervas pelo risco de toxicidade, principalmente quando se trata de crianças, idosos e gestantes, e quando utilizado juntamente com medicamentos ou na presença de doenças crônicas que interferem no metabolismo.

As doses devem ser tomadas de uma única vez. Em casos de precisar guardar para depois, deixar na geladeira. Não prepare chás para o dia seguinte.

Modo de fazer: 1. Separe as partes da planta que lhe interessam e lave-as cuidadosamente. Você poderá usar várias plantas misturadas, desde que sejam provenientes de órgãos vegetais idênticos (ou só folhas, ou só flores). 2. Coloque em uma chaleira 200 ml de água e leve ao fogo. 3. Quando alcançar a fervura, desligue e mergulhe nela as partes da planta. 4. Tampe a chaleira e deixe a solução abafada por cerca de 10 minutos.

Maceração

É indicada para as plantas frescas e é utilizada para amolecer a planta na água fria. Sua vantagem é que os sais minerais e as vitaminas das ervas são aproveitados ao máximo.

A maceração não vai ao fogo. Misturam-se as ervas na água, vinho, óleo, vinagre etc. e aguarda-se certo tempo, que pode ser de algumas horas a várias semanas. A maceração com água não deve ser tomada depois de doze horas por causa da formação de bactérias. As outras macerações devem ser filtradas e usadas como as tinturas homeopáticas, em pequenas quantidades.

Óleo aromático

No processo a frio, coloque em um vidro camadas alternadas de sal grosso e da planta seca bem amassada com as mãos e complete com óleo vegetal de boa qualidade. Feche bem a tampa e deixe descansar por pelo menos um mês. Depois, filtre com cuidado. No processo a quente, coloque em um vidro a planta seca amassada com as mãos e complete com óleo vegetal. Em seguida, aqueça a mistura em banho-maria e coe. Pó: a planta é seca e triturada até atingir a granulação desejada.

Óleo de massagem

Usa-se a tintura ou o óleo essencial, diluído em óleo carreador. Serve para massagear o corpo relaxando os músculos doloridos, ativar a circulação, promover a eliminação de toxinas pela pele e a drenagem linfática.

> **Modo de fazer:** 1. Escolha um óleo carreador puro, de acordo com o seu tipo de pele. 2. Misture o óleo carreador com a tintura da planta ou com o óleo essencial, numa proporção de 3 gotas de óleo essencial para cada colher (sopa) de óleo carreador. 3. Aplique na pele com massagens suaves.

Pó

Preparação feita a partir da planta seca e triturada. Pode-se usar internamente (via oral) ou externamente (em uso tópico). O pó seco deve ser conservado em frasco com tampa adequadamente fechada.

> **Modo de fazer:** 1. Separe as partes desejadas da planta. 2. Proceda à secagem em estufa ou de acordo com as instruções dadas anteriormente. 3. Triture em um moedor até alcançar a granulação desejada.

Pomada

Pode ser preparada com uma ou mais ervas, sendo utilizadas as partes das plantas, suco, infusão, por exemplo. Seu uso será tópico para massagear partes do corpo e tratar de problemas de pele e musculares.

> **Modo de fazer:** Em uma panela pequena e de preferência usada somente para este fim, coloque 50 g de óleo vegetal de boa qualidade (de gergelim, amêndoa ou uva) e 1 colher (chá) de óleo de gérmen de trigo. Junte ao óleo 1 colher (sopa) de cera de abelha ralada. Deixe o fogo bem baixo ou use uma panela de banho-maria e mexa até a cera estar bem derretida (cerca de 2 ou 3 minutos). Deixe esfriar um pouco. Junte 1 colher (sopa) da planta bem picada. Se a pomada ficar muito dura, aumente a quantidade de óleo. Se ficar mole, é porque a cera foi pouca. Quando estiver fria, acondicione em latinhas e potinhos de creme.

Purê

Usado para fazer máscaras de beleza e tratar da pele e dos cabelos.

> **Modo de fazer:** 1. Cozinhe a vapor os vegetais e/ou as frutas. 2. Quando estiverem cozidos, retire-os do fogo e passe-os pelo espremedor para obter uma consistência pastosa. 3. Aplique diretamente no local ou utilize em algum preparado avançado.

Sal aromático

Preparado com o uso de óleos essenciais.

> **Modo de fazer:** 1. Escolha os óleos essenciais desejados. 2. Pingue as gotas que achar necessário (você sentirá o aroma e sua intensidade) numa porção de sal grosso ou sal marinho. O sal grosso serve para ser utilizado na água da banheira e o sal marinho, de granulação mais fina, pode ser usado com uma esponja natural para friccionar o corpo todo, ativando a circulação e promovendo a limpeza e a eliminação de toxinas. 3. Depois de fazer a mistura, coloque tudo num vidro bem fechado e deixe o sal aromático maturar por mais ou menos quinze dias antes de usar.

Tintura

Esse preparado é usado quando não é possível extrair os princípios ativos da planta por meio de infusão ou decocção. A extração dos princípios ativos da planta é feita por solventes, que podem ser o álcool de cereais, a vodca, o vinagre ou a glicerina. Por ser um preparado muito concentrado, nunca deve ser usado diretamente sobre a pele. Recomenda-se a diluição prévia em água mineral.

Diferentes métodos são usados para obter tinturas a partir de ervas secas ou lenhosas ou de ervas frescas e delicadas.

> **Modo de fazer (tintura alcoólica):** 1. Escolha a planta desejada e transforme-a em pó. 2. Coloque-a em um vidro escuro e cubra com a solução alcoólica. 3. Agite bem o vidro todos os dias, por aproximadamente quinze dias consecutivos. 4. Após esse período, coe bem a solução e acondicione em um vidro escuro bem fechado em local sombreado.

O armazenamento é feito na geladeira por um período de seis a doze meses. Certifique-se de que seja guardado em local fora do alcance das crianças.

Unguento

É uma forma de preparo no qual os princípios ativos das plantas são extraídos em gordura aquecida ou óleo vegetal. Usa-se a planta em estado fresco. Indicado para casos de contusão, torção, luxação e dor muscular. Aplica-se sobre a pele.

> **Modo de fazer:** 1. Escolha a planta e lave-a cuidadosamente. 2. Triture a planta no cadinho para extrair dela um líquido escuro. 3. Misture esse líquido em um pouco de gordura vegetal. Você poderá ainda adicionar um pouco de cera de abelhas para dar uma consistência mais pastosa. 4. Leve tudo ao fogo baixo e mexa até derreter e obter uma mistura homogênea. 5. Você pode ferver e derramar sobre as ervas que já estão amassadas dentro de um recipiente. Aplique sobre o local afetado quando a mistura atingir uma temperatura suportável.

Vaporização

Usa-se principalmente o óleo essencial. Serve para limpar a pele, descongestionar e acalmar.

> **Modo de fazer:** 1. Ferva uma chaleira de água mineral. 2. Retire do fogo e despeje o conteúdo em uma vasilha. 3. Pingue de 5 a 8 gotas de óleo essencial, previamente diluído em um pouco de óleo carreador. 4. Cubra a cabeça e a vasilha com uma toalha limpa e deixe o vapor agir por alguns minutos.

Xaropes ou lambedores

Costumam ser usados para aliviar tosses e dores de garganta, pois esse líquido grosso e adocicado tem forte efeito sedativo. As ervas mais utilizadas são: alteia, alcaçuz, tomilho. São preparados por meio de infusões ou decocções.

São contraindicados para diabéticos por tratar-se de solução concentrada de sacarose.

Xarope com tintura

> **Modo de fazer (xarope de tintura contra tosse):** 1. Misture 100 g de açúcar ou mel em 50 ml de água numa panela em fogo baixo até dissolver o açúcar e a mistura se tornar mais espessa, porém ainda líquida. 2. Tire do fogo e deixe esfriar. 3. Acrescente 50 ml da tintura apropriada e misture. 4. Despeje o xarope contra a tosse em um frasco de vidro e feche. 5. Armazene na geladeira por até três meses.

Xarope com hortelã, gengibre e mel

O composto é indicado para resfriado ou gripe e também para melhorar a imunidade. Registro que você deve sempre buscar orientação médica e atendimento especializado em casos de doenças graves.

Ingredientes
- 3 ½ xícaras de água
- Um copo americano de hortelã (folhas, ou desidratado)
- Duas colheres de sopa de gengibre ralado
- Meia cebola fatiada roxa ou branca
- Uma colher de chá de canela
- Meia colher de chá de cravo em pó
- Uma xícara de mel

Modo de fazer: 1. Coloque a água em uma panela de tamanho médio e adicione a hortelã, o gengibre ralado, a colher de chá de canela e a colher de chá de cravo. 2. Deixe cozinhando e depois cubra e reduza para ferver por cerca de 45 minutos a 1 hora até que o líquido tenha diminuído pela metade. Deixe esfriar o suficiente para o xarope ser manuseado. 3. Acrescente a cebola e a amasse cuidadosamente usando uma colher ou outro utensílio mais plano. Deixe descansar por mais 20 minutos. 4. Logo após despeje através de um filtro em uma jarra de vidro ou vasilha. 5. Descarte a cebola e deixe somente o líquido do xarope. 6. Adicione o mel e mexa bem. Quando o mel estiver bem diluído na mistura, despeje a calda em um frasco que possa ser fechado. Guarde na geladeira e tome diariamente.

Atenção! As plantas medicinais podem apresentar, algumas vezes, efeitos indesejados se não forem utilizadas da forma e na quantidade orientada.

Portanto, deve-se tomar cuidado com os chás, que devem ser consumidos no mesmo dia e mediante a recomendação de alguém que tenha estudado os efeitos das plantas.

Nunca utilize misturas de plantas sem orientação de um profissional de saúde que tenha conhecimento de plantas medicinais.

O mau uso das plantas medicinais tem causado efeitos indesejados como intoxicações e até mesmo a ausência da resposta medicamentosa esperada.

Algumas plantas podem ainda provocar queimaduras na pele, por exemplo. Em caso de piora de sintomas ou efeitos colaterais, procure pelo serviço de saúde mais próximo.

Não utilize plantas cultivadas em locais inadequados, como próximo a fossas, depósitos de lixo ou regadas com água poluída.

Nunca utilize plantas mofadas, sendo aconselhável colhê-las com o tempo seco e de preferência na parte da manhã.

As plantas devem ser limpas, livres de insetos e secas à sombra e em local ventilado. Na secagem, evite misturar plantas diferentes.

Depois de secar as plantas, armazene-as em frasco de vidro limpo ou saco plástico bem fechado, identificando com o nome da planta e a data da colheita.

Mulheres grávidas, crianças e pessoas com problemas de saúde devem consultar o médico antes de fazer o uso medicinal das ervas.

Procure cuidados profissionais se houver alteração, por menor que pareça, e informe ao médico sobre qualquer fitoterápico que estiver tomando.

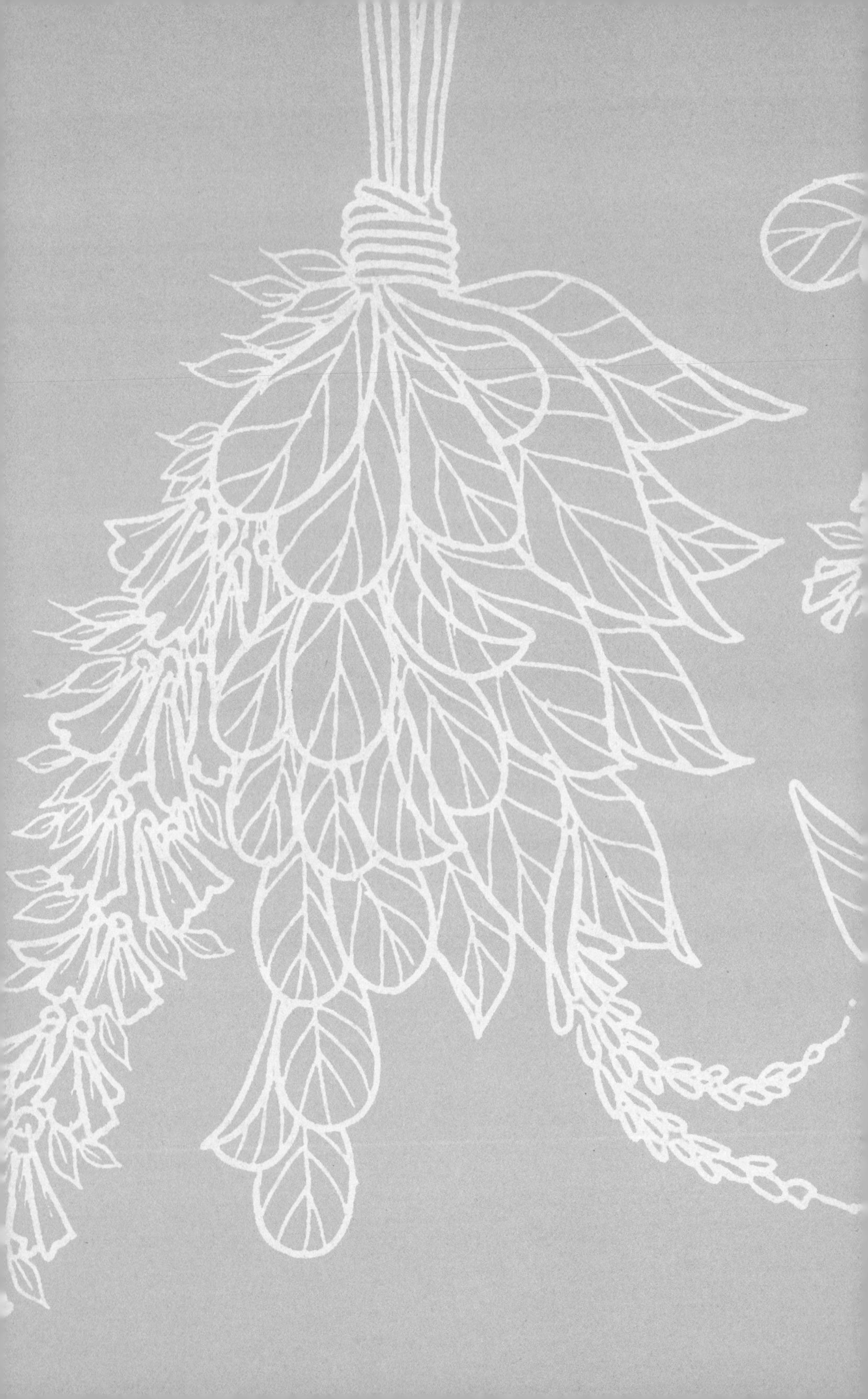

CAPÍTULO 5
Banhos de ervas

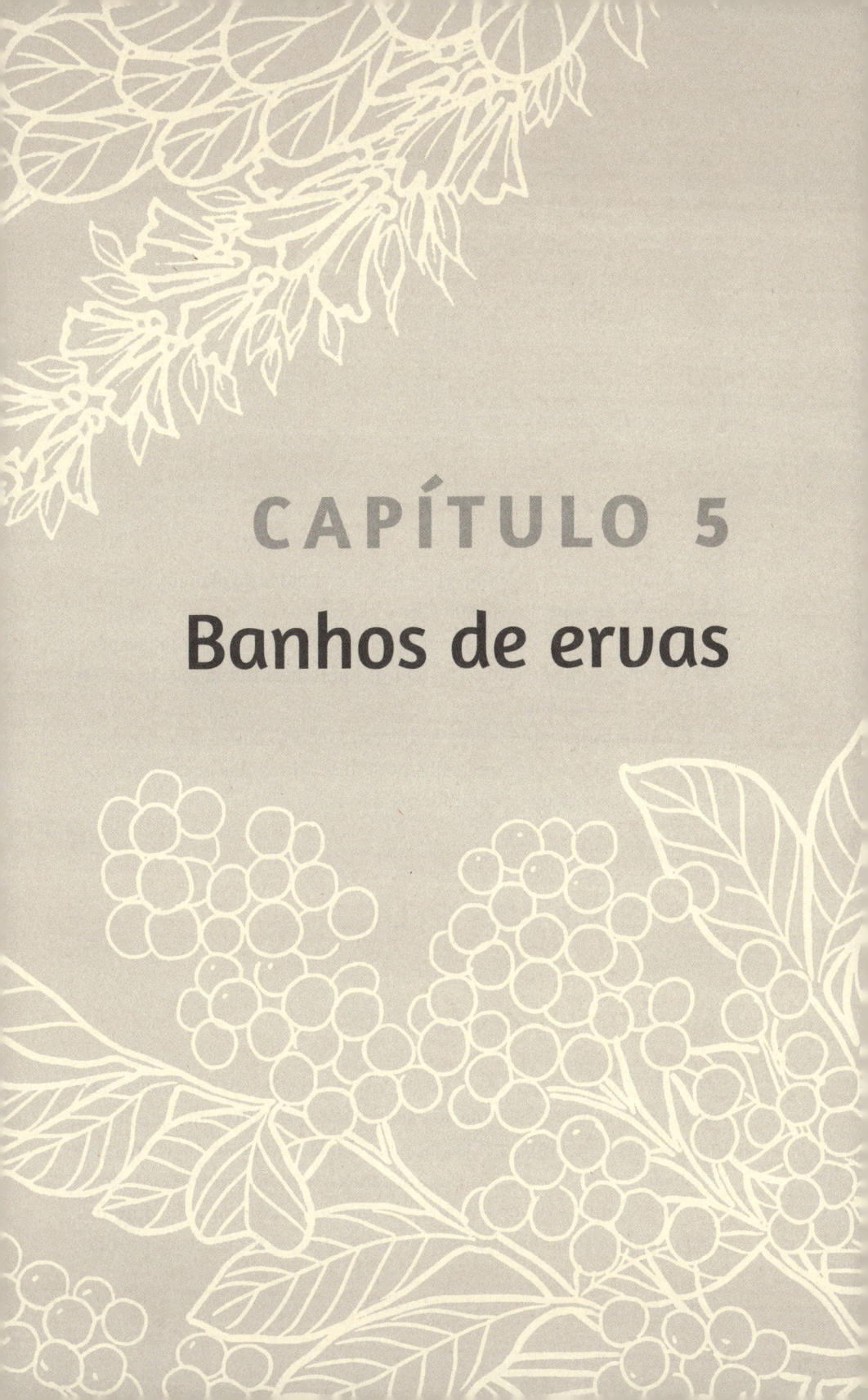

O Brasil tem uma das mais ricas biodiversidades do planeta, com milhares de espécies em sua flora e fauna. Possivelmente, a utilização das plantas – não só como alimento, mas também como fonte terapêutica – começou desde que os primeiros habitantes humanos chegaram ao Brasil, os indígenas.

É muito importante, antes de iniciar o estudo das ervas e dos benzimentos, compreender que estas podem ser divididas em quentes ou agressivas, mornas ou equilibradoras, e frias.

Divisão das ervas

Ervas quentes ou agressivas

Essas ervas têm a capacidade de dissolver as larvas astrais, miasmas e cascões energéticos. Sua atuação é semelhante à de um ácido, que possui um alto poder de limpeza. Elas limpam, anulam e eliminam as energias negativas, sendo essas as plantas utilizadas nos banhos de descarrego.

São exemplos de ervas quentes: guiné, arruda, aroeira, jurema-preta, pinhão-roxo, bambu, espada-de-são-jorge, fumo, casca de alho, comigo-ninguém-pode, espada-de-santa-bárbara, eucalipto, mamona, pimentas, entre outras.

Cuidado ao manusear as ervas quentes, pois elas podem ser agressivas e causar sintomas adversos, tais como alergia e coceiras, ou situações desagradáveis, a exemplo da comigo-ninguém-pode. Com relação ao intervalo entre um banho de ervas quentes e outro, recomendo distanciar pelo menos um dia.

Sigo a orientação de que crianças menores de 7 anos não precisam tomar banhos de ervas quentes ou agressivas. Para crianças acima dessa idade, recomendam-se, do ponto de vista energético, as ervas mornas ou frias, que podem fazer a limpeza necessária, a exemplo de manjericão, alecrim e alfazema.

De igual forma, mulheres grávidas não precisam usar as ervas quentes, em razão da sensibilidade e da perda energética que pode ocorrer. Caso elas necessitem de banhos, podem utilizar alfazema, manjericão, alecrim ou outras para fortalecimento da aura energética de proteção.

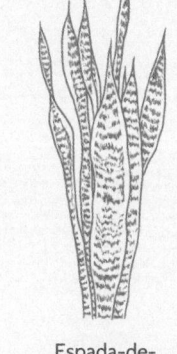

Espada-de--santa-bárbara

Ervas mornas ou equilibradoras

Esse tipo de erva tem a propriedade de equilibrar e restaurar nosso corpo energético. Podem ser utilizadas sem restrições. Sua energia viva corrige e harmoniza os desvios energéticos que possuímos.

Elas congregam em sua estrutura vibracional energias que atuam no sentido de corrigir os desvios energéticos causados pelos usos das plantas e das ervas quentes ou agressivas.

Sempre harmonizam os chakras (centros de força) e equilibram as energias vitais para o bom funcionamento do organismo espiritual humano e, consequentemente, do físico.

São exemplos de ervas mornas: sálvia, alfavaca, alfazema, cana-do-brejo, erva-de-santa-maria, manjericão, verbena, alecrim, manjerona, hortelã, flor de calêndula, pitanga, flor de camomila.

Guiné

Manjericão

Ervas frias ou específicas

Ervas frias são as de uso exato; são aquelas cujo uso se resume a algum fator específico, como as medicinais ou para tratamentos espirituais bem-definidos, em seu uso ritualístico.

Algumas ervas citadas como mornas também são exemplos de frias. Isso se deve ao fato de que, quando o banho é preparado somente com uma erva morna, sua ação é mais suave, o que a caracteriza como uma erva fria, pois a finalidade de uma erva morna é de energizar o que foi limpo, então geralmente elas acompanham uma mistura de ervas para atingir um propósito mais concentrado e profundo.

São exemplos de ervas frias: flor de macela, algodoeiro, anis-estrelado, jasmim, louro, noz-moscada, angélica, sândalo, erva-de-santa-luzia, semente de imburana, mirra-brasileira, rosa vermelha, romã, erva-cidreira, mulungu, flor de laranjeira, entre outras.

Banhos ritualísticos

São os banhos que utilizamos com o auxílio das energias dos elementos a fim de alterar o campo energético que nos ronda, sempre visando ao nosso bem-estar físico e espiritual.

Esses banhos podem ser utilizados em pessoas, animais e até locais e têm diversas finalidades, tais como energização, defesa e descarrego.

Nós, seres humanos, carregamos uma aura de energias negativas que podem ocasionar doenças e problemas de diversas ordens. Tais energias atuam no campo astral/espiritual e desarmonizam nossas relações amorosas, familiares e profissionais.

Banhos de descarrego

Os banhos de descarrego servem para livrar nossos corpos de excessos de energias, reequilibrando o corpo, a mente e o espírito.

Muitas vezes, essas cargas trazem ainda espíritos de pessoas já falecidas, conhecidas como "eguns" ou "encostos", além de inveja, mau-olhado ou "olho gordo".

Os sintomas dessas cargas negativas podem assumir várias formas, como discussões na vida afetiva, dificuldades na vida profissional, sensação de corpo pesado, peso nos ombros, pressão na nuca, angústia, depressão, pessimismo, irritação, nervosismo exagerado, desânimo, sonolência, ideias de autodestruição e insônia.

Para neutralizar essa situação, é muito comum utilizarmos banhos de descarrego (feitos com ervas quentes). Nesse caso, a pessoa que vai receber o banho de ervas precisa acreditar no seu poder curativo, com fé e gratidão. Além disso, saber que nada é por acaso e que precisa ser feita a reforma íntima para que o melhor se manifeste.

O banho de descarrego serve para limpar o campo magnético e eliminar larvas astrais que se fixam magneticamente na aura, fazendo, assim, uma limpeza total das baixas vibrações. Deve ser utilizado após o banho de higiene e de forma bastante respeitosa, pois estamos invocando forças da natureza para nossa proteção. Podemos aproveitar para entoar um cântico sagrado ou fazer uma oração.

São exemplos de ervas para banhos de descarrego: aroeira, arruda, folha de fumo, guiné, casca de alho, pinhão-roxo.

Arruda

Aroeira

Casca de alho

É importante o conhecimento das ervas, pois após o uso de um banho de descarrego, muitas vezes, é sugerido um banho de energização.

O banho de descarrego deve ser sempre feito do pescoço para baixo. Recomenda-se que, após o banho, não se esfregue a toalha no corpo, pois tal prática pode anular total ou parcialmente os efeitos do ato.

Banhos de energização

Os banhos de energização servem para equilibrar e calibrar as energias dos corpos dos indivíduos, impregnando-o da energia que lhe falta. Neles utilizamos ervas mornas ou frias. Podem ser tomados de cabeça.

O banho de energização tem como efeitos ativar e revitalizar os centros energéticos e refazer a aura. São exemplos de ervas para energização: rosas em geral, alfazema, erva-cidreira, jasmim, colônia, camomila, folhas de romã e canela.

Com relação a horários, algumas pessoas utilizam pela manhã banhos de prosperidade, força, coragem e proteção; pela tarde, banhos de limpeza; e, pela noite, banhos de intuição, meditação, calma, alívio de estresse e relaxamento.

Camomila   Canela em pau   Erva-cidreira

Banho de imersão

Recomenda-se usar decocção, sal aromático, óleos essenciais, tintura ou extrato alcoólico. Pode ser feito em diferentes temperaturas, de acordo com o efeito desejado.

O banho morno é indicado para relaxar o corpo e a musculatura e acalmar irritações na pele, inflamações e reações alérgicas. Já o banho quente ajuda a estimular a circulação, tratar de extremidades frias (mãos e pés) e eliminar as toxinas do corpo.

> **Modo de fazer: 1.** Encha uma banheira com água de acordo com a temperatura desejada. **2.** Escolha a planta que será usada e deixe o preparado pronto com antecedência. **3.** Despeje na banheira a substância até sentir o aroma impregnando o ambiente. **4.** Imerja o corpo na água e fique nela por, no máximo, 30 minutos.

Amacis

Dentro dos rituais afrorreligiosos existem os amacis – as águas de lavagem de cabeça –, que têm várias funções e são preparados especialmente para finalidade específica. A forma de uso segue o padrão religioso doutrinário próprio de cada casa, dirigente e propósito.

Banho de assento

Imersão em água morna, na posição sentada, cobrindo apenas as nádegas e o quadril, geralmente em bacia ou em louça sanitária apropriada. As ervas utilizadas para este banho são aquelas enumeradas no capítulo 11.

Existem categorias de ervas para diversos fins específicos, a serem utilizadas em rituais.

Ervas femininas

São aquelas que potencializam o fator humano feminino, a autoestima; são ligadas ao espírito humano e à sensibilidade do espírito. Exemplos: artemísia, malva, rosa vermelha, folhas de amora, patchuli.

Rosa vermelha

Ervas masculinas

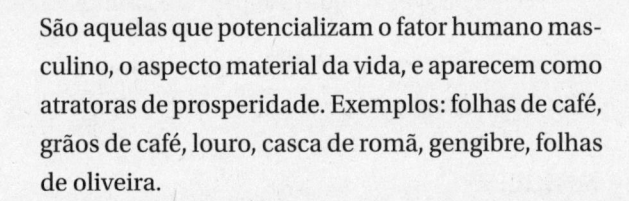

São aquelas que potencializam o fator humano masculino, o aspecto material da vida, e aparecem como atratoras de prosperidade. Exemplos: folhas de café, grãos de café, louro, casca de romã, gengibre, folhas de oliveira.

Gengibre

Ervas calmantes

São aquelas que não atuam somente no corpo físico por características fitoquímicas, mas também nos organismos espirituais e em seus sistemas nervosos no sentido de tranquilizar o espírito. Exemplos: camomila, capim-limão, maracujá, melissa.

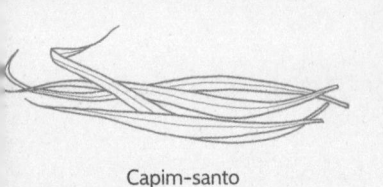

Capim-santo

Ervas fortalecedoras da mediunidade

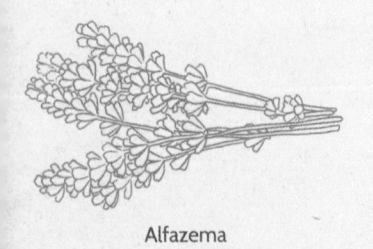

São aquelas que atuam no sentido puramente espiritual, agindo nos centro de força (chakras), facilitando assim a atuação dos espíritos nos médiuns. Exemplos: alfazema, anis-estrelado, jasmim, rosa branca.

Alfazema

Como preparar o banho de ervas

Recomenda-se que os banhos de ervas quentes devam ser tomados antes de dormir por causarem sonolência e moleza no corpo, pois, sempre que os realizamos, retiramos uma camada de energia densa de nossa aura.

Antes de colher as ervas, verifique qual o melhor horário para fazê-lo. Colha somente o que vai necessitar para não desperdiçar e prejudicar a planta. Tenha certeza de que está colhendo as plantas certas e não esmague as folhas.

Muitas pessoas desperdiçam, estragam as ervas no momento do preparo do banho ou em outros usos. Por isso, é importante o conhecimento de cada uma antes de qualquer iniciativa – por exemplo, saber a diferença entre ervas frescas e secas.

Além dos banhos de ervas, existem vários preparos feitos com ervas, como decocção, infusão e maceração.

Quanto à temperatura, o banho pode ser preparado quente ou frio. Se as ervas ou flores estiverem frescas, lave-as e coloque-as em uma bacia ou panela com água fria, passando a amassá-las com as mãos, mentalizando o equilíbrio energético. Esse processo é chamado de maceração. Após, deixe-as descansar por uma hora. Em relação à quantidade, a proporção é um punhado de ervas para cada meio litro de água.

Quando as ervas estão secas, suas propriedades energéticas estão adormecidas; por isso, precisamos fervê-las para que sejam estimulados os princípios ativos. É o mesmo procedimento de fazer um chá. Deixa-se, nesse caso, a água em ponto de fervura e coloca-se a erva dentro da panela para descansar um pouco, devendo-se tampar o recipiente. Recomenda-se deixar a erva descansar por pelo menos 30 minutos.

Alguns banhos de ervas são colocados no sereno à noite, em um processo conhecido como serenado. Neste caso, a mistura macerada fica no relento para pegar sereno e absorve o ar da noite, sendo utilizada ao amanhecer.

Quando você for usar o preparado de ervas, poderá coá-las e devolvê-las à natureza, de preferência em um jardim, pois elas já fizeram a imantação de energias na água do banho.

Observação

Antes de fazer uso das ervas, verifique se você tem alergia a alguma delas. Caso tenha dúvida, faça um teste simples: esfregue na pele uma pequena porção da erva e aguarde alguns minutos para ver se a pele demonstra reação alérgica.

Já durante o banho, tome cuidado com os olhos, nariz, boca e ouvido. Dessa forma, despeje o banho pelas costas. Mulheres gestantes e crianças menores de 7 anos devem ficar atentas, pois o descarrego pode causar danos energéticos.

Na hora que for usar o banho, eleve seu pensamento e peça a proteção espiritual. Porém, antes de qualquer banho de ervas, alguns passos devem ser seguidos para sua precaução.

Outra coisa importante é verificar a partir de onde o banho deve molhar, pois existem ervas que não podem ser jogadas na cabeça, a depender de situações específicas – a que se propõe o banho, a sensibilidade da pessoa que vai recebê-lo e, ainda, se há iniciação dela em determinadas religiões.

Muitas pessoas têm dúvida se a mulher pode tomar banhos de ervas durante o período menstrual. Do ponto de vista energético, não há interferência, pois o banho tem uma ação diferente da do chá.

A água utilizada para os banhos

As águas são os elementos condutores e concentradores naturais da energia das ervas. Podemos encontrá-las nos pontos de força da natureza como mar, cachoeira, lagos, fontes, chuva.

A água do mar tem alto poder curador diante do contexto da biologia marinha (vegetal e animal) e não é agressiva, sendo muito utilizada nos banhos de descarrego.

A água mineral ou de fonte natural, como das chuvas, é a mais indicada para banhos, por não conter cloro. No entanto, caso seja utilizada a água da torneira, o ideal é que seja fervida. Em último caso, se isso não for possível, não haverá eliminação do efeito curador das ervas.

Relação das ervas para banhos

Alecrim
Rosmarinus officinalis

São atribuídos poderes mágicos ao alecrim devido ao seu poder magnético no campo do amor, da fidelidade e da felicidade.

É uma erva utilizada para atrair prosperidade e abrir caminhos, além de afastar a tristeza, revigorar, trazer clareza mental, destruir o estresse e as larvas astrais que possam impedir a caminhada.

Afasta maus espíritos e ladrões. Oferece proteção na área profissional, além de ajudar na recuperação e no tratamento de doenças. Estimulante mental, ativa a memória dispersando o cansaço da mente, da consciência. Tem efeito antidepressivo. Purifica o ambiente, traz felicidade e justiça.

O alecrim colocado sobre brasas desinfeta o ambiente de maus cheiros e, principalmente, maus fluidos. É uma erva morna ou equilibradora.

Alfavaca
Ocimum gratissimum

Também conhecida como erva-de-nossa-senhora, favaca, cobrinha, favaca-de-cobra. Essa erva é muito utilizada nos processos de reconstrução dos corpos espirituais após ataques de energias negativas. Combate a irritação física e emocional. Favorece a vidência, amplia a visão e é tranquilizante. É uma erva morna ou equilibradora.

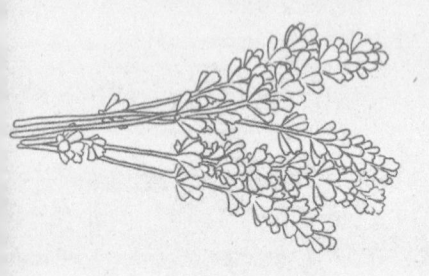

Alfazema-lavanda
Lavandula officinalis

Mostra-se como um conjunto de flores em tonalidades azuis com violeta, reunidas em densas inflorescências terminais em formas de espiga. Exala um aroma suave.

Atua no plano astral eliminando maus fluidos e as energias negativas nos ambientes. Serve para meditação e limpeza geral, favorecendo a clarividência. Afasta as larvas astrais. Reativa alegria, alivia dores de cabeça, insônia, ansiedade e depressão. Relaxa e acalma a mente. Afasta sentimentos de raiva e tensão. Produz tranquilidade nos negócios e relacionamentos. É uma erva morna ou equilibradora.

Alho
Allium sativum

O alho é excelente para afastar vampiros energéticos. Trata-se de um talismã, trazendo proteção e boa sorte, dispersando energias de olho gordo, quebranto, inveja. Afasta perigos de roubos e assaltos. Tanto pode ser utilizado por meio de banhos como também em incensos e amuletos em ambientes.

O banho de alho geralmente se faz macerado e é importante tomar do pescoço para baixo. Caso seja com a casca, é importante ferver. É uma erva quente ou agressiva.

Amoreira
Morus nigra

A folha da amoreira – planta com formato de um coração, com folhas inteiras ou lobuladas, de bordas serrilhadas – tem alto nível de antioxidantes. Por este motivo, o banho do chá da folha de amoreira é bastante utilizado na medicina natural.

Atua como revigorante da pele, além de proporcionar equilíbrio mental. Elimina cargas negativas e atua no campo amoroso. Tem a ação de equilibrar e estabilizar o sistema nervoso. Afasta o estado de inércia física e mental, facilita a comunicação. Desperta a paz interior, a força de vontade e o sentimento de gratidão. É uma erva morna ou equilibradora.

Anis-estrelado
Illicium verum

No uso ritualístico, o anis tem funções específicas no trato do chakra coronal, da intuição e mediunidade. Seu uso em banhos e defumações confere ao organismo astral humano capacidade de equilíbrio, consciência e luz para decisões que precisam de intuição rápida.

É uma especiaria muito utilizada para defumações e propriedades energéticas, atuando para manter o bom humor e descarregar energias negativas. Ativa o amor incondicional, além de ser calmante e sedativo. Alivia tensão mental e física. Ajuda a transformar antigos padrões de pensamento e ajuda na resistência a mudanças. É uma erva morna ou equilibradora.

Aroeira
Schinus terebinthifolius

Utilizada para descarrego, afastando energias negativas de pessoas e ambientes. Para fazer o banho, é necessário utilizar a aroeira-mansa ou aroeira-vermelha, nomes pelos quais também é conhecida, pois os demais tipos da erva podem causar efeitos colaterais indesejados, como urticárias, edemas e eritemas. É uma erva quente ou agressiva.

Arruda
Ruta graveolens

Muito cultivada nos jardins em todo o mundo, devido às suas folhas fortemente aromáticas. Devemos ter cuidado com o seu manuseio, pois se trata de uma erva tóxica.

É usada nos rituais contra maus fluidos, como nos benzimentos e bate-folhas. Afasta energias de olho gordo, inveja e má sorte. Dá segurança e elimina energias desarmônicas. É um dos maiores termômetros da energia do ambiente, pois, se este estiver realmente carregado, a arruda morre.

Diante do fato de eliminar energias negativas, intensifica a força de vontade, auxiliando a pessoa que a usa a realizar seus desejos.

Para o uso em banhos, não há diferença energética entre a arruda "macho", que tem as folhas maiores e mais alongadas, ou a "fêmea", que tem folhas menores e mais arredondadas. É uma erva quente ou agressiva.

Artemísia
Artemisia vulgaris

Também conhecida como absinto, artemísia-comum, artemísia-verdadeira, artemija, artemige, artmígio, erva-de-são-joão, flor-de-são-joão, losna-brava.

Trabalha a força do feminino e por isso é usada para elevar a autoestima das mulheres e desenvolver seu magnetismo pessoal. Os homens a utilizam quando há necessidade de melhorar a sensibilidade, a mediunidade e a tomada de decisões com o equilíbrio entre razão e emoção.

Pode ser uma erva morna ou equilibradora, ou, ainda, fria, quando utilizada nesse contexto.

Babosa
Aloe vera

A babosa é utilizada para diversas finalidades, a exemplo de tratamentos de pele, banhos e defumações. Usada para abertura financeira, estresse físico, emocional, exaustão, esgotamento físico e espiritual. Auxilia a sair da procrastinação. É uma erva morna ou equilibradora.

Bálsamo
Cotyledon orbiculata

O bálsamo é um tipo de planta suculenta que embeleza e aromatiza ambientes, mas também possui propriedades terapêuticas. Trabalha a energia feminina, elevando a autoestima das mulheres e a sensibilidade do corpo e do espírito.

Acalma e harmoniza ambientes carregados, contribuindo com a inspiração e o relaxamento. Afasta negatividades e combate a irritabilidade. Ajuda a remover hematomas. É uma erva morna ou equilibradora.

Bambu
Bambusa vulgaris

Suas folhas são poderosas para eliminar energias negativas. É um forte banho de descarrego e um poderoso defumador contra a influência de espíritos obsessores. É uma erva quente.

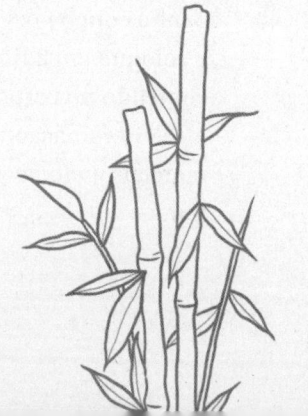

Boldo-do-chile
Peumus boldus

Também conhecido como tapete-de-oxalá, essa erva é para quem procura por paz e ajuda espiritual. Seu banho retira da alma tudo que pesa e que impede de prosseguir no caminho de realizações.

Ajuda na dificuldade de concentração, traz confiança para as práticas espirituais e contribui com o desenvolvimento mediúnico.

Ele desobstrui o chakra coronário de energias negativas, atuando na glândula pineal. Portanto, é bastante utilizado nos casos de dores de cabeça, calafrios, ansiedade, depressão e insônia. É uma erva morna ou equilibradora.

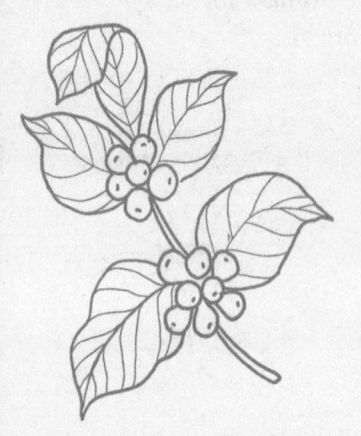

Café
Coffea arabica

O café, além de ser uma bebida energética que age diretamente sobre o nosso sistema nervoso, também é usado em banhos de limpeza espiritual.

Suas propriedades criam a nossa volta um escudo protetor, que, além de repelir as energias negativas e afastar entidades e espíritos negativos, fortalece a nossa defesa energética.

O banho de folha de café elimina pensamentos negativos e pesadelos, traz benefícios para doentes em recuperação, combate desânimo e apatia e afasta sonolência.

Muitas pessoas também utilizam, na ausência da folha do café, o banho com o pó. Caso você siga essa prática, pegue uma colher de chá e coloque em 2 litros de água e, após seu banho de higiene, despeje o conteúdo no corpo, do pescoço para baixo.

A defumação com folhas ou pó de café é excelente para casas comerciáis, pelo fato de atrair prosperidade. É uma erva morna ou equilibradora.

Camomila
Matricaria chamomilla

Aroma leve e agradável com propriedades calmante e sedativa, a camomila cria uma atmosfera que convida à harmonia e ao relaxamento. Trabalha o não julgamento e é utilizada para acalmar e estimular o amor-próprio. Alivia dores físicas e espirituais, relaxa a musculatura, combate a ansiedade e a depressão. É uma erva morna ou equilibradora.

Cana-do-brejo
Costus spicatus

Também chamada de cana-roxa, cana-de-macaco e jacuacanga, entre outros nomes regionais, é uma planta herbácea abundante em matas costeiras úmidas e terrenos brejosos, fartamente usada na medicina popular como diurética e depurativa.

Serve para banhos de proteção, de descarrego e limpeza. Também utilizada em defumações. É considerada uma erva morna.

Canela
Cinnamomum zeylanicum

O banho de canela é muito utilizado para atrair energias positivas no amor, nas finanças, na vida espiritual e na vida social. Ele ajuda contra mau-olhado e inveja. Atrai bons fluidos, tranquiliza o ambiente, tem ação antidepressiva e aumenta a alegria de viver, trazendo boa sorte e felicidade. É uma erva morna ou equilibradora.

A canela também é um excelente estimulador de prosperidade. Existe um ritual em que, todo primeiro dia do mês, assopra-se canela em pó na porta de entrada da casa e em todos os cômodos, para gerar prosperidade e união familiar.

Casca de cebola
Allium cepa

Assim como o alho, a casca de cebola, além de ser muito utilizada em defumações para afastar energias negativas do ambiente, é usada em banhos para descarrego de energias ligadas a ataques energéticos, comportamentos inadequados e disfunções sexuais.

É um poderoso ácido do astral, capaz de corroer magias negativas, obsessões, vampirismos, energias de inveja, raiva e vingança. É uma erva quente ou agressiva.

Cipó-caboclo
Davilla rugosa

É uma potente erva morna ou equilibradora que proporciona à pessoa a decisão sobre seu propósito de vida. Dá concentração e foco.

Recomenda-se também o uso de um pedaço desse cipó junto ao corpo, com o propósito de criar um campo vibratório de segurança, direção e proteção.

Colônia
Alpinia zerumbet

Tem função energética de fluidificar e por isso é muito utilizada com outras ervas. Ela tem a função de fortalecer e acalmar o espírito, afastando sentimentos de estresse, ansiedade e pensamentos negativos.

O banho de colônia é muito usado na limpeza espiritual, para tirar as mazelas e abrir os caminhos. Afasta o mau-olhado, cura as doenças da alma e atrai bons fluidos. É uma erva morna ou equilibradora.

Cordão-de-são-francisco
Leonotis nepetifolia

De origem africana, possui diversos nomes populares, tais como: cordão-de-frade e emenda-nervos. Essa planta é utilizada há muito tempo na medicina tradicional africana como tratamento para febres, dores de cabeça, malária, disenteria, picada de cobra, reumatismo, asma, tosse, histeria e problemas nos nervos.

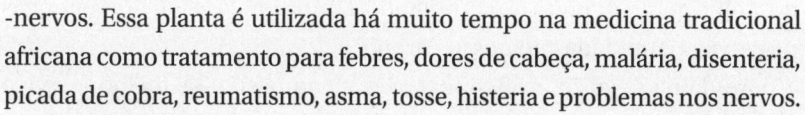

Seu banho ritualístico serve para limpeza e descarrego, para banhos tonificantes da aura e para limpezas em geral. Afasta energias provenientes de ataques de espíritos obsessores. É uma erva quente.

Couve
Brassica oleracea

É considerada uma erva morna ou equilibradora e/ou fria. Os banhos feitos com couve têm o efeito de acalmar o sistema nervoso, tranquilizar o espírito, afastar a insônia e diminuir a ansiedade.

Cravo
Dianthus caryophyllus

É considerada uma erva morna ou equilibradora e/ou fria. Tem como função potencializar o fator humano masculino, o aspecto material da vida. Seu banho é muito utilizado para atrair prosperidade, abundância, abertura de caminhos profissionais, equilíbrio e paz interior.

Cravo-da-índia
Syzygium aromaticum

O banho de cravo é poderoso para afastar males que afetam negativamente o nosso modo de vida. Trabalha o sagrado masculino.

Sua principal atuação é proteger contra o olho gordo e contra o mau-olhado. Limpa ainda a aura e as energias negativas acumuladas no nosso corpo.

Ajuda na atuação profissional, eleva a autoestima e melhora a vida afetiva. Usada ainda em preparos para melhorar a concentração para os estudos e tarefas mais difíceis. Atua no desenvolvimento mediúnico. É uma erva morna ou equilibradora.

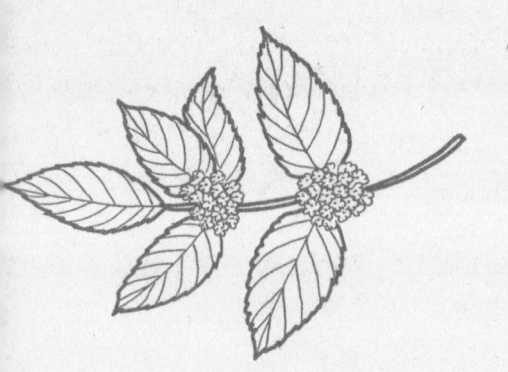

Erva-cidreira
Lippia alba

A erva-cidreira, conhecida popularmente como erva-cidreira verdadeira ou por melissa (*Melissa officinalis*), é uma planta perene herbácea da família da menta/hortelã e do boldo. Todas elas conhecidas por seus efeitos calmantes.

Afasta a ansiedade e o medo. Combate energias negativas e mau-olhado. Limpa o ambiente de pessoas e situações indesejadas na vida. Aumenta a autoestima. Acalma o espírito. É uma erva morna ou equilibradora e/ou fria.

Erva-de-são-joão
Hypericum perforatum

É considerada uma erva morna ou equilibradora e traz a capacidade de corrigir os desvios energéticos, dando equilíbrio ao corpo e espírito. Levanta o astral e direciona a pessoa para o propósito de vida. Afasta os maus espíritos e as energias nocivas do ambiente.

Erva-doce
Pimpinella anisum

O banho de erva-doce é bastante utilizado para acalmar e harmonizar a mente. É muito comum tomá-lo antes de dormir para ter uma noite de sono reconfortante. Além disso, protege contra energias densas no ambiente. Colocada no travesseiro, a erva-doce proporciona noites de sono tranquilo e regenerador. É uma erva morna ou equilibradora e/ou fria.

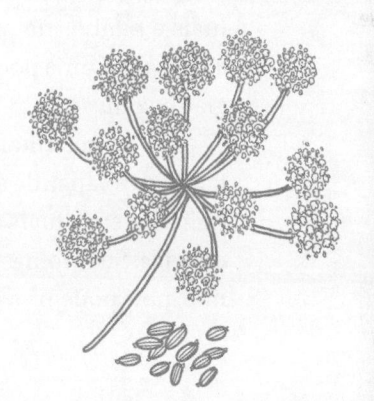

Espada-de-santa-bárbara
Sansevieria trifasciata

Também conhecida como espada-de-iansã. Assim como a espada-de-são-jorge, tem a capacidade de cortar energias negativas do ambiente, protegendo o local e as pessoas que fazem o seu uso. É frequentemente utilizada em diversas simpatias e banhos, mas é importante ter cuidado com sua toxina, pois pode causar alergia à pele. A espada-de-santa-bárbara diferencia-se da espada-de-são-jorge por ter uma borda amarela.

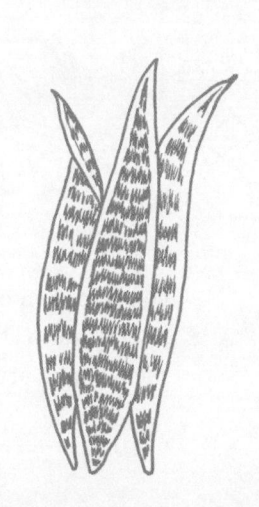

As espadas-de-santa-bárbara são conhecidas como plantas de proteção contra o mau-olhado, devendo ser colocadas próximo à entrada das casas. Têm a função de anular, eliminar, cortar e quebrar os acúmulos energéticos negativos. São excelentes quando usadas em benzimentos. É uma erva quente ou agressiva.

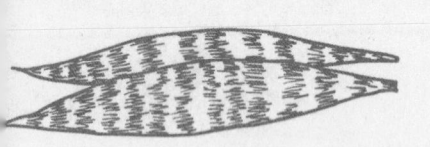

Espada-de-são-jorge
Sansevieria guineensis

Também conhecida como lança-de-ogum. É frequentemente utilizada em diversos rituais e banhos de proteção que necessitem de muita força espiritual; afinal, ela é uma poderosa arma na luta contra o mau-olhado e as energias negativas.

Muitos acreditam que, além de afastar o mal, a espada-de-são-jorge também é capaz de atrair prosperidade e, por esse motivo, é largamente utilizada em rituais e encontrada em jardins de entrada de muitas residências. Suas folhas são totalmente verdes. Deve-se ter cuidado no banho, pois pode provocar alergia na pele. É uma erva quente.

Espinheira-santa
Maytenus ilicifolia

O nome espinheira-santa se deve ao formato de suas folhas, que parecem ter vários espinhos, e por ser considerada um "santo remédio", na linguagem popular. Seu banho é utilizado para atrair prosperidade e promover a conexão com o eu superior. Afasta as negatividades e dá ânimo. Ajuda a revigorar o chakra frontal. Também utilizada para banhos de descarrego. É uma erva morna ou equilibradora.

Eucalipto
Eucalyptus globulus

O eucalipto alivia o estresse, fortalece a respiração e dá foco mental, afastando dúvidas. Aumenta a energia vital, fortalece o espírito, protege e afasta de energias negativas. Eleva o humor, melhora a autoestima e a vida financeira. É muito poderoso para banhos, defumações, bate-folhas e passes energéticos. É uma erva quente.

Folha-da-fortuna
Bryophyllum pinnatum

De origem africana, também é conhecida como folha gorda, saião, planta-da-vida, calancoê, calanchoe, folha grossa, paratudo, tapete de Oxóssi, folha da costa.

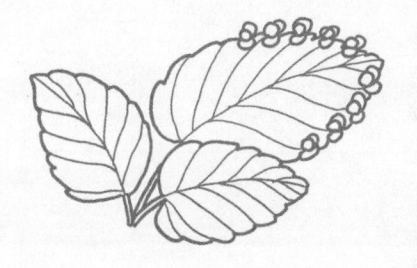

É da família das suculentas. Além de seus poderes fitoterápicos, tem efeito calmante, tranquilizando a mente e o espírito. Age em favor da purificação, da cura de doenças e como neutralizador de negatividade. Ótima para ter em casas de comércios e utilizar em rituais de prosperidade.

É considerada uma erva fria e/ou específica e, em alguns casos, morna ou equilibradora.

Framboesa
Rubus idaeus

É uma erva morna ou equilibradora e/ou fria e específica para o sagrado feminino. Bastante utilizada nos processos envolvendo dúvidas e questões amorosas.

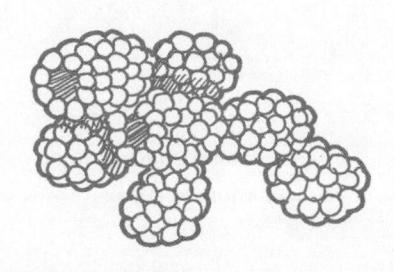

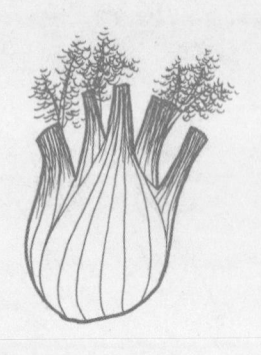

Funcho
Foeniculum vulgare

É considerada uma erva fria e/ou morna ou equilibradora. Utilizada para afastar ansiedade, tranquilizar o espírito, remover formas-pensamento negativas. Além de usá-la em banhos, defumações e escalda-pés, podemos colocar suas sementes nos travesseiros para ter um sono tranquilo e regenerador, protegido contra pesadelos.

Girassol
Helianthus annuus

O banho de girassol é indicado para aumentar a autoestima, a intuição, além de promover uma aceleração nas mudanças positivas na vida. Além disso, atrai amor e prosperidade. Repõe as energias, levanta o astral, proporciona recuperação aos doentes.

As pétalas podem ser usadas para banhos e as sementes em defumações nos ambientes, para estimular a força de vontade das pessoas do local. É uma erva morna ou equilibradora.

Graviola
Annona muricata

A graviola, como erva equilibradora ou morna, é bastante utilizada nos tratamentos espirituais para regenerar e equilibrar o corpo e espírito. Tem capacidade de afastar espíritos sofredores para seus devidos tratamentos com equipes socorristas.

Guiné ou tipi
Petiveria alliacea

Uma das ervas quentes mais utilizadas nos processos de limpeza energética. Esse banho é indicado para casos de tensão nervosa, de agitação, bem como de grande descarrego. Essa erva também é utilizada em defumações, bate-folhas e benzimentos. Corta, anula e dissolve energias densas do ambiente. Absorve energias negativas de pessoas e locais, transmutando-as em energias positivas. Ajuda na comunicação com os bons espíritos.

Hortelã
Mentha spicata

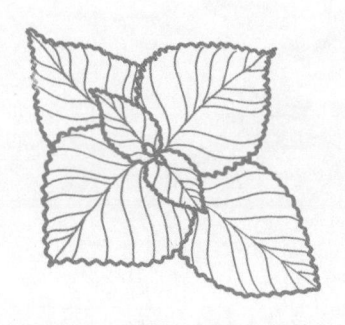

Erva que traz prosperidade, bons sonhos e proteção. A hortelã é muito indicada para aumentar a compreensão, o poder de decisão, a ordem e a consciência ecológica. É utilizada para acalmar a alma, trazer paz interior e tranquilidade. Traz energia vital. Com esse banho, é possível combater os medos, as preocupações, inquietações e até mesmo os problemas financeiros.

É uma erva morna ou equilibradora.

Jabuticabeira
Plinia cauliflora

Tem ação de animar, estimular e limpar. Seu banho proporciona proteção e afasta desânimo. É estimulante, energizadora, mantenedora e estabilizadora da energia vital. É considerada uma erva morna ou equilibradora.

Jasmim
Jasminum officinale

Tem propriedade relaxante e combate o estresse, a tensão e a ansiedade, atuando no chakra frontal. Facilita na comunicação com os espíritos (mentores e guias).

É muito procurado também como óleo essencial. Nesse caso, pingue quatro gotas em dois litros de água e, depois do banho de higiene, despeje o composto na cabeça. É uma erva morna ou equilibradora e/ou fria.

Jurema-preta
Mimosa hostilis

A jurema é uma árvore venerada como uma divindade. Da casca, flor e folhas são extraídas emulsões para o preparo de banhos a fim de afastar as entidades maléficas.

No banho de descarrego, essa erva tem forte poder energético para afastar os miasmas, formas-pensamento. Ela corta, dissolve, limpa e quebra acúmulos energéticos negativos de pessoas e locais. Também é utilizada no uso de defumadores e rezas para mau-olhado. É uma erva quente ou agressiva.

Jurubeba
Solanum paniculatum

Fortalece a mediunidade, atuando nos primeiros corpos da aura, desintoxicando-os e acelerando os processos de limpeza do passado. Combate o sentimento de apego em relação a pessoas, objetos e lugares. Auxilia a reconhecer a realidade imediata.

Com suas folhas e flores pode-se fazer banho energético e de descarrego, além de defumações. É considerada uma erva morna ou equilibradora.

Lágrima-de-nossa-senhora
Coix lacryma

O banho dessa erva tem a ação de animar, estimular e limpar. Afasta o desânimo e traz energização para pessoas e ambientes. Traz sonos reparadores e afasta discussões. É considerada uma erva morna ou equilibradora.

Lança-de-ogum
Sansevieria cylindrica

Também conhecida como lança-de-são-jorge. Anula, corta, dissolve e elimina acúmulos energéticos negativos de pessoas ou ambientes. As lanças-de-ogum são conhecidas como plantas de proteção contra o mau-olhado, devendo ser colocadas próximo à entrada das casas. São excelentes para benzimentos. É uma erva quente ou agressiva.

Laranjeira
Citrus × sinensis

O banho de flor de laranjeira vai aliviar o estresse e a ansiedade, pois o perfume dessa flor inspira bons sentimentos e ajuda a destruir energia de tristeza. Também é um banho afrodisíaco. As folhas, em banhos junto a outras ervas, proporcionam uma melhora na energia e disposição.

A flor de laranjeira estimula harmonia, carinho, alegria e felicidade. Atua como calmante em casos de nervosismo, insônia, tensão e preocupação. Afasta o pânico. Aumenta a segurança e autoconfiança em assuntos emocionais e financeiros. É uma erva morna ou equilibradora.

Limão
Citrus × limon

Banho poderoso na limpeza energética e espiritual. Simboliza o nosso coração por trazer sentimentos de amor e sensação de bem-estar. Dá clareza mental, foco. As folhas e cascas secas do fruto são indicadas para encaminhar espíritos perturbadores de pessoas e ambientes e, também, para desenrolar situações difíceis. É uma erva morna ou equilibradora.

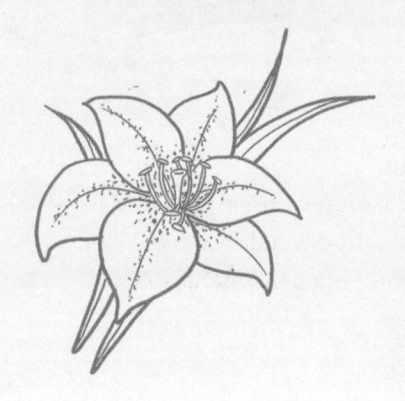

Lírio
Lilium

Indicado para quem procura paz de espírito e equilíbrio pessoal. Traz limpeza emocional e espiritual, elimina conflitos internos no lar. Atrai prosperidade e amor. É poderoso para promover a pureza, a simplicidade e a humildade. É uma erva morna ou equilibradora.

Louro
Laurus nobilis

Essa erva atrai prosperidade, abrindo portais de abundância em todos os sentidos. Auxilia também no combate ao cansaço, à falta de vitalidade e afasta energias negativas dos outros.

É muito comum que algumas pessoas guardem a folha de louro na carteira. Acredita-se que assim o dinheiro nunca acabará. É usada ainda como amuleto para evitar as negatividades.

As folhas de louro deixadas embaixo do travesseiro induzem sonhos proféticos. Podem ser usadas em rituais de proteção e purificação. É uma erva morna ou equilibradora.

Macela
Achyrocline satureioides

O banho dessa erva tem poder tranquilizante e relaxante. Alivia as dores de cabeça de cunho espiritual, causadas por energias negativas e ataques e obsessões. É uma erva morna ou equilibradora.

Malva
Malva sylvestris

Calmante, evoca proteção e equilibra as emoções. Seu uso é bastante utilizado juntamente com outras ervas, principalmente quando se quer equilibrar a mediunidade. É uma erva morna ou equilibradora e/ou fria.

Mamona
Ricinus communis

Conhecida como rícino, carrapateira, palma-de-cristo. Tem ação de curar, esgotar e paralisar. É uma poderosa erva para afastar processos infecciosos provenientes do astral negativo e de energias enfermiças. Trabalha o perdão e a compreensão do carma, fortalecendo a aura. Combate inveja, mau-olhado, quebranto e demais energias densas de pessoas ou ambientes. É uma erva quente ou agressiva.

Mangueira
Mangifera indica

É um banho energizante capaz de remover cansaço e desgastes. Fortalece o espírito, purifica, tira mau-olhado e abre caminhos. Traz proteção, fortalece o campo astral. Potencializa a vitalidade e acelera os processos de cura espiritual. É uma erva morna ou equilibradora.

Manjericão
Ocimum basilicum

O manjericão é conhecido e utilizado por vários povos, para diversas finalidades, sejam medicinais, religiosas, culinárias ou místicas. Essa planta tem uma essência divina e o simples fato de tê-la em sua casa vai harmonizar o ambiente, pois transmuta energia negativa em positiva.

O banho é recomendado para renovar as células do organismo. Você poderá fazê-lo sempre que estiver com desânimo, moleza, dor de cabeça, insônia. Também serve à limpeza espiritual, pois afasta energias negativas como inveja e mau-olhado e auxilia na elevação espiritual. É uma erva morna ou equilibradora.

Manjerona
Origanum majorana

Na mitologia grega, a manjerona era uma das ervas preferidas de Afrodite, a deusa do amor.

Era plantada na frente das casas para dar as boas-vindas e usada na purificação dos templos e na limpeza pessoal. Traz felicidade conjugal, fortalece o amor e protege a casa. Substitui pensamentos negativos por pensamentos positivos. É uma erva morna ou equilibradora.

Maracujá
Passiflora incarnata

Também conhecido como flor-da-paixão. Seu banho trabalha a união de opostos dentro do ser. Equilibra os lados masculino e feminino, aflora a sabedoria, acalma e traz boas ideias. É uma erva morna ou equilibradora.

Mirra
Commiphora myrrha

Na Bíblia Sagrada, é possível encontrar algumas citações dessa essência. A mirra foi a primeira essência escolhida por Deus para compor o azeite da unção no Tabernáculo de Moisés. Essa planta é o primeiro presente que Jesus Cristo ganhou, logo após o seu nascimento. Já na cruz, lhe foi servido vinho e mirra para conseguir aliviar a dor. No fim, em seu sepultamento, o corpo foi preparado com um composto com essa essência.

Seu banho limpa e purifica o espírito, trabalha a autoestima e clareza dos pensamentos. É revitalizante e estimulante, ajudando a expressar os dons e a perceber os aspectos sagrados da vida. É eficiente para mudanças de ciclos da vida. Também bastante utilizada através de incensos e fragrâncias. É uma erva morna ou equilibradora.

Noz-moscada
Myristica fragrans

Exerce um grande papel na espiritualidade, pois possui forte ação na limpeza de energias negativas que estão rondando a pessoa. Além disso, atrai prosperidade, amor e saúde, além de dar coragem, acelerando a tomada de decisões. Estimulador do corpo e da mente. Se usada sozinha, é uma erva fria. Se não, é morna ou equilibradora.

Orégano
Origanum vulgare

Também conhecida como manjerona silvestre. Desde os tempos mais antigos ele era considerado pelos gregos a "erva da felicidade". Seu banho atua na defesa psíquica e equilíbrio emocional. Afasta energias negativas e auxilia nos processos de perdas, superação e aceitação. Tranquiliza o espírito. É uma erva morna ou equilibradora.

Peregum
Dracaena

Também chamada de dracena, dracena d'água, pau-d'água, nativo e coqueiro-de-vênus. Essa erva é utilizada em diversos rituais das religiões de matriz africana. Excelente para bate-folhas, sacudimentos, abertura de caminhos, para atrair sorte e prosperidade. Afasta energias negativas do ambiente. Desagrega todas as energias densas e paradas. É bastante utilizada como cerca viva e pode ser desenvolvida na água ou na terra.

Podemos encontrar o peregum verde e o verde-amarelo, que é uma erva morna ou equilibradora. Existe o peregum roxo (dracena-roxa), que é uma erva quente, muito usada no paisagismo por seu poder de desintoxicar ambientes infestados por energias negativas.

Picão-preto
Bidens pilosa

Tem ação de desobstruir, limpar e purificar. Indicado para afastar atitudes de autopunição e cobrança. Afasta ansiedade, procrastinação e sentimentos de impotência. É uma erva quente ou agressiva.

Pimentas
Capsicum

As pimentas (pimenta-do-reino, pimenta-malagueta, pimenta-da-costa, dedo-de-moça) são excelentes no uso ritualístico, principalmente para afastar as energias negativas do ambiente.

É importante utilizar as pimenteiras no ambiente para transmutar e purificar as energias e destruir as larvas astrais. São conhecidas como plantas de proteção contra o mau-olhado, devendo ser colocadas próximo à entrada das casas. Quando entram em contato com uma energia ruim, ou quando o ambiente está "carregado", a pimenteira seca.

Todavia, seu uso deve ser moderado no uso de banhos e incensos, pois podem provocar lesões na pele e irritações nos olhos. É uma erva quente ou agressiva.

Pinhão-roxo
Jatropha gossypiifolia

Conhecida como "erva feiticeira", é utilizada nos benzimentos, bate-folhas, banhos de ervas. Sua capacidade energética afasta larvas e miasmas astrais. É utilizada em ambientes de forma ornamental para proteger todos que ali transitam. É uma erva quente ou agressiva.

Pitangueira
Eugenia uniflora

As folhas da pitangueira são folhas de prosperidade e proteção, por isso os banhos e defumações feitos com elas são eficazes para equilibrar energias, afastar forças negativas e atrair bons fluidos para a nossa vida. É uma planta desobsessora e muito utilizada para retirar as larvas astrais. É uma erva morna ou equilibradora.

Poejo
Mentha pulegium

Também conhecido como hortelãzinho, erva-de-são-lourenço, menta-selvagem, poejo-das-hortas. Tem função calmante, trazendo concentração para as tarefas do dia a dia. Protege e afasta energias de discussões de pessoas e ambientes. É uma erva morna ou equilibradora.

Romã
Punica granatum

O banho das folhas do romanzeiro e da casca de romã é utilizado para atrair prosperidade, evitar acidentes, auxiliar na tomada de decisões, trazer alegria e afastar o medo. Trabalha o masculino.
Afasta inveja e energia gerada por ódio. A erva também é utilizada em defumações para essas finalidades. É uma erva morna ou equilibradora.

Rosas-brancas
Rosa centifolia

O banho de pétalas de rosas brancas trará paz interior e tranquilidade, atuando contra energias negativas. Purifica os sentimentos, estimula perdão e compaixão. Usado para combater a insônia. Produz paz interior e estabelece sintonia com as esferas elevadas do Universo.

Permite que nossos corpos físico e mental fiquem abertos para novas energias, fluidos benéficos que podem ser usados inclusive para prevenir estados mentais indesejados mais graves. É uma erva morna ou equilibradora.

Rosas-vermelhas
Rosa gallica

As rosas vermelhas possuem o poder energético de despertar a paixão, a sensualidade e a autoestima. Proporcionam paz interior e acalmam sentimentos, oferecem proteção, realizam efeitos de limpeza energética, trazem harmonia, compreensão das emoções, relaxamento e tranquilidade. Muito utilizadas nos campos do amor e da comunhão espiritual. Elevam o ânimo e incentivam o amor pela vida. São ervas mornas ou equilibradoras.

Sabugueiro
Sambucus nigra

Aumenta a autoconfiança, principalmente nos processos de tomada de decisões. Energeticamente possui efeito calmante. Reconstitui a autoconfiança e amplia os sentidos. Eleva a autoestima. É uma erva morna ou equilibradora.

Sálvia
Salvia officinalis

Traz clareza mental para dúvidas e falta de ideias. É relaxante e você pode utilizar sempre que precisar de concentração, como em uma prova ou em um concurso. Aflora a intuição, eleva a autoestima, alivia crises de raiva, afasta a ansiedade e a depressão. Boa para casos de convalescença. Afasta energias negativas, maus fluidos, invejas e qualquer tipo de negativismo e infelicidade. Afasta também a frigidez. É uma erva morna ou equilibradora.

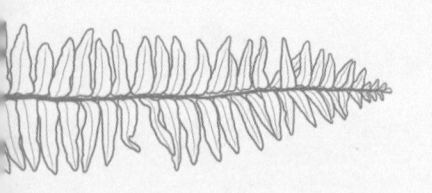

Samambaia
Nephrolepis exaltata

Muito utilizada para limpeza de ambientes, a samambaia equilibra a mediunidade e energiza o ambiente. O banho com essa erva aumenta o campo energético da pessoa e do ambiente, por isso é muito comum utilizá-la para ornamentar as casas, que recebem energias benéficas por causa de seu uso. Aumenta o poder intuitivo e aflora a prosperidade. É uma erva morna ou equilibradora.

Tabaco ou fumo
Nicotiana tabacum

As folhas de tabaco são colhidas quando atingem plena maturação e são penduradas para murchar; em seguida, são enroladas para formar a "corda", variando entre quatro e oito o número de folhas usadas. O fumo de rolo é curado ao Sol por um tempo que varia entre sessenta e noventa dias; neste período, a corda é torcida várias vezes, passando de um sarilho para outro. Seu tamanho pode variar conforme o fabricante.

Além do uso medicinal, o tabaco é utilizado nos rituais e cerimônias indígenas. Existem fumos fortíssimos, que expandem a consciência e dão força ao curandeiro, pajé ou xamã, para enfrentar os espíritos trevosos.

Seu banho é utilizado para descarga de energias negativas. Também é muito utilizado em defumações para proteger o ambiente de ataques sutis que podem acontecer. É cauterizador de feridas astrais. É uma erva quente ou agressiva.

Tomilho
Thymus vulgaris

A palavra tomilho deriva do grego *thymus*, que significa "coragem", está associada à "limpeza" e à "elegância". O maior elogio da Grécia Antiga era a expressão "cheira a tomilho".

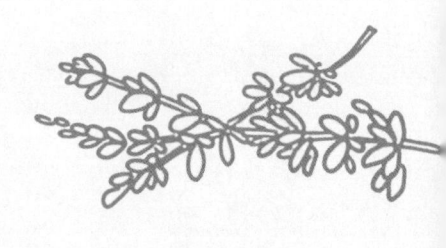

O banho dessa erva traz coragem e harmonia conjugal. Ela tem propriedades afrodisíacas, ajuda a melhorar a comunicação entre o casal, favorecendo a intimidade e a partilha. Também é bom para abertura de assuntos ligados a estudos e ao desenvolvimento mental.

Os druidas consideravam-na uma planta sagrada, dizendo-se também que esta erva ajudava a atrair as fadas. Também ajuda a afastar as energias negativas, tais como a inveja e o mau-olhado, renovando as energias do espaço. Atrai prosperidade e abundância.

Queimar um pouco de tomilho seco – ou, em alternativa, usar chá de tomilho para lavar o chão – ajuda a trazer de volta a alegria e a harmonia em um lar onde residem sentimentos de melancolia e tristeza, particularmente após um acontecimento doloroso.

Um ramo de tomilho seco detrás da porta mantém o ambiente energeticamente limpo através do seu aroma. Debaixo do travesseiro, afasta a insônia. É uma erva morna ou equilibradora.

Trevo
Trifolium sp.

Existem cerca de 300 espécies de trevo, entre elas o trevo-encarnado (*T. incarnatum*), o trevo-branco (*T. repens*) e o trevo-vermelho (*T. pratense*).

Essa erva é considerada fria quando em uso específico. Se utilizada junto a outras ervas, é morna ou equilibradora. Atua no sistema nervoso, acalmando e tranquilizando o espírito. Ajuda a colocar as ideias em ordem. Aflora a intuição e ativa a prosperidade.

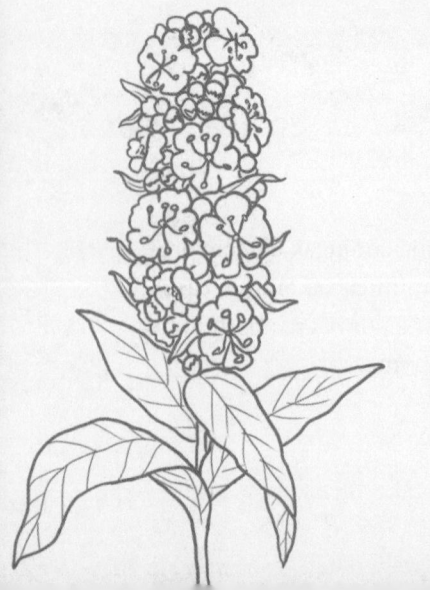

Verbena
Verbena officinalis

Planta que sempre esteve associada à magia, ao misticismo e às práticas religiosas. É chamada de erva sagrada diante da fama de ter sarado os ferimentos de Cristo na Cruz. Também era usada em sacrifícios e cerimônias de purificação dos antigos romanos e druidas.

Afasta a negatividade, a tristeza e a melancolia. Liberta-nos de energias negativas, atraindo desenvoltura, alegria e bom astral. Afasta de sua casa rivais em assuntos particulares e amorosos. Debaixo do travesseiro, fortalece-nos contra influências de pessoas que querem nos levar para o mau caminho. É uma erva morna ou equilibradora.

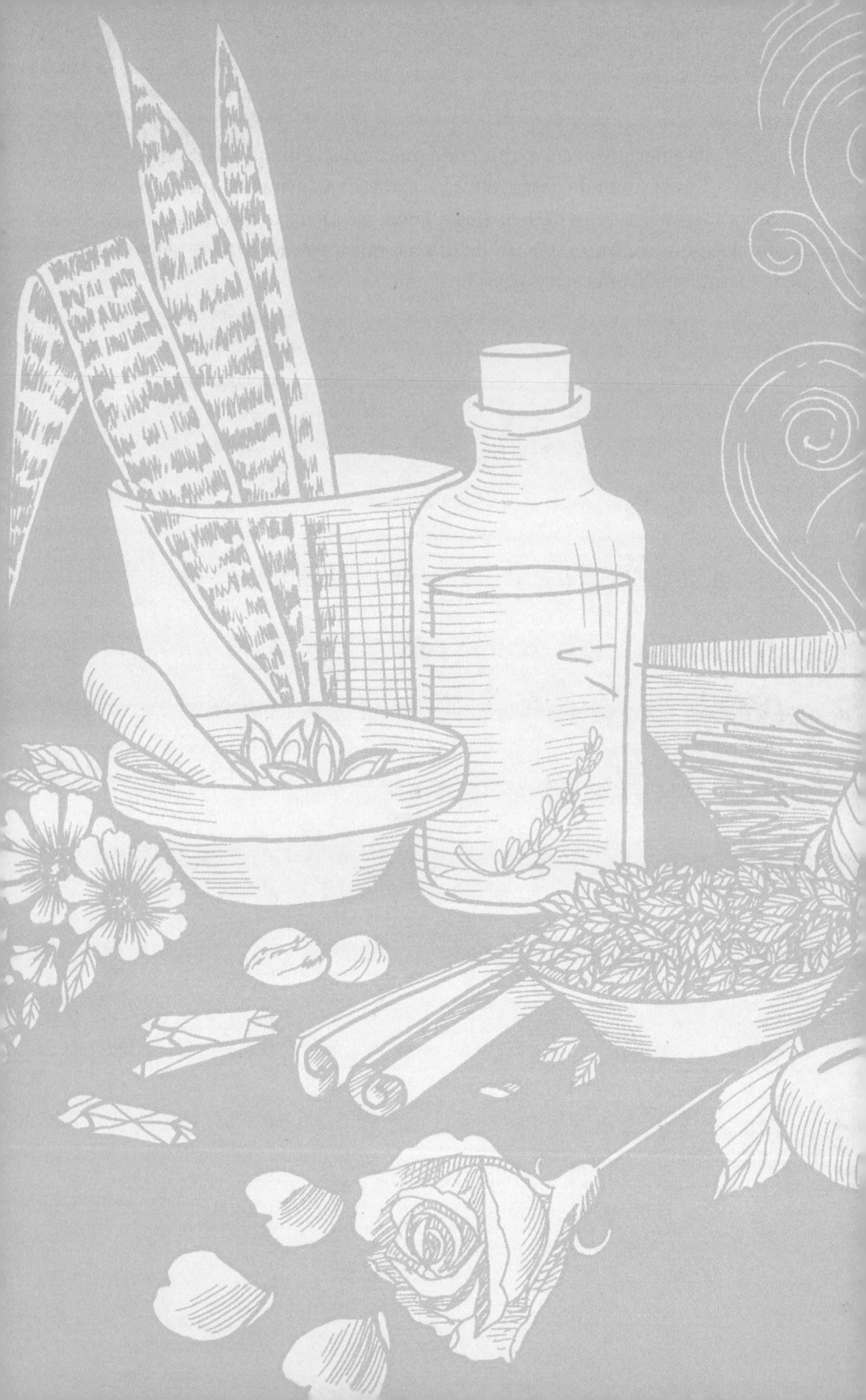

CAPÍTULO 6

Rituais com ervas

Neste capítulo, abordaremos alguns rituais feitos com ervas para diversas finalidades, lembrando que os ingredientes podem ser substituídos de acordo com a finalidade a ser alcançada.

Banho de sete ervas

O banho de sete ervas é um dos banhos de descarrego mais poderosos que existem. Faz uma poderosa limpeza espiritual, afastando a negatividade, inveja, baixas energias. Por ser muito forte, evite fazer esse banho mais de duas vezes por mês.

Você pode preparar o banho colocando dois litros de água em um recipiente e adicionar um punhado cheio de cada uma das ervas, macerando-as. Após esse procedimento, deixe repousar entre trinta minutos e uma hora. É importante observar que o processo de maceração se dá com as ervas verdes. Caso existam ervas secas, é necessário ferver a água antes de adicioná-las. Esse procedimento se chama infusão.

Depois de passado o tempo, filtre a mistura e reserve a água e as ervas separadamente. Depois do seu banho diário de higiene, despeje do pescoço para baixo a água do banho de sete ervas, visualizando tudo de mau que existe em seu corpo sendo levado ralo abaixo.

Ao final, deixe que seu corpo se seque naturalmente, absorvendo o máximo de água. As ervas devem ser descartadas em um local verde, como um quintal, uma praça, um parque, de forma que voltem à natureza. Evite jogá-las no lixo.

Ervas a serem utilizadas: arruda, alecrim, guiné, manjericão, aroeira, alfazema e mirra.

Banho para atrair prosperidade

Um banho muito eficaz para prosperidade pode ser feito com folha de louro, cravo-da-índia e canela. Os povos da Antiguidade – gregos e romanos – já utilizavam as propriedades das folhas de louro, por possuir uma forte atração de energia da prosperidade.

Outras ervas que estão ligadas à prosperidade, caso você não encontre folha de louro, cravo e canela, são: girassol, noz-moscada, folha de pitangueira, folhas ou frutos do romanzeiro, rosas vermelhas e jasmim.

Banho para harmonia conjugal

Muitas pessoas procuram, por meio dos banhos de ervas, atrair energias positivas para o amor. Sabe-se que tudo é energia e muitas essências têm a capacidade de despertar energias relacionadas a diversos campos da vida, entre eles o amor.

Não há problema algum em utilizar as ervas para harmonizar a vida conjugal. O que não se deve fazer em hipótese alguma, seja por banhos, velas, rituais, é interferir no livre-arbítrio de outra pessoa. Trata-se, portanto, de um ritual para abrir o campo energético e deixar fluir a energia do amor.

Um bom banho de ervas para despertar e trazer disposição para relacionamentos amorosos é misturar cravo, canela, rosas vermelhas e três gotas de mel.

Banho para auxiliar a meditação

Algumas ervas têm efeitos calmantes, não só por meio dos chás, como é o caso da camomila e valeriana, mas também nos banhos.

Um bom banho de ervas para acalmar o ambiente é misturar alecrim, hortelã, erva-cidreira e boldo-do-chile.

Banho para abertura espiritual

Algumas ervas específicas trazem o equilíbrio da mente, corpo e espírito. Muitas delas são inclusive utilizadas em rituais religiosos devido à sua força energética de conexão com o mundo espiritual. Para isso, você pode utilizar anis-estrelado, boldo-do-chile, jasmim, rosas brancas e alfazema.

Banho para acalmar criança

Esse banho serve para a criança que fica agitada sem razão, chora sem motivo aparente por longo período e tem dificuldade em dormir.

> **Modo de fazer:** Pegue uma vasilha com 1 litro de água, adicione uma rosa branca em pétalas e um galho de alecrim ou manjericão. Pode ser utilizada água morna. Não tem recomendação de dia específico.

Banho para estimular a mente

Muitas vezes, a vida agitada faz com que a mente fique sem estímulos. Um bom banho de ervas que vai equilibrar a mente é a mistura de girassol, anis-estrelado, manjericão e alfazema.

Esse banho é muito bom para quem precisa se preparar para provas e concursos públicos e demais atividades ligadas ao intelecto.

Banho de descarrego com sal grosso

Este é o banho mais comumente utilizado devido a sua simplicidade e eficiência. O sal grosso é excelente condutor elétrico e "absorve" os átomos eletricamente carregados de carga negativa, a que chamamos de íons.

Como em tudo há a sua contraparte etérica, a função do sal é tirar energias negativas aderidas na aura de uma pessoa, já que a água em união como o sal "lava" toda a aura.

O preparo deste banho é bem simples: após um banho normal, deve-se banhar com uma mistura de um punhado de sal grosso em água morna ou fria. Este banho é feito do pescoço para baixo, não lavando os dois chakras superiores (coronário e frontal).

É considerado também introdutório para outros banhos ritualísticos. Assim, depois do banho de descarrego, faz-se necessário tomar um banho de energização, pois quando se afastam energias negativas, também se descarregam as energias positivas, ficando a pessoa desenergizada.

Uma prática recomendada é, após o banho de sal grosso, abrir novamente o chuveiro e deixar cair bastante água no corpo. Este banho não deve ser realizado de maneira intensiva (todos os dias), pois ele realmente tira a energia da aura, deixando-a muito vulnerável.

O sal grosso pode ser utilizado junto com as ervas quando se tratar de limpeza pesada, pois ele funciona como ácido etérico, dissolvendo acúmulos energéticos negativos.

Escalda-pés com sal grosso

Uma das formas de utilizar o sal grosso é no escalda-pés. Para isso, coloque duas ou três colheres de sal grosso em uma vasilha com um litro de água morna.

Coloque os pés dentro da vasilha com a água e o sal grosso e mantenha-se em estado confortável por aproximadamente quinze minutos.

Durante esse tempo, respire de forma tranquila e fique em estado de meditação, pedindo às forças do Universo que levem embora todas as energias negativas que rondam o seu entorno. Após esse tempo, descarte a solução salina.

Amuleto com sal grosso para proteção da casa

Amuletos são objetos que repelem energias negativas do ambiente. Em um saquinho de pano, coloque: casca de alho, casca de cebola, folhas de alecrim, folhas de louro, folhas de sálvia e sal grosso. Esse amuleto poderá ser usado na porta de entrada da sua casa ou outro ambiente em que sinta energias negativas.

Preparo com sal grosso para limpeza de ambientes

As energias negativas costumam se concentrar nos cantos da casa. O sal grosso é excelente para absorvê-las. Dessa forma, coloque um copo de água com sal grosso nos cantos da casa, para que o ambiente fique mais leve.

Sempre que as energias do ambiente estiverem densas, coloque essa salmoura para cortar toda a negatividade. Descarte a mistura em uma pia ou em água corrente e renove-a a cada semana.

Uso de mel no ritual com ervas

O mel é muito utilizado em rituais de banhos, no Brasil, principalmente visando à abertura de caminhos para o amor. Trata-se de um líquido produzido pelas abelhas que é rico em vitaminas, aminoácidos, flavonoides e diversos minerais; portanto, é algo completo.

O banho de mel fortalece a matéria e o espírito. Sua finalidade é adoçar a vida e aflorar o amor em suas diversas formas. Além disso, traz sorte e prosperidade.

Indicado para suavizar momentos difíceis e adoçar relacionamentos, o mel atrai sucesso, dá poder de sedução, brilho e reconhecimento. Geralmente, são colocadas três gotas de mel ao fim do preparo dos banhos.

Sete plantas de proteção para ambiente

Cada planta ou erva tem seu poder de vibração e, quando combinadas entre si, podem aumentar ainda mais seus poderes e vibrações na proteção do ambiente, afastando as energias negativas da residência ou do trabalho.

Você pode colocá-las em um vaso em qualquer ambiente que desejar proteção, seja na porta de entrada, na sala, cozinha, no escritório, seja qualquer outro ambiente. É importante que essas plantas recebam luz e circulação.

Uma combinação que recomendo para essa finalidade faz-se com as seguintes plantas, todas juntas no mesmo vaso: arruda, guiné, pimenta, comigo-ninguém-pode, alecrim, manjericão e espada-de-são-jorge.

Soprar canela no primeiro dia do mês para atrair prosperidade

Todo dia 1º de cada mês, coloque um punhado de três dedos de canela em pó na palma da sua mão, vá até a porta da sua casa ou trabalho. Antes de soprar, repita com fé: "Quando essa canela eu soprar, a prosperidade aqui vai adentrar. Quando essa canela eu soprar, a fartura virá para ficar. Quando essa canela eu soprar, a abundância aqui vai morar!".

Sopre o pó de fora para dentro, mentalizando que a prosperidade, a abundância, a fartura e o sucesso vão entrar em sua casa e em seu trabalho junto com a canela e o vento, que está cheio da energia que emanamos.

Deixe que o pó de canela fique no chão até o dia seguinte, depois pode varrê-lo normalmente. Os vestígios de canela que ficarem na palma da sua mão, esfregue na outra mão e eleve ao alto da sua cabeça, mentalizando a energia da prosperidade descendo até você, sua casa e/ou seu negócio.

Patuá para atrair sorte e espantar olho gordo

Coloque um dente de alho-macho, uma folha de arruda, um punhado de sal grosso e uma semente olho-de-boi em um saquinho de pano. Carregue consigo para atrair sorte.

Esse patuá pode ser utilizado durante 365 dias, sendo necessário renová-lo a cada ciclo. Você pode fazer na virada do ano.

Tampar o umbigo com ervas de proteção

Quando sentimos energia negativa ao nosso redor, seja no trabalho, em casa, seja em ambientes com discussões, e até mesmo para se livrar de energias ruins, inveja, ciúmes, mau-olhado, olho gordo, raiva, ódio, podemos proteger nosso umbigo com ervas.

O umbigo é criado após a concepção e depois se conecta à placenta da mãe, através do cordão umbilical, segundo a ciência. Depois que uma pessoa falece, o umbigo permanece morno por até três horas. Isso acontece porque existe um ponto atrás do umbigo chamado de "pechoti", que tem mais de 72 mil veias.

Fomos gerados e alimentados durante nove meses na gestação e esta é a razão pela qual todas as nossas veias estão ligadas ao nosso umbigo. Também é uma região onde está localizado o chakra umbilical, próxima do plexo solar, dois chakras que captam energias das pessoas ao nosso redor.

Sempre que sentir necessidade, tampe seu umbigo com um pedaço de fita ou esparadrapo, acompanhado de ervas, de acordo com o estudo que fizemos aqui no livro.

Se a intenção for de proteção ou repelência de energias densas, por exemplo, pode colocar casca de alho ou um pedaço de alho por baixo do esparadrapo. Para repor as energias, coloque hortelã, alecrim, boldo, louro, alfazema, ou outra erva morna ou fria.

O tempo para as ervas agirem depende da reação física. Já tive casos de bocejamento involuntário que precisei colocar um dente de alho e algumas poucas horas já foram suficientes para repelir o problema.

Preste atenção se você tem alguma reação alérgica antes de usar a erva no umbigo e sinta com qual delas seu corpo estará conectado para fazer esse processo de transmutação energética.

Recomendo esse procedimento sempre que você for a cemitérios, hospitais, velórios, viagens e todo lugar que possa ter energias nocivas.

Pote de sal grosso para proteção de ambiente

Em um recipiente de vidro, coloque sal grosso, carvão, alho, louro e canela. A cada três meses substitua o material. Faça uma oração de proteção quando o colocar no ambiente e ancore a energia do anjo da guarda.

Pote da prosperidade com ervas

O pote da prosperidade é um jeito simples de criar um talismã para atrair e harmonizar a prosperidade, a fartura e a abundância material ao longo do ano. Em um pote de vidro, coloque grãos diferentes.

Você também pode acrescentar canela em pau, cravo-da-índia e folhas de louro dentro do pote ou como decoração externa. Pode decorar ainda com fitas ou tecidos coloridos.

Os grãos precisam ser de alta durabilidade, como feijões, lentilhas, arroz, alpiste, milho, semente de girassol ou de trigo.

Coloque o pote em algum lugar visível da casa, onde possa se conectar com essa energia da prosperidade. Pode ser feito mais de um e colocá-los em todos os cômodos da casa, em seu altar, cozinha e onde mais desejar.

Deixe-o por um ano e, na virada, descarte os grãos, agradecendo pela prosperidade e fartura, e criando uma nova combinação de grãos para o ano que se inicia.

Espada-de-são-jorge cruzada debaixo da cama

Por seu formato pontudo, a espada-de-são-jorge é conhecida por cortar a vibração negativa e todo tipo de magia dos ambientes.

É muito comum encontrá-la atrás da porta dos lares, pois ela impede que a inveja entre. De qualquer forma, o principal uso da planta está no combate às negatividades, havendo um local especial para colocá-la quando se deseja acabar com muitos problemas: embaixo do colchão.

Faça uma cruz bem no meio dela, com um palito ou qualquer objeto pontudo. Em seguida, coloque a espada-de-são-jorge embaixo da sua cama, com a parte da cruz voltada para cima, de forma que a ponta da espada esteja direcionada para a sua cabeça à noite.

Deixe a espada na sua cama por 21 dias, e só depois a retire. Por fim, entregue-a de volta à natureza e faça um pedido a São Jorge.

Folha de louro na carteira

As folhas de louro estão associadas ao triunfo e à prosperidade econômica. Tal associação é provavelmente uma consequência de estar o louro associado à vitória, tendo sido usado para premiar atletas e militares vitoriosos na Antiguidade Clássica.

Uma vez que a folha simboliza riqueza e prosperidade, acredita-se que a sua utilização na carteira assegure que o dinheiro não faltará.

Modo de fazer: Escreva seu nome na folha de louro e coloque-a na sua carteira. Esse ritual é utilizado na virada do ano, quando as pessoas escrevem junto ao seu nome o que desejam que prospere no ano que se inicia. Pode ser feito em outra época do ano.

Garrafada para proteção da casa

Esse ritual tem por objetivo criar uma proteção duradoura no lar. Com ele, formam-se para-raios para absorver as invejas e más energias enviadas contra os residentes da casa.

Itens necessários: Garrafa, pimenta dedo-de-moça ou malagueta, fumo de corda, alho, cachaça, vinagre.
Modo de fazer: Encha ¾ da garrafa com cachaça e coloque pimenta, alho e fumo de corda, completando com vinagre. Feche bem.
   Faça uma oração de proteção e coloque a garrafa do lado de dentro de casa, na porta de entrada à esquerda, por trinta dias. Quando passar esse período, despreze o conteúdo em água corrente.

Carvão no copo d'água

O carvão é um poderoso agente de absorção de elementos nocivos, tanto energéticos como físicos. A água é um elemento bom condutor que ajuda a dispersar e absorver as energias negativas, portanto esta é uma combinação excelente para limpeza do ambiente.

Pegue um copo de vidro, encha-o com água até pouco mais da metade e adicione um pedaço de carvão vegetal. O copo deve ser colocado em algum canto da casa.

Depois de algum tempo o carvão vai afundar. Observe em quanto tempo isso ocorrerá para ter uma ideia do nível de poluição astral do ambiente. Ele vai absorver essas energias e isso deverá servir como aviso.

Depois que o carvão afundar, você pode substituí-lo por outro, até que comece a demorar mais para afundar, o que significa que o grosso das energias deletérias foi devidamente absorvido.

O carvão usado deve ser descartado na natureza, em algum jardim, área verde ou em água corrente para que a energia que ele concentrou seja absorvida e dispersada pela energia da terra.

Esse procedimento pode ser feito uma ou duas vezes por mês, a depender das energias do ambiente.

Uso de folhas no travesseiro

O uso de ervas é muito eficaz debaixo do travesseiro, para diversos tratamentos espirituais e energéticos.

A folha de louro, por exemplo, pode ser utilizada quando existir algo importante que precisa ser resolvido, pois seus poderes energéticos auxiliarão na tomada de decisões, força e intuição.

Casos como insônia, por exemplo, podem ser tratados com manjericão; para isso, deixe algumas folhas dentro do travesseiro e renove a cada noite.

É muito importante saber qual a erva a ser colocada debaixo do travesseiro. De preferência, utilize as ervas frias ou mornas/equilibradoras.

Antes de qualquer tratamento com as ervas, pesquise e verifique suas reações.

Para desemprego

Coloque folha de louro no travesseiro ou ferva três folhas de louro, como se estivesse fazendo um chá, e, por três dias, tome um banho antes de dormir. Isso ajuda a aflorar o campo de atração de oportunidades, desde que você também esteja se preparando materialmente em termos de conhecimento.

Não adianta somente pedir à espiritualidade oportunidades, tomar o banho com folha de louro, se o seu sistema curricular não estiver preparado para as vagas que você pretende alcançar. Tudo tem que estar em compatibilidade.

Para vícios

Além do tratamento médico e psicológico, coloque duas espadas-de-são-jorge cruzadas debaixo da cama da pessoa que está com vício, pois ela pode estar passando por processo obsessivo.

Muitas vezes essa pessoa é apenas uma válvula de escape para o que está acontecendo em sua residência, então recomenda-se ainda colocar as espadas-de-são-jorge debaixo das camas dos demais membros da família.

Todos da casa devem tomar um banho, do pescoço para baixo, da erva cordão-de-são-francisco. Caso não a encontre, faça maceração de folhas de arruda e alecrim e tome um banho do pescoço para baixo.

Para dores nas articulações

Além do tratamento médico, você pode fazer para os membros inferiores escalda-pés com um punhado de sal grosso e uma pedra de carvão.

Para os membros superiores, como pulsos, ombros e cotovelos, passe manteiga ghee no local afetado antes de dormir, por sete dias.

Para irritação nos olhos

Pegue oito folhas da carambola e coloque-as debaixo do travesseiro. Associado a isso, faça compressas de erva-cidreira com água morna e coloque nos olhos. Faça isso por três dias seguidos. As folhas do travesseiro podem permanecer as mesmas, porém o chá da erva-cidreira deve ser feito a cada dia.

Banho com cana-de-açúcar

A cana-de-açúcar é uma erva sagrada e seus poderes ajudam a afastar energias negativas, desânimo e mal-estar, proporcionando vigor e disposição para o enfrentamento dos problemas do dia a dia.

O bagaço ou a palha da cana também é utilizado em defumações quando se quer melhorar a vida financeira.

> **Itens necessários:** 2 litros de água, cana-de-açúcar (picadas ou maceradas), alecrim, arruda, hortelã.
> **Modo de preparo:** Para preparar o seu banho, ferva a água juntamente com as ervas por cerca de 15 minutos. Feito isso, apague o fogo e deixe a panela tampada por mais 30 minutos. Depois disso, o banho de cana-de-açúcar pode ser tomado.

Cactos para proteção da casa

Devido ao seus espinhos, todas as espécies de cactos são altamente protetoras, sendo utilizadas nos ambientes da casa, não somente com o objetivo de embelezar o lugar, como também para a proteção contra energias negativas e más influências.

Recomenda-se que coloque essas plantas uma vez por semana ao ar livre para que liberem a negatividade absorvida.

Ritual para afastar vícios

Pegue uma folha de papel e escreva, no meio dela, o nome da pessoa que está com o vício. Rasgue em tiras e, enquanto for rasgando, vá rezando pai-nosso e ave-maria, na intenção de que a pessoa se afaste daquele vício.

Com os papéis já cortados em tiras, você precisará enterrar tudo no pé de uma árvore frutífera e pedir: "Como a força da árvore possibilita a frutificação de novos frutos e novos caminhos, que a vida de [fale o nome da pessoa] seja como esta árvore: frondosa, com bons frutos e renovada com a força de Deus, de Nossa Senhora, de todos os santos, anjos e guias. Assim seja".

Rituais com ervas e fases da Lua

Você já deve ter ouvido falar que alguns projetos devem ser feitos de acordo com a força da Lua. De fato, devemos ficar atentos, pois as águas são diretamente influenciadas por ela, e nós, que temos em média 70% de água em nosso corpo, também estamos nessa sintonia.

Muitas pessoas costumam associar o ritual com ervas às fases da Lua. Ela apresenta quatro fases: nova, crescente, cheia e minguante. Cada uma delas dura cerca de sete a oito dias. Nesse caso, preste atenção à sua intenção de acordo com uma das fases da Lua a seguir.

Lua nova – Primeira fase do ciclo lunar, representando recomeço. Considera-se esse um ponto de partida, já que Lua e Sol entram em conjunção e ficam unidos no mesmo grau. Se você tem um projeto para iniciar, ou um relacionamento, essa é uma ótima fase para lançar as sementes e aguardar bons frutos. Traz a energia da semeadura. Também é um período para apaziguar seus conflitos internos e externos, principalmente limpar algumas desavenças; ótimo para meditar e se dedicar à espiritualidade. Utilize ervas para aflorar o potencial adormecido para novos começos na vida, tais como alfazema, calêndula, hortelã e boldo.

Lua crescente – Fase da Lua que dá mais segurança às pessoas e certamente suas decisões serão tomadas com forte impacto no futuro. Momento que pede equilíbrio. É nela que devemos manter os pés firmes no chão. É o momento de desenvolvimento e de semear tudo que frutifica no solo. Bom para investimentos, iniciar relacionamentos, cursos, assinar contratos e superar as dificuldades. Utilize ervas para crescimento em um âmbito geral, conquistas, realizações, energização e prosperidade, tais como cravo, canela e louro.

Lua cheia – Fase em que as marés sobem e há uma pressão lunar mais forte, ocasionando muitos efeitos sobre nosso organismo e nosso comportamento. Ótima para realização de rituais, pois estes se tornam mais poderosos com essa força da lua cheia. Pensar positivo nessa fase vai atrair prosperidade. A lua cheia revela o máximo de qualquer situação. Utilize ervas para amor, atração, força, coragem, abundância, clarividência, intuição, tais como pitanga, tomilho e rosas.

Lua minguante – Fase em que podemos aproveitar para encerrar ciclos, relacionamentos e resolver assuntos pendentes. É hora de encerrar e transmutar energias desfavoráveis. Momento que pode ser dedicado à reflexão e ao planejamento do futuro. A saída é para dentro, de recolhimento e interiorização. Utilize ervas de limpeza para neutralizar, cortar, limpar, afastar todo mal que estiver rondando, tais como aroeira, arruda, tipi e sal grosso.

Bate-folhas

Na prática ritualística conhecida como bate-folhas, utilizam-se ramas e galhos das ervas para dar "batidas" nas pessoas ou nos ambientes com o objetivo de desprender as cargas negativas e larvas astrais que possam estar aderidas a estes.

Geralmente o bate-folhas é feito em residências onde as pessoas estão sem energia, com problemas de diversas ordens, doenças sem causas aparentes. É um ritual que lembra muito o benzimento.

Durante o ritual, as ervas são passadas pelo corpo da pessoa ou pelo ambiente, para que haja uma transferência dessa energia para as ervas. Ao fim, descartam-se as folhas na natureza.

A combinação das ervas deve ser feita de acordo com a necessidade, por isso é importante conhecê-las antes de iniciar esse processo. Durante o ritual de bate-folhas, invocamos orações de proteção.

Ervas quentes ou agressivas devem ser utilizadas nos processos de descarrego do ambiente, a exemplo da aroeira, pinhão-roxo, espada-de-são-jorge e/ou espada-de-santa-bárbara, guiné e arruda.

Caso a intenção do bate-folhas seja energizar alguma pessoa ou ambiente, faça o procedimento com ervas mornas ou equilibradoras a serem selecionadas para a finalidade específica.

Sacudimento

O sacudimento, assim como o bate-folhas, é utilizado em pessoas ou ambientes carregados de energias densas para proporcionar uma limpeza espiritual. Trata-se de uma reorganização energética.

Nesse ritual são utilizados materiais como ervas, frutas, verduras, flores, velas, sementes e outros. Pode ser feito em ambientes da natureza, como matas e cachoeiras, e os elementos são passados pelo corpo ou ambiente para que haja a transferência da energia densa para os materiais.

Ritual das sete ondas com flores

Essa é uma das práticas mais comuns na virada do ano. Os gregos diziam que o mar tem poder e espiritualidade, fazendo com que as nossas energias sejam renovadas quando entramos nele. Contudo, a tradição de pular sete ondas foi difundida pelos povos africanos que chegaram ao Brasil.

Leve flores e, a cada onda pulada, entregue uma delas agradecendo e fazendo pedidos a Iemanjá. Após terminar de pular as sete ondas, saia do mar de costas e vire apenas quando seus pés estiverem fora da água. Esse ritual pode ser renovado em qualquer época do ano.

O pêndulo e as ervas

Os pêndulos são objetos de formatos variados, suspensos por um fio vegetal ou metálico. Podem ser de madeira, cristal, quartzo, pedra, cerâmica, marfim ou qualquer metal. Em verdade, qualquer objeto pesado, como um anel, uma pedra pequena ou uma agulha, suspenso de um fio, pode servir de pêndulo.

Algumas pessoas utilizam o pêndulo para se conectar com as ervas, em banhos, colheitas, chás e outras finalidades. Outra forma de utilizá-lo é para fazer uma limpeza energética em ambientes, pessoas e animais.

O pêndulo é um dos principais instrumentos da radiestesia, uma das antenas mais sensíveis e com mais possibilidades de dar respostas concretas e precisas. Como um radar, capta a vibração das energias, transformando-as em oscilações.

Por essa capacidade magnética, é utilizado para dar indicações sobre assuntos profissionais, negócios, opções alimentares, para encontrar objetos perdidos, entre outras muitas situações.

Aprenda a utilizar o pêndulo

Suspenda o pêndulo segurando no fio com os dedos polegar e indicador, virando o dorso da mão para cima e mantendo o restante dos dedos fechados sobre a palma. A parte do fio não utilizada é guardada na concavidade da mão, evitando qualquer contato com a parte suspensa.

O seu uso é muito simples, basta formularmos uma pergunta mentalmente cuja resposta possa ser "sim" ou "não". De modo a não influenciar a resposta, sempre que fizer a pergunta, evite palpitar, pois poderá obter uma resposta que não é verdadeira.

Habitualmente, são quatro os movimentos do pêndulo: no sentido circular horário, circular anti-horário, horizontal (ou da esquerda para a direita) e vertical (afastando-se e aproximando-se).

Defina: sim, não, sem resposta

O primeiro passo consiste em definir o movimento do pêndulo para cada resposta possível. Essa definição é feita somente na primeira utilização e será válida para a utilização de qualquer pêndulo, independentemente de ser seu ou de outra pessoa.

Utilize o pêndulo da seguinte forma:

Sim – Sentido circular horário e vertical (afastando-se e aproximando-se);
Não – Sentido anti-horário e horizontal (da esquerda para a direita);
Sem resposta – Sempre que ele ficar parado.

Recomendo que, ao utilizar o pêndulo, mantenha-se neutro com relação às respostas. Apenas aceite a resposta do pêndulo sem procurar entendê-la na hora, para não interferir energeticamente.

Rituais com velas

Muitas pessoas costumam acender velas antes ou após o ritual com ervas, com o intuito de realização de pedidos específicos. As velas representam a ligação entre nós e a espiritualidade e suas chamas ajudam na nossa conexão astral.

Da mesma forma que na cromoterapia as cores têm significado próprio, de acordo com a orientação do estudo dos sete raios podemos associar cada cor de vela a um dia da semana e a um arcanjo. Os raios, portanto, são expressões de energia com características especiais e distintas.

Vela azul: poder, verdade e tranquilidade. Atrai prosperidade no trabalho e negócios. É a cor da serenidade e paciência, indicada para casos de insônia e estresse. Excelente para espaços de meditação.
Melhor dia: domingo. Vibra na força do Arcanjo Miguel.

VELA AMARELA: sabedoria, alegria e entusiasmo. Atrai a inteligência e agiliza o raciocínio. Melhora o autocontrole. Alivia sintomas de tristeza.
Melhor dia: segunda-feira. Vibra na força do Arcanjo Jofiel.

VELA ROSA: amor e união. Atrai e equilibra relacionamentos amorosos, pessoais e profissionais.
Melhor dia: terça-feira. Vibra na força do Arcanjo Samuel.

VELA BRANCA: paz, pureza, harmonia e equilíbrio. Afasta desentendimentos, brigas e discussões.
Melhor dia: quarta-feira. Vibra na força do Arcanjo Gabriel.

VELA VERDE: saúde e cura. Atrai equilíbrio físico, mental e espiritual. Estimula sentimentos de equilíbrio, harmonia, paz e esperança.
Melhor dia: quinta-feira. Vibra na força do Arcanjo Rafael.

VELA VERMELHA: devoção. Atrai força e coragem na tomada de decisões.
Melhor dia: sexta-feira. Vibra na força do Arcanjo Uriel.

VELA VIOLETA OU LILÁS: associada à espiritualidade. Atrai mudanças e transmutações positivas. Limpa os ambientes de vibrações negativas. Indicado para meditação, pois favorece a concentração.
Melhor dia: sábado. Vibra na força do Arcanjo Ezequiel.

Escrevendo para anjos e arcanjos

Muitas vezes vibramos com sentimentos e pensamentos negativos, que nos causam malefícios de diversas ordens, tanto física como espiritual ou emocional.

Uma das formas de acalmar a mente e purificar esses pensamentos é um ritual simples de escrita para os anjos e arcanjos.

Acenda uma vela. Pegue um papel em branco e uma caneta ou lápis e coloque no cabeçalho o nome do anjo da guarda ou arcanjo e comece a escrever suas emoções negativas, problemas e preocupações.

Na sequência, escreva sobre suas esperanças e sonhos, bem como os seus projetos pessoais e profissionais para o futuro.

Ao final, agradeça ao grande aprendizado que teve até hoje e assine seu nome completo.

Após ter feito isso, queime o papel e visualize o fogo transmutando todos esses sentimentos e quebrando todos os obstáculos que estão interferindo para que você não viva na plenitude divina.

Pegue as cinzas e espalhe ao ar livre ou em água corrente e deixe a vela queimar até o final, de preferência no seu altar.

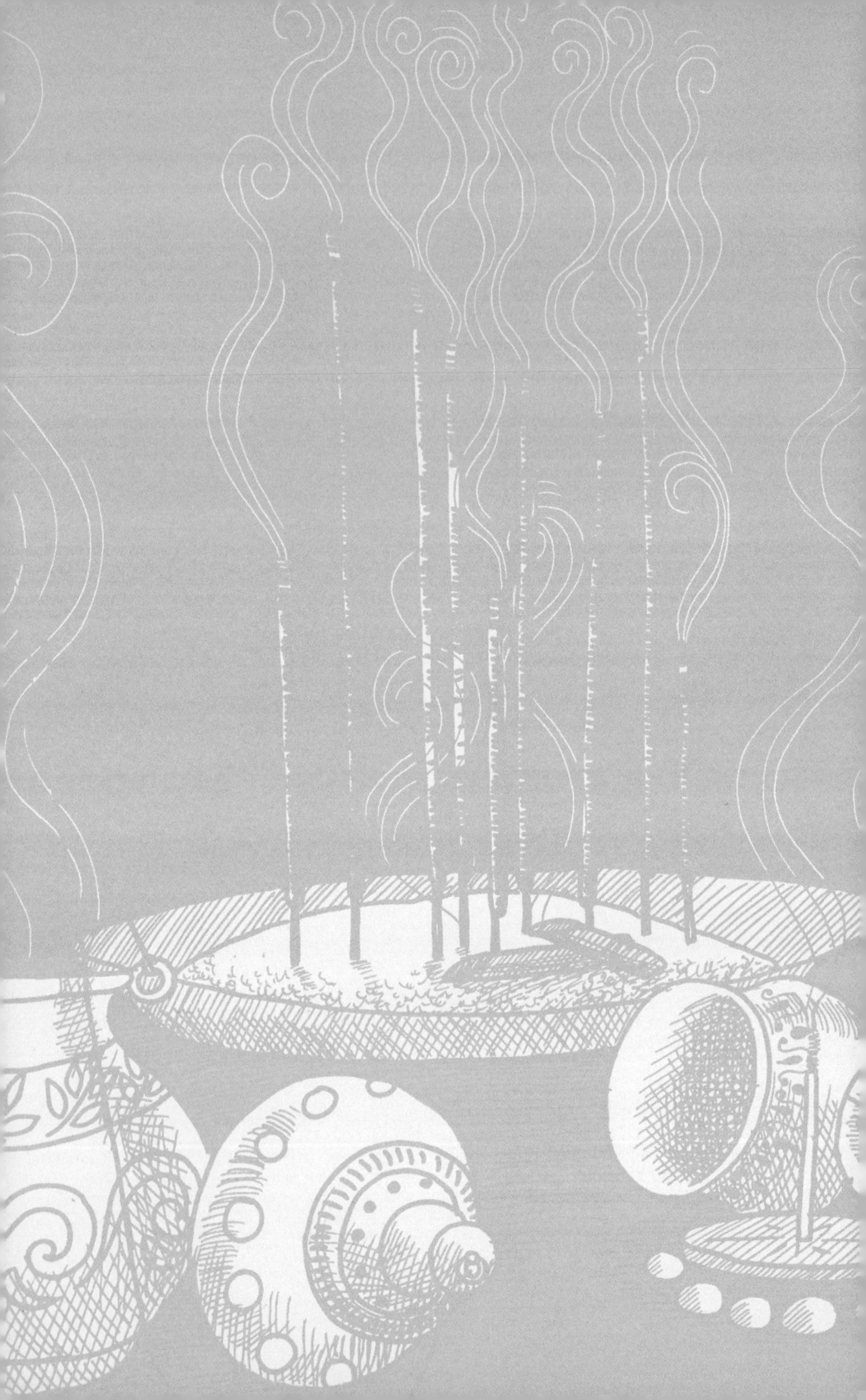

CAPÍTULO 7

Incensos e defumações com ervas

O hábito de queimar incensos é uma das formas de purificar a energia do ambiente. Nas civilizações antigas, a exemplo da egípcia, essa prática estava associada a rituais religiosos. O incenso também era usado como oferenda aos deuses – um dos reis magos ofereceu incenso ao menino Jesus.

Assim como nos banhos, cada erva ou resina possui propriedades aproveitadas em diversas tradições religiosas para fazer o contato espiritual.

Os incensos são feitos com materiais provenientes de plantas aromáticas que, combinadas com óleos essenciais, liberam um aroma purificador.

Existem vários tipos de incensos. De acordo com as plantas de que são feitos, suas propriedades variam, fazendo com que cada um seja mais adequado para determinado fim.

Utilizamos ainda a defumação, que consiste na queima de ervas ou resinas aromáticas no carvão em brasa. Essa prática é utilizada desde os povos mais antigos, sempre associada a uma forma ritualística, para promover a limpeza astral de ambientes e pessoas.

Atualmente, a queima acontece dentro de um recipiente apropriado, chamado turíbulo ou defumador. O contato das ervas e das resinas com o carvão em brasa libera a fumaça e as energias benéficas, que são capazes de descarregar larvas astrais e miasmas – que são o resultado de emoções, pensamentos e sentimentos negativos que se desprendem do nosso corpo (físico e mental) e ficam presos no ambiente em que vivemos ou estamos, grudando-se nas paredes, no teto e até mesmo em móveis e outros objetos.

Algumas ervas são agressivas e incômodas a certos espíritos. Outras trazem um odor agradável aos dois mundos, material e espiritual. Elas ainda sensibilizam a psique, estabelecendo contato com o mundo oculto. Seu uso é um recurso de profilaxia vibratória e de favorecimento no campo da inspiração.

Quando incensamos ou defumamos, precisamos conhecer os tipos de ervas que estamos utilizando. Além disso, é necessário fazer a saudação aos elementos que nos auxiliaram nesse processo de limpeza do ambiente.

Sempre que faço uma defumação ou incenso o ambiente, elevo meu pensamento a Deus-Pai-Mãe-Consciência, aos guias e mentores espirituais para que atuem no ambiente. Caso ache necessário, utilizo ainda orações de limpeza, proteção e encaminhamento.

Relação de incensos e suas propriedades

ABSINTO – Perfume exótico que estimula a imaginação, a criatividade e a sensualidade. Favorece a clarividência e é utilizado para proteção e amor.

ACÁCIA – Evita pesadelos e permite um sono tranquilo. Bom para a saúde e o sucesso nos negócios.

ALECRIM – Afasta a depressão, eleva pensamentos, purifica o local da aplicação e acalma o ambiente.

ALFAZEMA – Eleva o astral, transmite tranquilidade e acalma a mente. Evita estresse e nervosismo e atrai a paz.

Alho (casca) – Protege contra influências negativas e purifica o ambiente. Afasta energias negativas de ordem sexual.

Almíscar – Aumenta a sorte, o sucesso e a intuição. Fornece confiança, inspira determinação e estimula o amor. Equilibra o pensamento de maneira racional e o torna compreensivo.

Âmbar – Produz atração divina e espiritual. Bom para dar início a qualquer atividade e vencer a timidez. Protege dos maus espíritos e do mau-olhado.

Amêndoas – Combatem a insônia e seus males.

Andiroba – Combate a preguiça.

Angélica – Aumenta a proteção.

Anis-estrelado – Atrai boa sorte.

Arruda – Protege o espírito. Elimina energias negativas e larvas astrais. Poderosa contra inveja e mau-olhado.

Artemísia – Faz aflorar a clarividência. Quebra as egrégoras de pensamentos negativos e traz proteção.

Bálsamo – Indicado para harmonizar e acalmar ambientes carregados. Afasta negatividades. Combate a irritabilidade.

Bambu – Poderoso defumador contra espíritos obsessores.

Baunilha – Combate a depressão e atitudes impulsivas.

Benjoim – Aumenta a criatividade – tanto em trabalhos artísticos como escritos – e expulsa os espíritos malignos. Usado também para proteção, sucesso, riquezas e felicidade. Propicia aprendizado espiritual.

CAFÉ – Auxilia a abertura de projetos profissionais, a limpeza do ambiente e a conexão com a espiritualidade.

CALÊNDULA – Conforta o coração e o espírito. Pode ser usada em terapias no sentido mais amplo, por suas propriedades benéficas.

CAMOMILA – Guarda propriedades calmantes e sedativas. Acalma o sistema nervoso.

CANELA – Antisséptico, pode ser utilizada no quarto dos doentes. Traz bons fluídos financeiros, boa sorte, felicidade e alegria de viver. Tranquiliza o ambiente.

CÂNFORA – Promove limpeza astral e dissolve energias densas. Aumenta a realização emocional e profissional e alivia antigos ressentimentos.

CITRONELA – É tranquilizante. Afasta os insetos.

CITRUS – Combate o nervosismo e a depressão.

CRAVO – Ajuda o bem-estar físico e mental. Abre os caminhos, atrai dinheiro, destrói as energias negativas. Indicado para energizar comércios e negócios.

ERVA-CIDREIRA – Promove a felicidade e o encontro com o verdadeiro amor.

ERVA-DOCE – Promove a harmonia e a paz.

EUCALIPTO – Renova as energias e promove uma verdadeira limpeza energética do local. Estimula e refresca a mente, aumentando a concentração.

FLOR DE LARANJEIRA – Relaxante, proporciona um sono tranquilo. Estimulante da memória e da concentração. Reduz a ansiedade emocional.

Gardênia – Restaura a paz, protegendo a alma.

Gengibre – Combate o cansaço e a fadiga. Gnomos e duendes gostam deste aroma.

Gerânio – Estimulante para casos de fadiga física ou desgaste mental. Aumenta a coragem, afugenta o medo, protege contra prejuízos e perigos. Excelente para benzer um novo lar e para fechar bons negócios.

Hortelã – Anula energias negativas. Aumenta o poder de decisão.

Ipê-roxo – Estimula a concentração.

Jaborandi – Traz bem-estar e energias positivas.

Jasmim – Acalma a mente, harmoniza as emoções e induz o otimismo. Ajuda a aumentar as energias espirituais. Bom para ser usado em preces, meditações, relaxamentos. Emana amor espiritual, aumenta a resistência física e melhora os negócios.

Lavanda – Relaxante, transmite tranquilidade para negócios. Acalma o ambiente.

Louro – A fumaça de suas folhas é rica em cineol e eugenol, e, ao ser inalada, auxilia no alívio da dor de cabeça, na limpeza das vias aéreas e no relaxamento do corpo e da mente. Atrai prosperidade.

Manjericão – Traz sorte, prosperidade e proteção.

Mirra – Equilibra as emoções, traz maturidade, ajuda na reflexão e estimula a intuição. Eficaz para afastar o mal e quebrar encantos em rituais de magia.

Morango – Ótimo para acalmar ambientes. Ameniza medo do desconhecido e o apego emocional. Promove boa sorte.

Narciso – Atrai amor e afetividade. Ajuda na autoestima.

Noz-moscada – Alegra o ambiente e atrai dinheiro.

Olíbano – Ajuda na meditação e na conexão com Deus. Purifica o ambiente e acalma a mente. Desperta a espiritualidade e traz proteção espiritual.

Orquídea – Purifica o ambiente de trabalho e ajuda a encontrar soluções para problemas práticos.

Patchuli – Traz abundância e reativa a fertilidade. Proporciona paz de espírito. Facilita a meditação e aguça a intuição. Recomendado para pessoas com intensa atividade psíquica, ajudando a controlar o esgotamento de sua vitalidade.

Pimenta – Elimina brigas dentro de casa. Atrai dinheiro e boa sorte. Estimula o metabolismo e otimiza a tomada de decisões.

Pitanga – Fortalece o emocional. Atrai prosperidade.

Rosa-branca – Limpa o ambiente contra as energias maléficas e acalma as pessoas que estão ao seu redor. Proporciona uma nova consciência espiritual, gerando desapego e trazendo tranquilidade em momentos de dificuldade.

Rosa-vermelha – Harmoniza a vida amorosa e faz evitar discussões.

Sálvia – Promove o equilíbrio entre mente e corpo.

Sândalo – Utilizado no desenvolvimento e na expansão da intuição. Calmante, induz o relaxamento profundo e o autocontrole.

Violeta – Transmuta a negatividade de ambientes e pessoas. É indicada para equilibrar o emocional depois de choques e traumas. Utilizada para reverter casos de depressão ou mágoas profundas. Reaproxima pessoas.

SENHOR DO BONFIM

CAPÍTULO 8
Ervas dos Orixás

Na mitologia iorubá, Orixás são ancestrais africanos divinizados que correspondem a pontos de força da natureza, cujas manifestações estão relacionadas aos seus arquétipos. Eles estão divididos em quatro elementos: água, terra, fogo e ar.

Os Orixás são, essencialmente, energias encontradas tanto na natureza quanto dentro do corpo do próprio ser humano. O Orixá, diferentemente do espírito em evolução, está essencialmente dentro do indivíduo, além de se encontrar presente em toda a natureza.

As características dos Orixás os aproximam dos seres humanos, e cada um deles tem seu sistema simbólico particular composto de cores, comidas, cantigas, rezas, ambientes, espaços físicos e até horários.

O Orixá é "o senhor de nossa cabeça" e, quando manifestado em seus filhos, celebra a vida dentro do corpo. Tendo em vista que sua comunicação se dá por meio de sinais ou sons, o estado de transe mediúnico ocorre quando essa energia aflora no corpo de seu filho a fim de mostrar, por meio de suas danças, qual é a sua função cinética na natureza em termos de vida e de movimento.

Como resultado do sincretismo que se deu durante o período da escravatura, cada Orixá foi também associado a um santo católico, devido à imposição do catolicismo aos negros. Para manterem os seus Orixás vivos, viram-se obrigados a disfarçá-los na roupagem dos santos católicos, os quais cultuavam apenas aparentemente. Na mitologia, há menção de seiscentos Orixás primários. No Brasil, esse número foi reduzido.

Classificação dos Orixás

Orixá de Frente, Adjunto (Juntó) e Ancestral

ORIXÁ DE FRENTE, também conhecido como Orixá de Cabeça, é aquele que rege a atual encarnação do ser e o conduz em uma direção na qual o ser absorverá sua qualidade e a incorporará às suas faculdades. Nos dá a energia necessária para as dificuldades que vamos passar nesta vida atual.

ORIXÁ ADJUNTO ou JUNTÓ é aquele que forma par com o Orixá de Frente, apassivando ou estimulando o ser, sempre visando a seu equilíbrio íntimo e crescimento interno permanente. Quando exageramos na energia do Orixá de Frente, vem este para equilibrar.

ORIXÁ ANCESTRAL está ligado à nossa ancestralidade. Foi o Orixá com o qual nossa alma teve contato pela primeira vez, cuja energia ficará ligada ao espírito na sua matriz.

Aqui é importante acrescentar que não existe verdade absoluta e que algumas casas de axé podem ter conceitos diferentes, a depender da casa, do culto e da nação. O que não devemos nos esquecer é de respeitar a liberdade religiosa de cada pessoa.

Os Orixás e o corpo humano

Os Orixás são, essencialmente, energias encontradas tanto na natureza como dentro do corpo do próprio ser humano. O Orixá, ao contrário do espírito em evolução, está essencialmente dentro do indivíduo, além de estar presente em toda a natureza.

Vejamos agora, a partir do que foi passado por Sultão das Matas, caboclo guardião do Águas de Aruanda, em que parte do corpo cada Orixá está presente:

> **Exu** está no nosso coração; **Ogum**, nos olhos; **Ossain**, na nossa alma; **Oxóssi**, nos ouvidos e nariz; **Omolu**, nas plantas dos pés; **Logun Edé**, nos órgãos excretores; **Oxumaré**, nas vísceras; **Tempo**, nos tímpanos; **Xangô**, na boca, **Iansã**, na língua; **Oxum**, nas lágrimas; **Iemanjá**, no suor; **Obá**, no sangue; **Ewá**, na medula óssea – nascimento de novas células; **Nanã**, nas células mortas trocadas diariamente na pele; **Ibejis**, nas mãos e nos pés; **Oxaguiã e Oxalufan**, nos pulmões.

Ervas específicas de cada Orixá

As ervas trazem correspondência com o axé (energia) e, quando combinadas devidamente, promovem limpezas espirituais nos corpos das pessoas. Cada erva faz referência a um ou mais Orixás.

A seguir, destacamos as ervas de dezoito Orixás, com o dia da semana dedicado a cada um deles. O dia do culto a tal Orixá muda de acordo com a nação. Portanto, é apenas uma orientação para o manuseio da erva naquele dia da semana, podendo ser utilizada em outro dia, a depender da intenção.

Exu

Orixá da comunicação, guardião das aldeias, cidades, casas e terreiros. A palavra *Èṣù* em iorubá significa "esfera" (aquilo que é infinito, que não tem começo nem fim). Exu é dono do movimento. Sincretizado com Santo Antônio.

FOLHAS: folha de fogo, coração-de-negro, aroeira-vermelha, figueira-brava, pimentas, bredo, urtiga, erva-do-diabo, cansanção, mastruz, mamona-vermelha, cana-de-açúcar, hortelã-pimenta, jurubeba, jamelão, assa-peixe, barba-do-diabo, garra-do-diabo, comigo-ninguém-pode.

Dia melhor para banho: segunda-feira.

Ogum

Orixá da luta e da guerra. É senhor das estradas e dos caminhos e é preciso sua autorização para fazer qualquer passagem. É o grande general de guerra que usa a espada para abrir seus caminhos e derrotar seus inimigos. Sincretizado com São Jorge ou Santo Antônio.

FOLHAS: peregum, jurubeba, espada-de-são-jorge, lança-de-ogum, folha de mangueira, coroa-de-ogum, são-gonçalinho, carqueja, comigo-ninguém-pode, cinco-folhas, aroeira-branca, pinhão-branco, pinhão-roxo, abre-caminho, dendezeiro, folhas de inhame-cará, dandá-da-costa (capim e raiz) e vence-demanda.

Dia melhor para banho: terça-feira.

Oxóssi

Orixá da caça, guardião das florestas e de tudo que produz, na pesca e na plantação. Senhor das matas e dos caboclos que dá sustento ao corpo por meio dos alimentos, trazendo para o povo fartura, prosperidade e cura das doenças pela natureza. É o Orixá da riqueza e do progresso. Sincretizado com São Sebastião.

FOLHAS: jurema, eucalipto, alecrim-do-campo, guiné-caboclo, samambaia, espinheira-santa, alecrim, guiné, abre-caminho, jureminha, couve, jurubeba, bredo-sem-espinho, capela, jarrinha, desata-nó, chapéu-de-couro, assa-peixe, alfavaca, peregum verde, pitanga.

Dia melhor para banho: quinta-feira.

Ossain

Orixá guardião das folhas, por meio delas pode realizar curas e milagres, trazendo progresso e riqueza. É o senhor das plantas medicinais e litúrgicas, conhecidas como folhas sagradas. É quem detém o axé que desperta o poder do "sangue" verde das folhas. Sincretizado com São Benedito.

FOLHAS: todas as folhas (*"Kó si ewé, kó sí Òrìsà"*, ou seja, sem folhas não há Orixá).

Dia melhor para banho: quinta-feira.

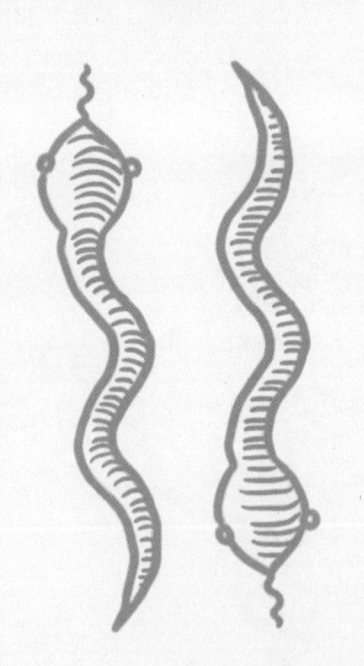

Oxumarê

Orixá do movimento, dos processos, dos ciclos. Representa o ciclo da vida, porque é da união entre masculino e feminino que a vida é gerada. Exprime a união de opostos, que se atraem e proporcionam a manutenção do universo e da vida. É representado pela cobra e pelo arco-íris. Sincretizado com São Bartolomeu.

FOLHAS: jiboia, cana-do-brejo, angelicó, mil-homens, cavalinha, samambaia, graviola, alteia, folha-da-riqueza (fortuna ou dinheiro-em-penca), folhas de batata-doce, bananeira, vitória-régia, tomateiro, melancia, pente-de-cobra e folhas de trepadeiras de modo geral.

Dia melhor para banho: terça-feira.

Omolu/Obaluaiê

Conhecido como "médico dos pobres" por trazer alívio às dores dos seres humanos, Omolu é o senhor da renovação dos espíritos, regente dos cemitérios. É campo santo entre o mundo material e o mundo espiritual. Sincretizado com São Roque e São Lázaro.

FOLHAS: mamona, babosa, jenipapo, sabugueiro, velame-do-campo, cinco-chagas, barba-de-milho, hera, fortuna, canela-de-velho, melão-de-são-caetano, quebra-pedra, mostarda, cordão-de-são-francisco, vassourinha, velame, cana-do-brejo, crisântemo.

Dia melhor para banho: segunda-feira.

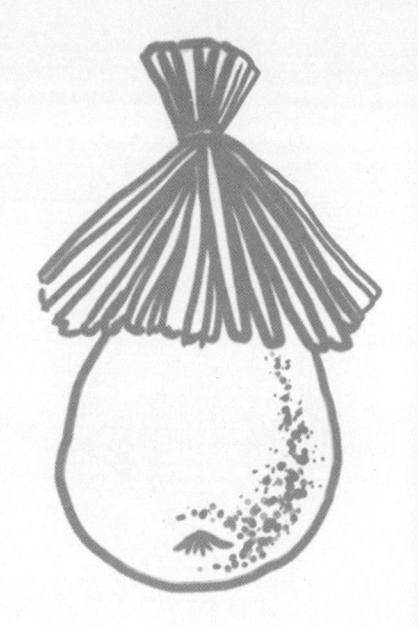

Xangô

Orixá da justiça, dos raios, do trovão e do fogo. O seu campo de atuação preferencial é a razão, despertando nas pessoas o senso do equilíbrio e da equidade. É sabedoria, amor e respeito à vida. Ele é o poder transformador do fogo que dá ânimo para nossa vida, queimando e destruindo tudo que é ruim. Sincretizado com São João, São Pedro e São Jerônimo.

FOLHAS: louro, folhas de café, cipó-mil-homens, hortelã, erva-de-são-joão, erva-de-santa-maria, cordão-de-frade, erva-tostão, bico-de-papagaio, para-raio, umbaúba, romã, folha-de-fogo, orobô, cajueiro, manjerona, lírio-vermelho, alevante, malva, manjericão roxo, folha-da-fortuna.

Dia melhor para banho: quarta-feira.

Logun Edé

Apresenta-se na mitologia como filho de Oxóssi e Oxum. É o ponto de encontro entre os rios e as florestas, as barrancas, beiras de rios, e também o vapor fino sobre as lagoas, que se espalha nos dias quentes pelas florestas. Reúne os domínios de Oxóssi e Oxum. Sincretizado com Santo Expedito.

FOLHAS: as mesmas de Oxóssi e de Oxum.
Dia melhor para banho: quinta-feira.

Tempo/Iroko

Orixá das florestas, das árvores, dos espaços abertos. Governa o tempo em seus múltiplos aspectos. Age nas mudanças climáticas e nas variações do tempo. Acompanha e cobra o cumprimento do carma de cada um de nós, determinando o início e o fim de tudo. Sincretizado com São Francisco de Assis e São Lourenço.

FOLHAS: iroko, bananeira, cajueiro, cipó-mil-homens, gameleira, jaqueira, graviola, castanha-do-pará, árvores centenárias de grande porte.

Dia melhor para banho: terça-feira.

Ibeji

Ibeji quer dizer gêmeos. Forma-se a partir de duas entidades distintas que coexistem, respeitando o princípio básico da dualidade. Sincretizado com os santos gêmeos São Cosme e São Damião.

FOLHAS: jasmim, alecrim, rosa, poejo, uva.
Dia melhor para banho: domingo.

Iansã/Oyá

Orixá dos ventos. Costuma ser saudada após os trovões, não pelo raio em si. Entre seus títulos, podemos citar "senhora dos ventos", "senhora dos raios" e "rainha dos Eguns" (espíritos dos mortos). Controla um instrumento litúrgico chamado eruexim, uma chibata feita de rabo de um cavalo atado a um cabo de osso, madeira ou metal. Sincretizada com Santa Bárbara.

FOLHAS: bambu, sensitiva, espada-de-iansã, louro, manjericão, pitangueira, erva-de-santa-bárbara, mutamba, folha de canela, folha de alho, lança-de-santa-bárbara, jaborandi, peregum rajado, língua-de-vaca, umbaúba vermelha, rama-de-leite.

Dia melhor para banho: quarta-feira.

Oxum

Orixá que domina a força dos rios que correm sempre adiante, levando e distribuindo pelo mundo sua água que mata a sede. É a mãe da água doce e rainha das cachoeiras. Orixá da prosperidade e da riqueza interior, ela é a manifestação do amor puro, real, maduro, sensível e incondicional, por isso é associada à maternidade e ligada ao desenvolvimento da criança ainda no ventre da mãe. Sincretizada com Nossa Senhora Aparecida e Nossa Senhora da Conceição.

FOLHAS: oriri, colônia, alfazema, saião, oripepê, macaçá, jasmim, erva-cidreira, pingo-d'água, agrião, dinheiro-em-penca, manjericão branco, calêndula, malva branca, folha-da-fortuna, rama-de-leite, folha-de-vintém, vassourinha.

Dia melhor para banho: sábado.

Iemanjá

Orixá das águas salgadas, regente dos lares, protetora da família. É aquela que apara a cabeça dos bebês no momento de nascimento, chamada de "mãe de todas as cabeças" (*iyá ori*). Este título tornou-a responsável pelo equilíbrio emocional, psicológico e espiritual do ser humano. Sincretizada com Nossa Senhora da Conceição, Nossa Senhora da Glória, Nossa Senhora dos Navegantes e Nossa Senhora das Candeias.

FOLHAS: alfavaca, macaçá, capeba, lágrimas-de-nossa-senhora, jasmim, alfazema, lavanda, colônia, golfo-de-baronesa, pata-de-vaca, rama-de-leite, jarrinha, abebê, bredo-sem-espinho, alfavaquinha, manjericão, malva branca, capela, folha-de-neve branca, salsa-da-praia, rosa branca, uva, algas, melão-d'água, macassá.

Dia melhor para banho: sábado.

Obá

Orixá ligado às águas revoltosas. É um Orixá do amor, das paixões, com todos os dissabores e sofrimentos que o sentimento pode acarretar. Representa a mulher consciente do seu poder, que luta e reivindica os seus direitos. Em toda a África, era cultuada como a grande deusa protetora do poder feminino. Sincretizada com Santa Joana d'Arc.

FOLHAS: iroco, mutamba, mangueira, rosa branca, candeia, negra-mina, folha de amendoeira, ipomeia, manjericão, rosa branca, oxibatá vermelho, tangerina, rosa vermelha.

Dia melhor para banho: quarta-feira.

Ewá

Orixá das águas vaporosas. Tem domínio sobre tudo que é inexplorado, como mata virgem, rios e lagos em que não se pode navegar ou nadar. Responsável pela mudança das águas, de seu estado sólido para gasoso ou vice-versa. Ela é quem gera as nuvens e chuvas. Quando olhamos para o céu e vemos as nuvens formando figuras, ali está Ewá, de diferentes formas. Sincretizada com Santa Luzia.

FOLHAS: vitória-régia, cana-do-brejo, erva-de-santa-luzia, arrozinho, ibiri, golfão, cana-de-jardim ou bananeira-de-jardim, tomateiro, dormideira.

Dia melhor para banho: sábado.

Nanã

Orixá das águas paradas, das lagoas, dos pântanos. Sendo a mais antiga das divindades das águas, ela representa a memória ancestral do nosso povo e é respeitada como mãe por todos os outros Orixás. É o princípio, o meio e o fim; o nascimento, a vida e a morte. Nanã é água parada, é barro, é vida, é morte, é a mãe maior, é a luz que nos guia. Sincretizada com Nossa Senhora Sant'Ana.

FOLHAS: fortuna, samambaia, manacá, melão-de-são-caetano, crisântemo roxo, colônia, ipê-roxo, mostarda, azedinha-do-brejo, batatinha, vitória-régia, arnica-do-campo, umbaúba branca e roxa, vassourinha, alfavaca roxa, avenca, ibiri, broto-de-feijão, cana-do-brejo, rama-de-leite.

Dia melhor para banho: sábado.

Oxalá

Oxaguiã

Senhor dos contrastes, poderoso estrategista e astucioso, Oxaguiã é o guerreiro jovem da família dos Orixás funfuns (Orixás brancos). É o conflito que antecede a paz, a própria revolução que dá início à evolução. É o grande Orixá do inhame pilado. Sincretizado com Menino Jesus de Praga.

Oxalufã

Está associado à criação do mundo e da espécie humana. Ele é ar, a essência da vida, o princípio da criação, o vazio, o branco, a luz, o espaço em que tudo pode ser criado, a paz, a harmonia. É a sabedoria que vem após o conflito, o fim e o recomeço. Sincretizado com Jesus Cristo e Senhor do Bomfim.

FOLHAS DE OXALÁ: tapete-de-oxalá, saião, malva branca, cana-do-brejo, alecrim, boldo, levante, manjericão, macaçá, girassol, rosa branca, folha de algodoeiro, fortuna, trombeta-branca, dama-da-noite, trevo-de-quatro-folhas, algodão, graviola, alecrim, fruta-pão, mamoeiro, gameleira branca, folha de inhame-cará, bananeira, cana-do-brejo, amendoeira, bálsamo, espinheira-santa, benjoim, erva-doce, colônia, lírio-branco, jasmim, mirra, noz-moscada, pixurim, uva verde, louro.

Dia melhor para banho: sexta-feira.

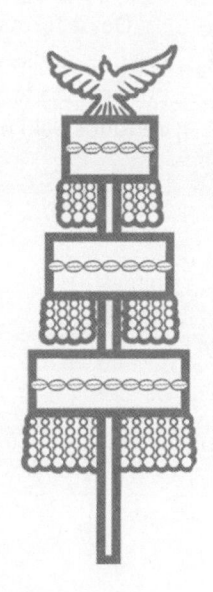

Observação

Diante do que estudamos no capítulo das ervas, você pode tomar banho de uma das ervas citadas no dia do seu Orixá. Observe bem a divisão das ervas antes de fazer seu banho, ou seja, se o banho poderá ser de cabeça ou apenas do pescoço para baixo. Observe ainda se a erva será macerada ou por infusão, a depender de seu estado, *in natura* ou desidratada.

Com relação à vela do Orixá, costumo acender velas brancas, pois o branco representa a união de todas as cores. Destacamos que a cor do Orixá ou da vela para cada entidade vai depender da nação em que a pessoa recebeu a instrução, que poderá ser na linha de umbanda, por exemplo, ou da nação africana (tambor de mina, jeje, nagô, ketu etc.).

Dessa forma, o que quero expressar é que não existe certo nem errado, apenas a verdade que cada um carrega dentro de si. O importante é a fé em sua verdadeira força ancestral, pautada no bem de todos pelo progresso espiritual.

Defuma,
defumador
Esta casa de
Nosso Senhor

Leva pras
ondas do mar
O mal que aqui
possa estar

CAPÍTULO 9

Elementos e elementais

Os elementos são as essências básicas do universo; os pontos aos quais podemos ligar todas as energias que existem. São eles: a terra, o ar, o fogo e a água.

A soma de todos os elementos resulta no éter ou espírito, que é o quinto elemento, também conhecido como quintessência pelos alquimistas medievais, nome usado para um meio semelhante ou idêntico àquele pensado que formava os corpos celestes.

Tudo que existe é uma personificação dos quatro elementos. O próprio corpo humano tem, em si, todos os elementos: terra (nosso corpo), água (sangue), ar (pensamentos) e fogo (nossa energia, ou espírito). Devemos aprender como mantê-los em harmonia.

Os xamãs, desde épocas remotas, prezavam a interação consciente com as forças dos elementos dentro e fora de si. Diante desse contexto, devemos compreender que somos feitos dos mesmos elementos, a natureza e nós.

Terra

É o elemento que simboliza a mãe, a introspecção, o feminino. Representa a estrutura de nosso corpo, nossos ossos. Está ligado à fertilidade, à criação, à estabilidade, à harmonia e à solidez. É o reino da abundância, da prosperidade e da riqueza, que nos dá firmeza, força, determinação, objetividade, praticidade, estrutura, pé no chão, organização e poder criativo. Faz manifestar coisas no mundo físico.

É o mais físico dos elementos, pois sobre a terra todos os outros se apoiam. É a nossa ligação com o plano físico, pois é na terra que encontramos os tesouros e onde plantamos para colher nossos alimentos.

Podemos sentir a força da Mãe-Terra quando tocamos o solo com a planta dos nossos pés, principalmente em meio à natureza, como em uma floresta.

A terra é a força que nos nutre e alimenta a vida. Nela, temos tudo de que precisamos para nossa sobrevivência. É o lado visível da manifestação de nossas ideias. É o elemento que ativa nossa energia interna para a realização de nosso propósito de vida. Ela desperta a sensação.

Você pode se conectar com esse elemento ancorando-se a ele, andando de pés descalços na terra ou na grama, meditando com pedras ou cristais, fazendo trabalho com argila, aplicando argilas com ervas no corpo para tratamentos de saúde.

O elemento terra está associado a bens materiais, dinheiro, trabalho, prazer sensual, segurança, estabilidade, organização e persistência.

Os signos relacionados com esse elemento são: Touro, Virgem, Capricórnio. Quanto ao ponto cardeal, a direção do elemento terra é oeste.

Água

Este elemento está ligado à força feminina. Relaciona-se ao amor e a todas as emoções, à intuição, ao subconsciente. Representa o sangue que corre em nossas veias. Quando somos criados, ficamos aproximadamente nove meses mergulhados no útero de nossa mãe em contato com a água e nosso corpo físico é formado por aproximadamente 70% dela.

Com o poder da palavra e a intenção, podemos fazer uma vibração na água; além disso, nós a utilizamos em diversos rituais, a exemplo do benzimento. Simboliza o renascimento, por isso na tradição cristã existe o batismo por imersão.

Muitas culturas religiosas têm utilizado por milênios a prática de benzer com água, pois o poder desse elemento, aliado à nossa magia mental, é tão forte que cura e afasta espíritos negativos. É o elemento que libera nossos medos e tristezas e nos associa a emoções, sensações e sentimentos.

Você pode se conectar com esse elemento visitando rios, cachoeiras e mares, ou ouvindo músicas relaxantes. É possível aguçar a sua sensibilidade ao visualizar tais locais da natureza.

O elemento água está associado a emoções, sentimentos, intuição, receptividade, empatia, nutrição e compaixão.

Os signos relacionados com esse elemento são: Câncer, Escorpião e Peixes. Quanto ao ponto cardeal, a direção do elemento água é sul.

Ar

É o meio de comunicação entre o céu e a terra. É masculino, expansivo e ativo. É o que impulsiona nossas ações, a racionalidade, o entendimento e o conhecimento. É o poder mental manifestado, a comunicação, as mudanças, a expansão, a liberdade. É nosso pensamento.

Quando inspiramos, recebemos a inspiração do elemento ar, que é o sopro da vida. Ele nos faz acessar o lugar invisível, onde todas as nossas ações e realizações mais íntimas têm o seu início, o mundo das ideias.

É o elemento que ativa nossa expressão, por meio da comunicação, que nos ensina que precisamos respirar, viver e repensar nossas escolhas. É a força da mudança, do movimento, do conhecimento, de sabedoria, estudos e liberdade.

Você pode se conectar com esse elemento passando mais tempo ao ar livre, sentindo o vento bater no seu rosto e tomando ar puro.

O elemento ar está associado a comunicação, compartilhamento de ideias, agilidade mental, objetividade, velocidade, astúcia, persuasão, estratégia, pensamentos, palavras e intelecto.

Os signos relacionados com esse elemento são: Gêmeos, Libra e Aquário. Quanto ao ponto cardeal, a direção do elemento ar é norte.

Fogo

O fogo está presente em nosso coração; é o calor que emana do nosso corpo, o brilho dos nossos olhos. É a luz que ilumina nosso caminho interior. Elemento ligado à força masculina, que impulsiona nossa vida.

É o nosso espírito, representado em forma de coragem, ação, transformação, atitude, impulso, paixão, vigor, transmutação, sexualidade, conquista e vitalidade. Um corpo físico morto não produz calor. É a nossa energia vital, a força de vontade.

Esse elemento ativa desejo, mudança, purificação, transformação, energia de ativação e fé. É a nossa chama interna que nunca se apaga.

Você pode se conectar com esse elemento tomando banho de sol, fazendo caminhadas ao ar livre, quando estiver cozinhando seus alimentos, acendendo uma vela, uma fogueira.

O elemento fogo está associado a poder, energia, impulso, entusiasmo, iniciativa, ação, franqueza, inspiração, aventura, autossuficiência e liberdade.

Os signos relacionados com esse elemento são: Áries, Leão, Sagitário. Quanto ao ponto cardeal, a direção do elemento fogo é leste.

Terra meu corpo!
Água meu sangue!
Ar meu sopro!
Fogo meu espírito!

Os elementais

Os elementais são conhecidos como seres da natureza, os quais surgiram dos quatro elementos: terra, ar, fogo e água. Cada um dos elementos básicos tem seus próprios guardiões, que agem em conjunto para proteger toda a natureza, como o crescimento das plantas, o desenvolvimento do fogo, a circulação do ar e o movimento das águas.

Explicam os antigos anciãos que a existência dos elementais está associada às mudanças climáticas e correntes marítimas, à precipitação da chuva, ao fogo e a outros fenômenos da natureza. São seres que possuem uma consciência instintiva com personalidade, desejos e características que os diferenciam entre si.

Por serem os espíritos guardiões dos elementos, são chamados de elementais. Podem assumir a forma que quiserem, mas geralmente se apresentam para os humanos com a forma que são mais conhecidos, para facilitar a interação. Eles não têm corpo físico tão denso como os nossos, nem tão sutil como o dos anjos. Podemos dizer que se posicionam entre ambos, com corpo energético, mente e espírito.

É comum alguns elementais se apresentarem como pirilampos ou raios ou ainda com um aspecto que remete aos efeitos da aurora boreal ou do arco-íris.

Eles têm consciência, instinto e propósito. Seguem sua própria agenda evolutiva e hierarquia de luz, maneira como se agrupam e organizam.

Os elementais são os dinamizadores das energias das formas e integram-se aos elementos da natureza. Elemental significa "Espírito Divino": el = senhor; mental = vibração mental superior.

Elementais da terra

Os elementais da terra são vitais para a produção dos alimentos, equilibrando as atividades espirituais e cósmicas para que nós, seres humanos, possamos firmar nossos corpos perfeitos em sintonia com a natureza.

Os domicílios dos elementais da terra são as matas fechadas, rochas e também as margens das lagoas. Como os seus corpos são feitos de substância etérea fina, eles conseguem atravessar os corpos sólidos, como nós atravessamos o ar.

Estes seres existem nos gêneros masculino e feminino e possuem algumas características: pequenos ou muito grandes, trocam de forma se desejarem, sua pele pode ser enrugada e marcada como uma rocha ou pedra. Geralmente possuem suas moradias dentro da terra, próximas à superfície. Dentro dessa estrutura, temos como exemplo gnomos, duendes, fadas e avissais.

Gnomos – Considerados os guardiães dos minerais, com a capacidade de perceber e sintonizar o fluxo de crescimento das rochas, propiciando a sua manifestação e evolução, chegando a transformá-las em cristais. A teoria baseia-se no princípio das essências elementais.

A palavra gnomo deriva de *gnosis*, que significa saber. Isso se deve ao conhecimento oculto que eles têm da terra, como e onde encontrar metais e pedras. Existem relatos sobre os gnomos nas antigas civilizações (inca, grega).

A função principal dos gnomos é equilibrar as energias das plantas e dos minerais. Não são de carne e osso como os humanos e podem se materializar quando desejarem. A representação mais comum dos gnomos é um chapéu pontudo vermelho ou verde na cabeça (onde reside seus poderes ocultos) e botas (demonstrando sua facilidade de locomoção na terra).

Oração

Eu vos saúdo, Gnomos,
Que constituís a representação do elemento Terra.
Vós, que constituís a base e fortaleza da terra,
Ajudai-me a transformar,
A construir todas as estruturas materiais,
Assim como uma raiz fortifica a árvore frondosa.
Gnomos,
Possuidores dos segredos ocultos,
Fazei-me perfeito e nobre, digno do vosso auxílio.
Mestres da terra,
Eu vos saúdo fraternalmente.
Amém.

Duendes – Seguem o mesmo processo, só que no reino vegetal, onde denominam e atuam, propiciando um ciclo de desenvolvimento adequado. Estão ligados à terra energeticamente e influem no curso natural de uma planta por eles regida.

São representados por seres verdes, dos quais o símbolo é o trevo, relacionado à boa sorte. São descritos como tendo entre 15 e 30 centímetros de altura, tendo como característica notável a cabeça em formato cônico (muitas vezes independentemente de possuírem chapéu).

Gostam de se espreitar pelos cantos, observando os habitantes da casa e pregando-lhes peças, como o sumiço de objetos, abertura de portas, produção de ruídos, entre outras perturbações.

Tanto os gnomos como os duendes transitam por florestas e lugares desertos e cuidam da fecundidade da terra e das pedras e metais preciosos.

Fadas – Podemos dizer que as fadas são seres de transição entre os elementos terra e ar. Note que, embora tenham como função cuidar das flores e dos frutos, ligados à terra, elas se apresentam com asas. Como tarefa espiritual, adoram auxiliar na limpeza de ambientes de instituições religiosas, templos e casas espíritas. Elas emitem determinada substância capaz de manter por tempo indeterminado as formas mentais de ordem superior.

Avissais – São elementais da terra associados a rochas e cavernas subterrâneas e que, algumas vezes, vêm à superfície. Eles atuam transformando elementos materiais em energia e, ainda, criando roupas para espíritos materializados. Trazem uma cota de energia primária essencial para a reconstituição da aparência periespiritual de entidades materializadas, inclusive quando perdem a forma humana ou se sentem com os membros e órgãos dilacerados.

Elementais da água

Os elementais da água atuam na limpeza das águas e no equilíbrio da atmosfera e da produção agrícola. São capazes de ativar e desenvolver pensamentos e emoções no ser humano. No campo positivo, emitem jatos de água etérica de um potencial inimaginável à nossa mente, capazes de limpar vibrações negativas como miasmas, vírus astrais e criações mentais negativas.

Em contrapartida, comandam furacões e tempestades, quando as marés invadem os lares, lavando o fardo do carma emocional da humanidade para elevar a atmosfera do planeta. Como exemplos dos elementais das águas temos ondinas, ninfas, sereias e tritões.

> ## Oração
>
> Eu vos saúdo, Ondinas,
> Que constituís a representação do elemento Água.
> Conservai a pureza da minha alma,
> Como o elemento mais precioso, da minha vida e do meu organismo.
> Fazei-me pleno de vossa criação fecunda,
> E dai-me sempre intuição de forma nobre e correta.
> Mestras da água,
> Eu vos saúdo fraternalmente,
> Amém.

Ondinas – Elementais da água, possuem infinita beleza e executam seu trabalho no plano astral carregando o emocional do planeta. São seres que purificam as águas da Terra e as águas do corpo emocional de todas as almas encarnadas e de todos que se encontram em vários níveis do ser. Em geral, quase todas as ondinas se parecem com seres humanos na forma e no tamanho.

Existem muitos grupos de ondinas. Muitas vivem no mar e nos níveis subterrâneos do fundo do mar, sob o oceano e abaixo do leito dos oceanos; algumas habitam cataratas, onde podem ser vistas entre os vapores; outras vivem nos riachos, nas fontes, no orvalho das folhas sobre as águas, nos musgos, pântanos, charcos e brejos; outras ainda vivem em claros lagos de montanha.

São reconhecidas por terem o poder de retirar das águas a energia suficiente para a sua luminosidade, o que permite ao homem, por muitas vezes, percebê-las em forma de um leve "feixe de luz".

Ninfas – São elementais que se assemelham às ondinas, porém um pouco menores e de água doce. Apresentam-se geralmente com tons azulados e, como as ondinas maiores, emitem suas vibrações através de sua luminosidade. A diferença básica entre uma e outra se encontra na docilidade e beleza das ninfas, que parecem "voar", levitando sobre as águas em um balé singular.

Sereias – São elementais conhecidos como metade mulher e metade peixe, delicados e sutis, com o poder de encantar e hipnotizar o homem com seu canto.

Tritões – Elementais ligados diretamente às profundezas das águas salgadas, que possuem características masculinas.

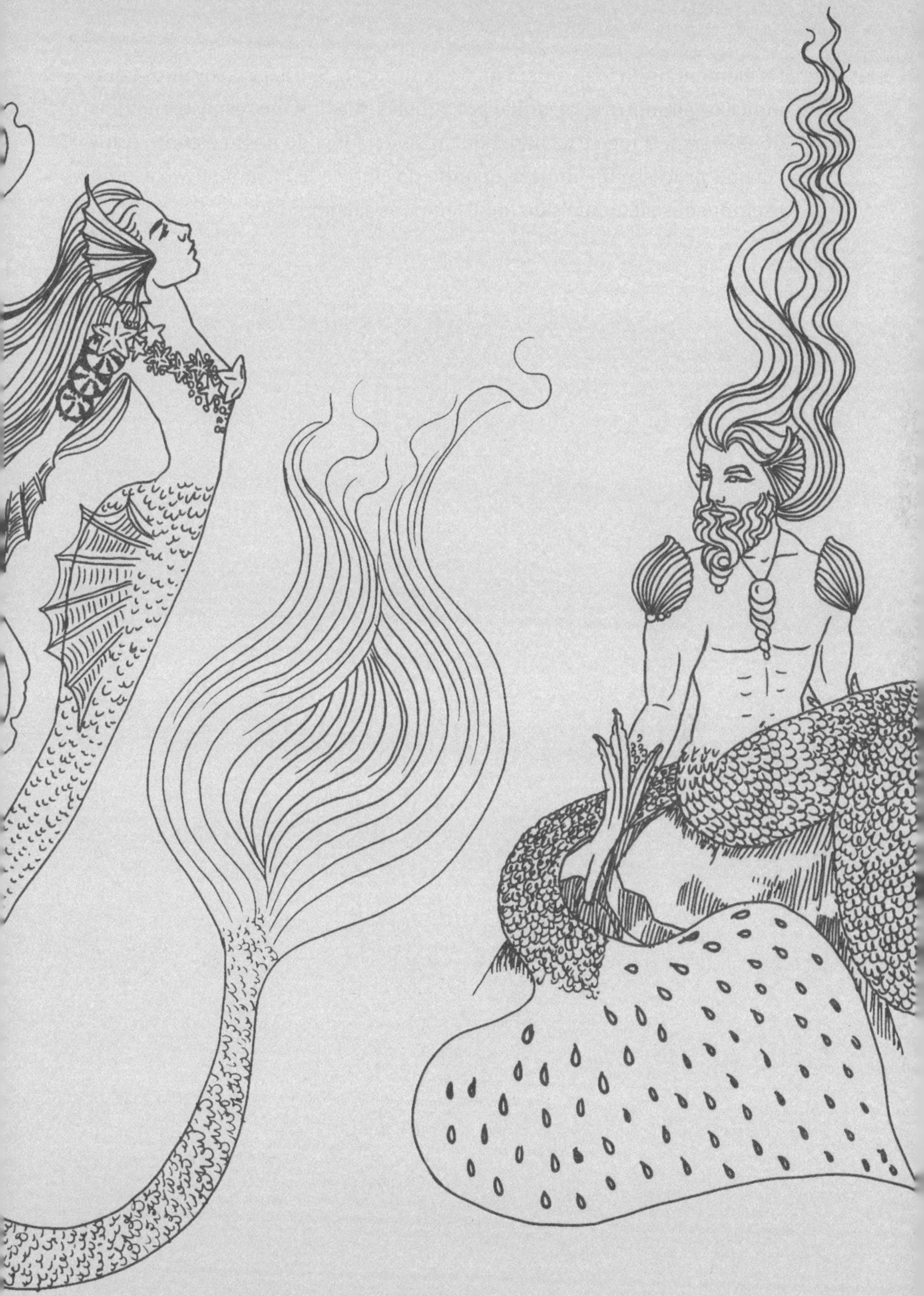

Elementais do fogo

Os elementais do fogo atuam na transmutação. São a força luminosa que indica o caminho a ser seguido por aqueles que buscam respostas nas leis do universo. O fogo é a chama que revela a força do nosso espírito e auxilia no processo de limpeza quando o velho cede lugar ao novo. Como exemplo dos elementais do fogo, temos as salamandras.

Salamandras – São espíritos do fogo que têm o poder de transformar e desencadear tanto emoções positivas quanto negativas. Dentro de todas as formas energéticas, as salamandras adquirem formas capazes de ativar pensamentos e emoções no homem.

São as grandes alquimistas do fogo, usadas há milênios nas práticas místicas para transformarem nossas criações mentais em materiais, elevando nossas intenções ao cosmos. Parecem bolas de fogo e que podem atingir até 6 metros de altura.

As salamandras, ou espíritos do fogo que procedem tanto da região mais interna da terra quanto do cinturão de elétrons que rodeia o Sol, possuem atuação direta junto às hierarquias de luz. Adquirem formas capazes de ativar pensamentos e emoções no homem, para bloquear, destruir e queimar completamente vibrações negativas, como miasmas, vírus astrais e elementos usados em magia negra.

Protegem uma energia poderosa e indestrutível que pode ser o amor intenso, a união, a iluminação, o êxtase, a alegria; ou, ao contrário, a violência, a ira e a vingança. Portanto, atuam nos mais diversos níveis do nosso ser.

Oração

Eu vos saúdo, Salamandras,
Que constituís a representação do elemento Fogo,
Peço que, com vosso trabalho,
Fornecei a mim poder para resolver tudo,
De acordo com a vossa vontade,
Alimentando meu fogo interno,
Aumentando minha chama trina do coração,
E assim formando um novo universo.
Mestres do fogo,
Eu vos saúdo fraternalmente.
Amém.

Elementais do ar

Os elementais do ar são os que reinam pelo ar e ventos. Como exemplo, temos silfos (sílfides), fadas e hamadríades.

Pedimos sempre ajuda ao ar, pois é preciso reaprender a respirar, a viver. O ar auxilia o curador quando alguém precisa muito se dar conta da sua vida (encarnação) e da sua morte (transmutação), do inspirar (ganhar vida) e do expirar (doar vida).

Silfos – São os elementais que controlam os poderes do ar. Seus ventos giram em torno da Terra. O ar inalado é o alento que sustenta a vida; o ar exalado carrega palavras, poesias e as canções que comunicam ideias e saberes aos humanos.

São considerados pelos antigos como os próprios espíritos do ar em ação. São os guardiões dos quatro ventos e possuem visão, audição, olfato e outros sentidos muito apurados. No organismo humano, agem sobre os gases e o sistema nervoso, onde sua instabilidade pode se tornar um traço predominante.

Podem nos ajudar a conservar e desenvolver corpo e mente e estimular a inspiração e a criatividade. Trabalham para elevar nossos pensamentos e inteligência, equilibrando o uso conjunto das faculdades racionais e intuitivas, proporcionando rapidez mental, agilidade de ideias e a telepatia.

Os silfos são elementais de elevada frequência de vibração. Vivem centenas de anos. O rei dos Silfos chama-se Paralda e as fêmeas são denominadas Sílfides.

Acredita-se que Silfos, juntamente com as salamandras e ninfas, têm íntima relação com os antigos oráculos, e que eram deles as vozes muitas vezes vindas do céu ou das profundezas da terra. Semelhante aos anjos, as lendas contam que os Silfos modelam as nuvens para embelezar o céu

Oração

Eu vos saúdo, Silfos,
Que constituís a representação do Ar e dos ventos,
Portadores das mensagens para toda a Terra,
Eu deposito em vós
A minha imensa confiança,
Pois meus pensamentos são sempre positivos,
voltados para o amor de todas as coisas existentes.
Fazei de mim a imagem do esplendor da luz.
Fazei deste pensamento, meu milagre!
Mestres do ar,
Eu vos saúdo fraternalmente.
Amém.

Fadas – São uma espécie de devas dos vegetais diretamente ligadas à terra e ao ar. Fisicamente, são pequenas e ágeis, irradiando-nos um brilho luminoso e esbranquiçado, lembrando-nos um núcleo, um bloco de energia pura.

São elementais que têm percepções naturais da sensibilidade e da harmonia da vida. São leves e sutis a ponto de realizarem trabalhos minuciosos, como o de preencher uma flor colocando-lhe as pétalas. Na primavera, atuam na polinização, transportando pelo ar o pólen das flores. Podemos dizer que as fadas são seres de transição entre os elementos terra e ar.

Hamadríades – São seres do ar ligados aos espíritos da natureza, especificamente às árvores, onde fazem a sua morada permanecendo ligados desde o nascimento até a morte. Na sua forma natural, irradiam um amarelo-esverdeado, podendo ser percebidos pelo homem por sua luz delicada e um brilho levemente cintilante.

Elementais artificiais

Anteriormente, vimos a atuação dos elementais naturais, conhecidos como espíritos da natureza. São princípios inteligentes em processo de individualização e despertamento da consciência. Alguns trazem na aparência certa semelhança com o ser humano, porém guardam traços estreitos com o elemento natural com o qual têm afinidade.

Esses seres não têm consciência firmada nem noções de moral, ética ou razão, e estão em fase de aprendizado, ensaiando em suas experiências o futuro ingresso na fase humana. Enquanto isso permanecerão vinculados aos elementos naturais como matas, cachoeiras, mares e outros reinos. Muitos deles são escravizados por seres que não estão a serviço da luz, dos magos do mundo oculto.

Os elementais naturais unem-se por afinidades aos elementais artificiais. Muitas vezes os problemas dos seres humanos estão associados à atuação dos elementais, naturais ou artificiais.

Toda vez que pensamos, emitimos uma vibração que reverbera no corpo mental. O corpo mental projeta uma porção vibratória de si mesmo, que toma uma forma de acordo com a natureza dessa vibração, atraindo matéria elemental do mundo mental. Essa é uma forma vivente, criada pelo pensamento que lhe deu a vida. Esta será impulsionada por uma vontade constante e firme.

Os elementais artificiais também são conhecidos como elementares, que são criações plasmadas de substâncias astrais pela força do pensamento (formas-pensamento) e se alimentam da vibração mental e emocional dos homens. Dependendo do teor vibratório, poderão ser uma forma positiva (criada por meio das virtudes) ou prejudicial (sentimentos de raiva, tristeza, maledicência, inveja).

Com o tempo, essas formas-pensamento poderão se ligar a outras formas de mesmo teor de sentimentos, buscando por novas fontes de alimentação. Quando encontra outro ser que se afiniza a essa emanação vibratória, com essa sintonia, a forma-pensamento produz nele vibrações do mesmo caráter, passando a reproduzir pensamentos da mesma estirpe.

Uma forma-pensamento, depois de criada, fica gravitando sobre seu criador à espera da oportunidade de atuar. Ela ganha força quando ele estiver com sua mente passiva e em descanso, sem defesas. Daí a importância do estado de presença e da oração, para repelir e enfraquecer a forma-pensamento negativa.

Segundo os ensinamentos do Espírito Pai Damião, muitas vezes as dores de cabeça que não passam são elementais artificiais vibrando negativamente, ou seja, alguém na intenção da pessoa que está sofrendo dessas dores.

O Espírito Pai Damião explica que, a cada hora, existem entre três e cinco pessoas intencionando outra, ou seja, lembrando, pensando, trazendo-a para a reflexão. Então imagine se, nesse contexto de cinco pessoas, três estiverem intencionando por meio de invejas, negatividade, ou outras ordenanças contrárias à luz. Abre-se um contexto energético prejudicial, como se formasse um buraco no plasma.

Para essas ordenanças, aconselha-se pegar alho macho, que é meio arredondado, pisá-lo com o calcanhar do seu pé esquerdo, colocá-lo em um balde com água e tomar um banho do pescoço para baixo. Isso vai ajudar a quebrar qualquer tipo de comunicação artificial por meio desses elementais.

Ainda segundo Pai Damião, existem também formas-pensamento qualificadas, ordenadas na luz. Quando você está intencionando o bem, a cura de algum enfermo, está vibrando com uma vibração elemental artificial positiva.

Uma oração espontânea, por exemplo, é a chave para abrir tantas portas energéticas e espirituais, e assim a forma-pensamento que você emite para o outro, de forma benéfica, vai se conectar com aquela pessoa como um fio condutor.

Quando a forma-pensamento traz um campo negativo, com dores de cabeça, por exemplo, ela tem um filamento que vai se conectar com o seu hospedeiro, com a sua vítima, com seu receptor, a partir de uma brecha mental.

Enquanto não houver porta aberta, oscilações em vigilância, essa forma-pensamento ficará em uma grande nuvem ao redor da pessoa. Mas, se há algum processo de invigilância, diante de uma descrença, de uma discussão em que há uma baixa energética, tal forma-pensamento se acopla ao hospedeiro. Se você já passa por isso, interrompa imediatamente tal discussão ou descrença e mantenha o equilíbrio mental, com orações e preces.

Elementos e elementais

Estabeleça uma vigília para afastar definitivamente essa forma-pensamento negativa e essa plateia espiritual de vínculos obsessivos atraídos naquele contexto.

Dessa forma, o uso correto das ervas fará a atuação na limpeza astral dessas formas-pensamento, por meio das limpezas, dos banhos, dos incensos, dos aromas, dos benzimentos ou das demais formas de atuação detalhadas nesta obra.

Aproveite a oportunidade para fazer cada ritual de acordo com a orientação passada neste livro e observe como a frequência do uso das ervas estabelece uma limpeza no campo mental, tanto afastando elementais artificiais negativos como favorecendo uma nova vibração mental com pensamentos mais elevados.

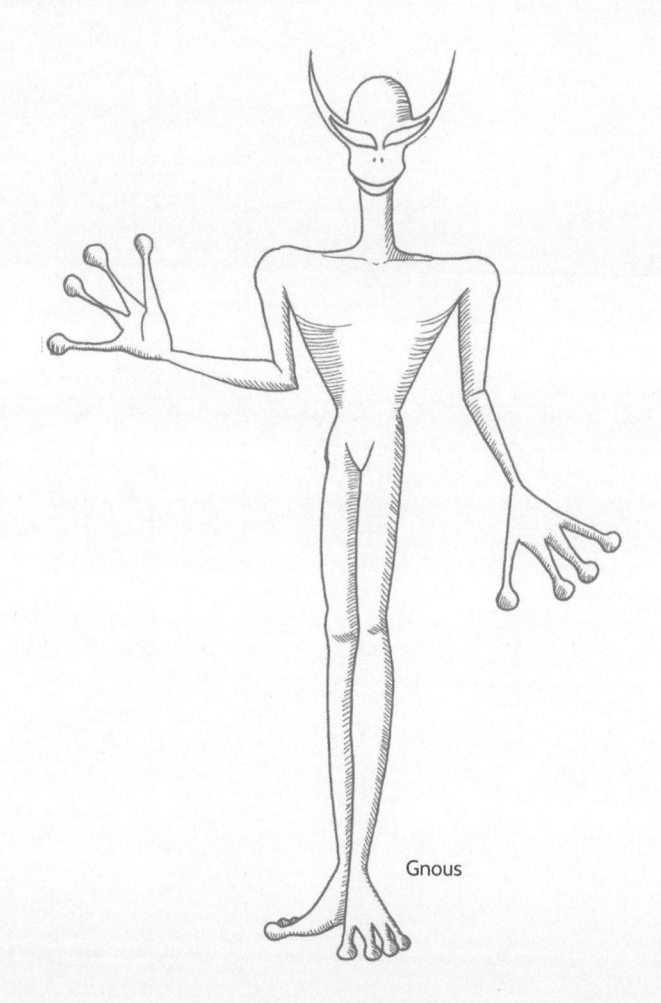

Gnous

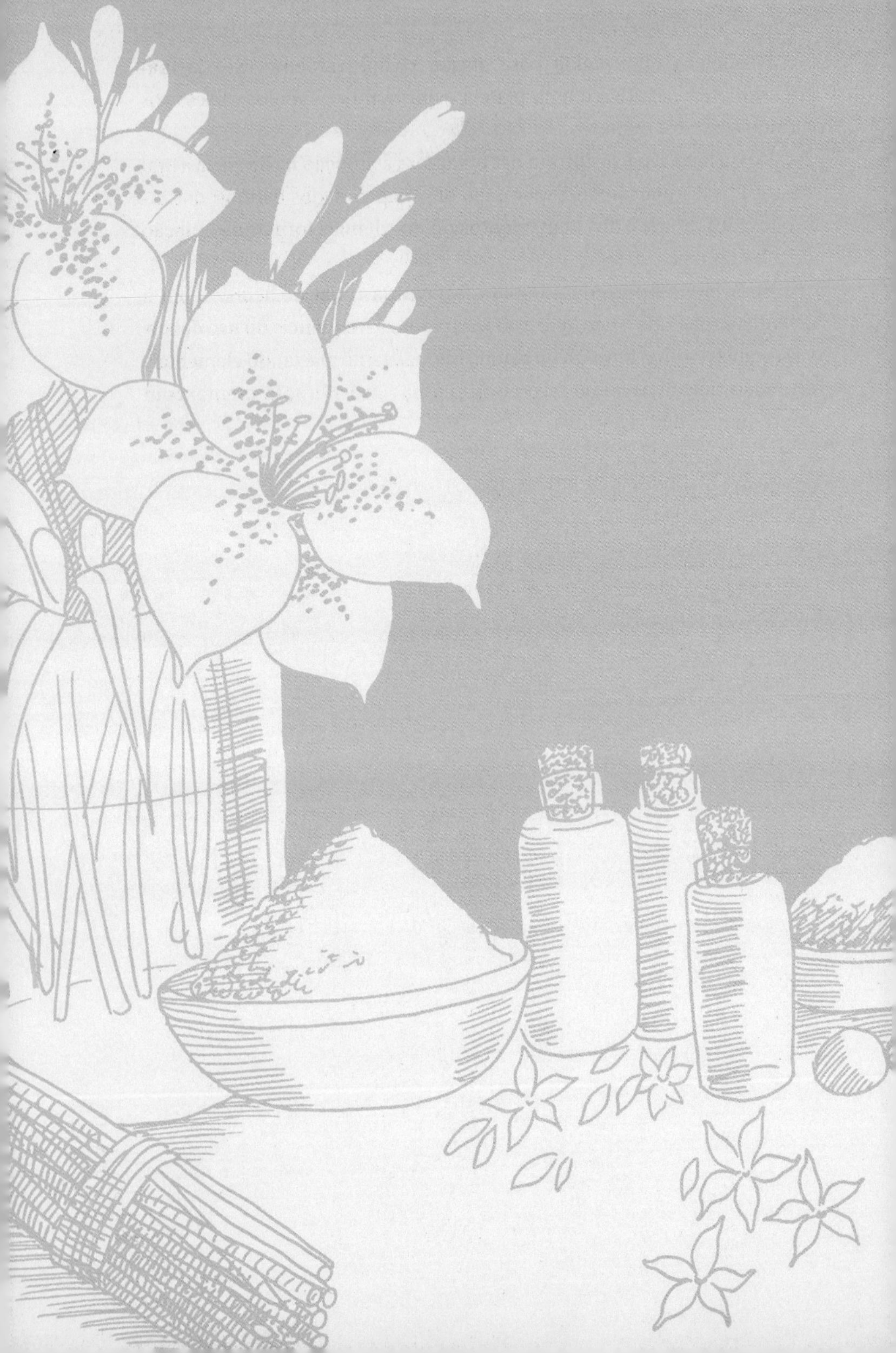

CAPÍTULO 10

Aromaterapia

A aromaterapia é uma opção de tratamento natural que utiliza as propriedades curativas presentes nas moléculas químicas dos óleos essenciais, que são substâncias voláteis extremamente concentradas extraídas de flores, frutos, sementes e plantas.

Essas substâncias, quando entram em contato com o nosso organismo, por inalação ou através da pele, são absorvidas pelo corpo e metabolizadas na corrente sanguínea.

Podem ser utilizadas com finalidade medicinal específica, trazendo inúmeros benefícios para a saúde física, mental, emocional e energética, pois possuem grande riqueza de componentes químicos e ainda auxiliam medicamentos alopáticos ou homeopáticos, proporcionando equilíbrio e bem-estar.

Dependendo do óleo escolhido, é possível acrescentar propriedades antissépticas, rejuvenescedoras, tônicas ou relaxantes a uma loção de limpeza, um hidratante, uma pomada ou um desodorante corporal.

Os óleos podem ajudar a prevenir ou curar problemas de pele, estimular a renovação celular, melhorar o tônus muscular, ativar a circulação sanguínea e linfática, eliminar resíduos, combater inflamações, equilibrar a oleosidade e diminuir o estresse.

Entretanto, é necessária uma avaliação individual, física e psicológica do paciente para definir o melhor caminho no tratamento, assim como todo e qualquer uso que se faz com as ervas.

Cuidado para não ingerir óleos essenciais. Mulheres grávidas ou lactantes só devem usá-los se recomendados por um aromaterapeuta. Certos óleos podem causar fotossensibilização da pele ou irritar a pele sensível.

Podemos utilizar a aromaterapia de diversas maneiras:

- *Aromatizador de ambiente*: coloque um pouco de água no aromatizador elétrico e pingue de 5 a 15 gotas de óleo essencial.
- *Banho de banheira*: pingue, na banheira cheia, até 6 gotas de óleo essencial diluído em 10 ml de óleo vegetal ou álcool de cereais. Misture bem a solução antes de entrar.
- *Compressas*: pingue de 2 a 3 gotas de óleo essencial em compressas úmidas (frias ou quentes).
- *Ducha*: pingue até 5 gotas de óleo essencial no canto do boxe e inalar durante o banho, ou dissolva 1 gota para 1 colher de óleo vegetal e distribua por todo o corpo, enxaguando o excesso.
- *Escalda-pés*: em uma bacia com água aquecida entre 36 °C e 40 °C, acrescente 6 gotas de óleo essencial. O ideal é mergulhar os pés até a canela, entre dez e vinte minutos.
- *Inalação*: coloque de 3 a 5 gotas de óleo essencial em água quente, cubra a cabeça com uma toalha e feche os olhos enquanto inala o vapor.
- *Massagem*: dilua até 10 gotas de óleo essencial em 30 ml (ou 3 colheres de sopa) de um óleo vegetal de sua preferência ou uma base hidratante.
- *Spray ambiente*: em um borrifador, coloque 3 colheres de sopa de álcool de cereais e até 15 gotas de óleo essencial, completando com 1 copo de água. Agite e borrife pela casa.

Alguns dos óleos essenciais utilizados

Alecrim – Combate cansaço mental, falta de memória, dificuldade de concentração, dor de cabeça, resfriado, gripe, enxaqueca, dores musculares e dores articulares. Oferece proteção na área profissional, além de ajudar na recuperação e no tratamento de doenças.

Alfazema – Atua no plano astral, eliminando maus fluidos e as energias negativas nos ambientes. Bom para meditação e limpeza geral, favorecendo a clarividência. Afasta as larvas astrais. Reativa alegria, alivia dores de cabeça e depressão. Relaxa e acalma a mente. Produz tranquilidade nos negócios e relacionamentos.

Almíscar – Aroma tradicional que tem ação afrodisíaca. Indicado para criar momentos de intimidade. Ativa a sensibilidade, além de ser um revitalizante mental. Ativa o poder da atração.

Arruda – Importante filtro contra espíritos negativos, inveja e má sorte. Confere proteção espiritual e aumenta a segurança. Afasta influências negativas e intensifica a força de vontade, auxiliando a pessoa que a usa a realizar seus desejos. Estimulante circulatório.

Artemísia – Favorece a concentração mental. Acalma ambientes, propicia o desapego e grandes conquistas. Faz aflorar a clarividência.

Bálsamo – Acalma e harmoniza ambientes carregados. Fornece inspiração e relaxamento. Afasta negatividades e combate a irritabilidade. Ajuda a sumir hematomas.

Bergamota – Alivia estresse, depressão, ansiedade, infecções da pele e má digestão. É relaxante. Conhecido também por tangerina.

Camomila – Aroma leve e agradável com propriedades calmante e sedativa. Cria uma atmosfera que convida à harmonia e ao relaxamento. Afasta tensão muscular, depressão, problemas respiratórios e dor de cabeça.

Canela – Atrai bons fluidos, prosperidade e sucesso. Tranquiliza o ambiente. Estimula o apetite. Tem ação antidepressiva e aumenta a alegria de viver. Combate o cansaço físico e/ou mental, tonturas, irritabilidade, dor de cabeça, falta de concentração, cólicas menstruais e dificuldade em relaxar.

Cânfora – Atua contra o egoísmo, a inveja, a exaustão nervosa. Aumenta a realização emocional e profissional e elimina todo tipo de energia negativa.

Capim-cidreira ou capim-limão – Antidepressivo. Acalma e afasta a ansiedade e o medo.

Cardamomo – Auxilia a controlar temperamentos impulsivos.

Cravo-da-índia – Evita esgotamento físico ou mental, melhora feridas infecciosas, articulações e músculos doloridos, afasta insetos, repara candidíase oral, dores de dente, amigdalite, sinusite, bronquite, problemas na pele, distensões musculares, artrite, artrose.

Flor de laranjeira – Estimula harmonia, carinho, alegria e felicidade. Calmante em casos de nervosismo, insônia, tensão e preocupação. Afasta o pânico. Aumenta a segurança e autoconfiança em assuntos emocionais e financeiros.

Gardênia – Restaura a paz, protegendo a alma. Cria uma aura de mistérios, o que é bom para quem quer deixar sua marca, mas não quer se expor.

Hortelã – Traz prosperidade, bons sonhos e proteção. É muito indicado para aumentar a compreensão, o poder de decisão, a ordem e a consciência ecológica. Bom também para problemas de saúde e equilíbrio emocional. Contribui com as relações familiares.

Hortelã-pimenta – Óleo estimulante, digestivo e anti-inflamatório. Atenua náuseas, problemas respiratórios e dores musculares.

Ilangue-ilangue – Diminui ansiedade, estresse, dor de cabeça, náuseas, pressão alta, problemas intestinais. Bom para o fortalecimento dos cabelos.

Jasmim – Ajuda quem sofre com diminuição da libido, problemas respiratórios, estresse, depressão e tensão muscular.

Lavanda – Alivia estresse, dor de cabeça, resfriado, insônia, problemas respiratórios, picadas de inseto, acne, náusea, indigestão. Calmante para agitação, excitação e irritação. Diminui a ansiedade, a tensão e a depressão. Dissolve negativismo, obstinação e confere um sono tranquilo.

Limão – Ajuda quem sofre com falta de concentração, ansiedade, estresse, indisposição, sistema imune enfraquecido, dor de cabeça, má digestão e febre.

Maçã verde – Para vitalidade e boa sorte. Dá disposição para o exercício das tarefas diárias. A maçã é a fruta dos ciclos do renascimento.

Mel – Atrai boa sorte, prosperidade. Indicado para suavizar momentos difíceis e adoçar relacionamentos. Atrai sucesso, brilho e reconhecimento.

Morango – Promove a boa sorte. Acalma e refresca o ambiente. É bom para favorecer "estados alterados de consciência".

Noz-moscada – Alegra o ambiente e atrai dinheiro de maneira justa e merecida. Diminui a ansiedade, estimula o corpo e a mente, aumenta a coragem e a audácia.

Olíbano – Melhora problemas respiratórios, tosse, laringite, asma, depressão, ansiedade, obsessão, hemorroidas, ansiedade, insônia, além de problemas no trato urinário e na pele. Fortalece os cabelos.

Patchuli – É estimulante sexual, antidepressivo e revigorante. Muito usado como afrodisíaco. Traz abundância e reativa a fertilidade. Cura a apatia, diminui a confusão e a indecisão. Aguça a inteligência e a intuição. Proporciona paz de espírito. Facilita a meditação.

Rosa-branca – Limpa o ambiente contra as energias maléficas e acalma as pessoas que estão ao seu redor. Símbolo da pureza e da paz. Traz para o ambiente uma atmosfera de harmonia, tranquilidade e compreensão. Produz paz interior e sintonia com as esferas elevadas do Universo.

Rosa-vermelha – Usado para promover amor e comunhão espiritual. Eleva o ânimo e incentiva o amor pela vida.

Sálvia – Promove o equilíbrio entre a mente e o corpo. Excelente planta de cura. Usado em algumas limpezas de ambiente.

Sândalo – Melhora dor no peito, estresse, tensão muscular e diminuição da libido. Utilizado no desenvolvimento e na expansão da intuição. Induz o relaxamento profundo e o autocontrole. Usado em trabalhos psíquicos, ioga e meditação. Restaurador do equilíbrio emocional. Ajuda a terminar com brigas que estejam desgastando relacionamentos.

Verbena – Afasta negatividade, tristeza e melancolia. Libera energias negativas, atraindo desenvoltura, alegria e bom astral. Utilizado para criatividade, inspiração e bons sonhos.

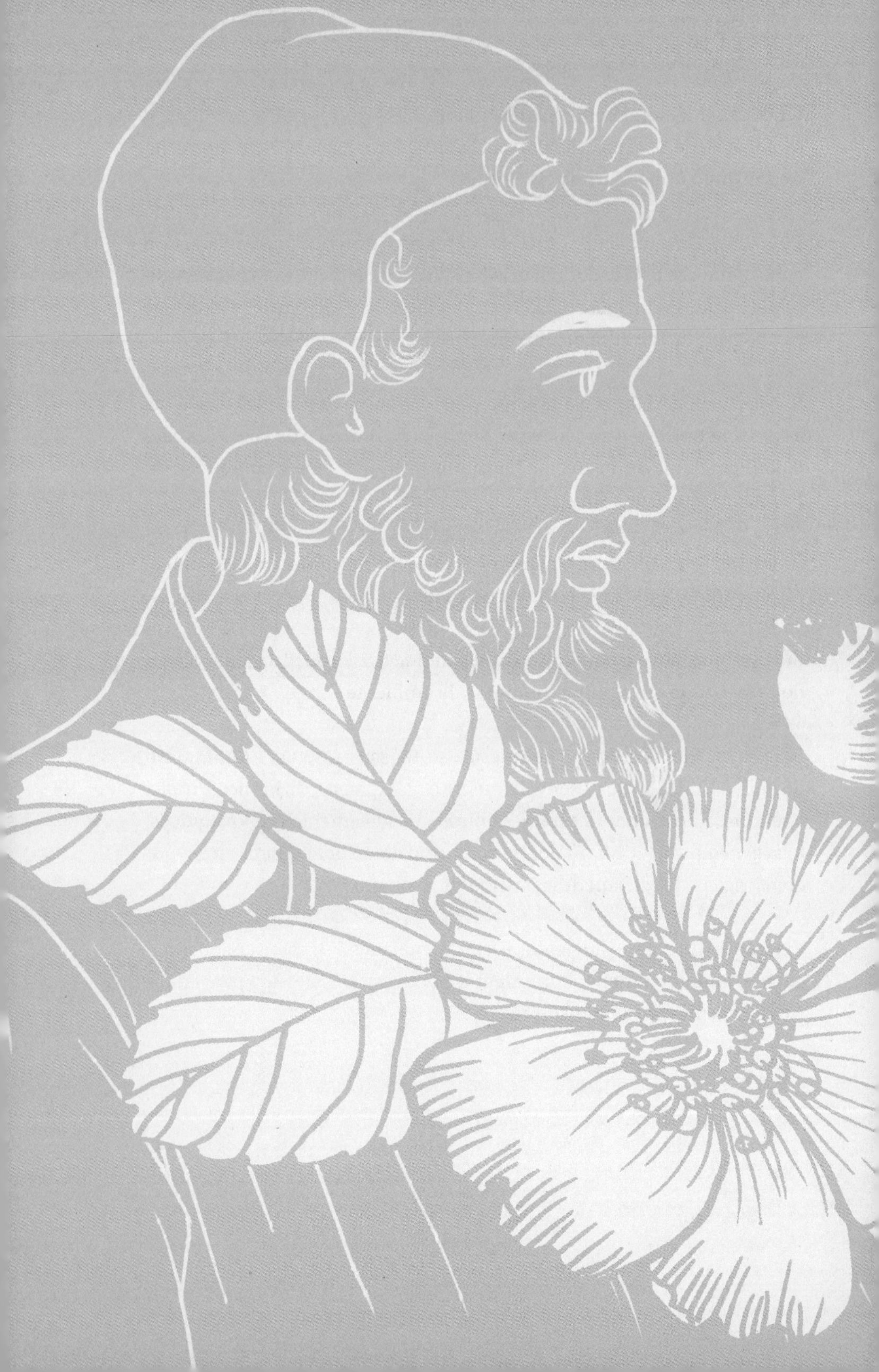

CAPÍTULO 11
Plantas medicinais

O uso de plantas para tratar doenças é tão antigo quanto a história da humanidade, mas saber conservar e usar cada tipo é fundamental para garantir o efeito curativo.

A Organização Mundial da Saúde (OMS) define planta medicinal como todo e qualquer vegetal que possui, em um ou mais órgãos, substâncias que podem ser utilizadas com fins terapêuticos.

No caso da comercialização popular de plantas medicinais, muitos cuidados são relevantes a fim de evitar problemas, tais como identificação errônea da planta, possibilidades de adulteração, efeitos de superdosagens e reações alérgicas ou tóxicas.

Assim como algumas dessas substâncias podem atuar positivamente no organismo humano, se utilizadas de forma incorreta, provocam sérios danos.

A hipersensibilidade é um dos efeitos colaterais mais comuns causados pelo uso de plantas medicinais. Ela pode variar de uma dermatite temporária até algo mais grave, como um choque anafilático.

Muitas plantas possuem substâncias agressivas e, por essa razão, devem ser utilizadas com cuidado, respeitando seus riscos toxicológicos.

Dessa forma, antes de fazer o uso de plantas para o consumo, é importante procurar um especialista e conhecer os efeitos terapêuticos de cada uma delas.

Os chás geralmente são contraindicados para grávidas e crianças, devendo haver acompanhamento médico em tais casos.

A seguir, apresento algumas das plantas mais utilizadas para fins medicinais e seus efeitos curativos.

Abacateiro
Persea gratíssima

A folha de abacate contém muito mais nutrientes do que qualquer outra parte do fruto, vencendo a polpa, o caroço e a própria casca. O chá da folha do abacateiro é diurético. Elimina gases intestinais e ajuda a vesícula a liberar a bile, melhorando a digestão de gordura. É utilizado para estomatite, gota, hepatite, inchaço nos pés, infecções nos rins e regularização do fluxo menstrual, anemia, infecções na bexiga, reumatismo, queda de cabelo, caspa e tosse. Diminui o nível de glicose sanguínea, emagrece, reduz a pressão arterial, reduz convulsões, combate úlceras e alivia dores musculares. Para diabéticos, recomenda-se tomar um chá de folhas secas do abacateiro após as refeições, sem açúcar. Partes utilizadas: folhas, botões florais, fruto, semente e óleo.

Acerola
Malpighia emarginata

As folhas da acerola possuem vitamina C, contribuindo para nosso sistema imunológico e prevenindo gripes, resfriados, sangramento de gengivas. Têm grande poder antioxidante, evitando a formação de radicais livres e preservando as células do organismo. Agem na síntese de colágeno, combatem distúrbios na coagulação sanguínea e lesões hepáticas. Auxiliam no emagrecimento, reduzindo gorduras, cortando o apetite e trazendo mais saciedade. Partes utilizadas: folhas.

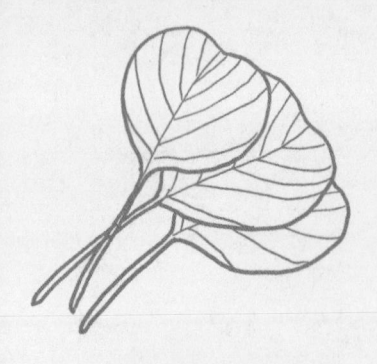

Agrião
Nasturtium officinale

Favorece a digestão, oxigena o cérebro, é depurativo, fortalece intestinos, combate vermes, feridas, abscessos, abre o apetite, auxilia o funcionamento dos rins, equilibra o ácido úrico, melhora dor de dente, protege a vesícula, combate o tabagismo, aumenta a salivação, aplaca reumatismos, regula o equilíbrio hídrico do corpo, atua nas vias respiratórias (descongestionante), fortalece os cabelos, as unhas e a pele, melhora problemas cardíacos e pulmonares. É diurético. Aumenta a imunidade para combater gripes, resfriados e outras infecções dos pulmões. Combate anemia. Parte utilizada: toda a planta.

Alcachofra
Cynara scolymus

O chá de alcachofra é capaz de ajudar a saúde do fígado, eliminando resíduos causadores de diversas doenças, desintoxicando o órgão. Promove o controle do colesterol, ajuda o sistema digestivo, diminui o peso e controla o ácido úrico. Bom para combater psoríase, controle de diabetes, erupções cutâneas, anemia, hipertensão, debilidade cardíaca e pulmonar, gota, fraqueza, anemia, males gástricos e renais, diarreia, febre, urticária e sífilis. Partes utilizadas: folhas, raízes e brácteas (folhas coloridas que protegem as flores).

Alcaçuz
Glycyrrhiza glabra

É uma planta usada há pelo menos 3 mil anos entre egípcios e gregos. Na China, foi utilizada por muito tempo contra os males da menopausa e

TPM. Antiespasmódico, béquico, depurativo, digestivo, diurético, emoliente, peitoral, refrescante e tônico, o alcaçuz tem ação cicatrizante sobre úlceras da mucosa gástrica e duodenal, além de restabelecer quem sofre de transtornos biliares, catarros da bexiga, prisão de ventre, dificuldade para urinar, furúnculos, abscessos, inflamação, tosses catarrais, espasmo, inflamação bucal, conjuntivite, bronquite, problemas na vesícula, rouquidão, pedra e cálculo nos rins, gota e feridas. Partes utilizadas: raízes e caules.

Alecrim
Rosmarinus officinalis

Também conhecido como alecrim-de-cheiro, é indicado para debilidade cardíaca, distúrbios digestivos, males do fígado, rins e intestino. É anti-inflamatório. Atua no tratamento de fadiga, dores de cabeça, enxaquecas, má circulação, problemas de concentração e memória, distúrbios respiratórios, gripe, febre, contusões, artrite, artrose, cistite, menstruação irregular, cólica menstrual, tensão pré-menstrual (TPM), dores musculares, queda de cabelo, impotência, inapetência e gota. Partes utilizadas: flores, óleo essencial e folhas.

Alfafa
Medicago sativa

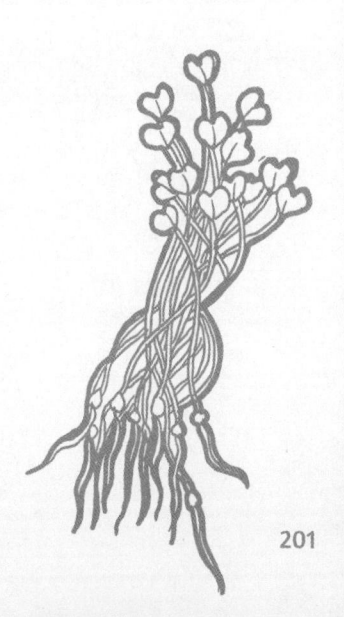

Tem ação anti-inflamatória. Combate o reumatismo e as dores crônicas. Melhora o processo de digestão, prevenindo problemas gastrointestinais. Combate radicais livres em nosso corpo e evita o envelhecimento precoce. Alivia ansiedade e estresse. Limpa o fígado das toxinas. Recompõe quem sofre de anemia, reumatismo, artrose e artrite. Auxilia a circulação sanguínea e a perda de peso. O broto de alfafa é especialmente recomendado, pois é o vegetal mais rico em clorofila, que contribui para melhorar a oxigenação do sangue. É diurético e altamente energético e rico em vitamina C e possui grande quantidade de substâncias bioflavonoides (antioxidantes naturais produzidos pela planta como mecanismo de proteção) que atuam como anticancerígenos nas células humanas. Partes utilizadas: folhas.

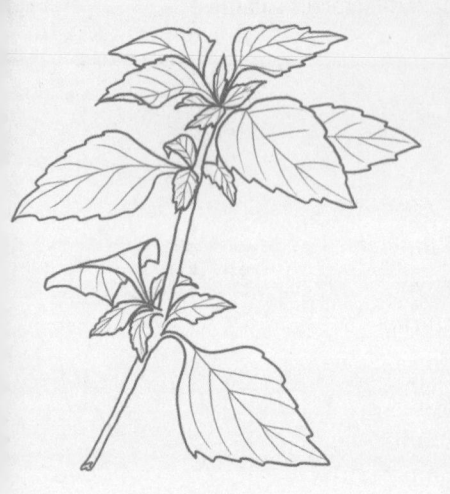

Alfavaca
Ocimum americanum

Conhecida como manjericão de folha larga ou manjericão branco. Indicada para problemas renais, má digestão, febre, tosse, catarro, bronquite, verme, enxaqueca, dor de garganta, gases, náusea, vômito, infecção intestinal, debilidade nos nervos e indigestão. Aumenta a lactação. Também utilizada em compressas para que as mães lactantes apliquem quando os seios são afetados. Partes utilizadas: folhas e sumidades floridas.

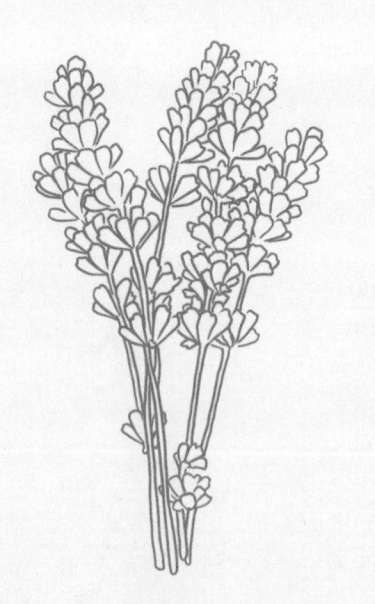

Alfazema
Lavandula officinalis

Antisséptica, cicatrizante, antidepressiva, sedativa e analgésica. Estimula a circulação. Boa para tratamento de cãibra, afecções no fígado e no baço, dores de cabeça, nervosismo, tosse, reumatismo, insônia, contusão, artrite, enxaqueca, inapetência, feridas, fraqueza cardíaca, problemas menstruais, doenças respiratórias (asma, bronquite, catarro, gripe, resfriado), pressão alta, picada de inseto e dermatites. Partes utilizadas: flores, folhas, haste e óleo essencial.

Algodoeiro
Gossypium herbaceum

A folha do algodão é indicada para hemorragia uterina, menstruações abundantes, afecções nos rins, aumento da lactação, queimaduras, catarro, disenterias, inchaço, dores musculares, furúnculo e feridas. Partes utilizadas: sementes, folhas e casca da raiz.

Alho
Allium sativum

Auxilia no tratamento de hipertensão arterial leve, redução dos níveis de colesterol e prevenção das doenças ateroscleróticas. Também se atribui ao alho a capacidade de prevenir resfriados e outras doenças infecciosas, mesmo as bacterianas e fúngicas. Purifica o sangue, atua nas mucosas do nariz, da garganta e dos pulmões, desinfeta todo o organismo, funcionando como antibiótico. Atua na circulação sanguínea. O alho cozido tem uma grande perda de sua eficácia e ele cru, em grande quantidade, irrita os rins. Partes utilizadas: bulbilhos (dentes) secos ou frescos.

Alteia
Althaea officinalis

O chá da raiz é indicado para abcessos, acne, aftas, cistite, diarreia, tosse, problemas nos olhos, na pele, faringite, laringite, bronquite, enfisema, asma, gengivite e dores na garganta. Quanto ao uso externo, podemos embeber com o chá uma gaze e aplicá-la sobre as lesões. Contraindicada para pessoas com diabetes. Partes utilizadas: raiz seca, folhas e flores.

Amora-miura
Morus nigra

Melhora o funcionamento do fígado e dos rins. Diminui a pressão arterial e a taxa de glicemia (diabetes). Auxilia na reposição hormonal e na qualidade do sono. Colabora no tratamento de hemorroidas. Boa para os ossos, pele e estômago. Combate vermes, inflamação bucal (gengivite, amigdalite, boca, garganta), mal no intestino, prisão de ventre e erupções cutâneas. Partes utilizadas: casca, folhas e frutos.

Angélica
Archangelica officinalis

É estimulante, depurativa, diurética, carminativa. Indicada para problemas de bronquite, asma, cãibras, convulsões, cólicas, debilidade, dilatação do estômago, digestões difíceis, enfermidades no peito, garganta, pulmões, fígado, rins, bexiga, reumatismo, vômito, melancolia, anorexia, feridas, gota, retenção de líquidos e ansiedade. Partes utilizadas: caule (talo), folhas, sementes, raízes, rizoma e óleo essencial.

Angico-vermelho
Anadenanthera macrocarpa

O uso dos angicos na medicina popular é feito por meio da extração dos princípios ativos curativos pela casca ou pela goma (resina), por infusão, xarope, maceração ou tintura. A planta auxilia no tratamento de afecções das vias respiratórias, bronquite, asma, tosse, tuberculose, angina, diarreia, gripes, pulmões, debilidade orgânica, problemas uterinos, fígado, corrimento e úlceras. Partes utilizadas: casca e goma.

Anis-estrelado
Illicium verum

Combate gripes, cólicas, gastrites, gases, bronquite, náuseas, inflamação, hérnia e cansaço. Tem propriedades diuréticas, anti-inflamatórias e fungicidas. É calmante. Partes utilizadas: frutos com suas sementes.

Arnica
Arnica montana

Trata úlcera do estômago, asma, distensão muscular, febre, problemas ligados ao joelho, músculos doloridos, nevralgias, hemorragia, gota, contusões, coqueluche, arteriosclerose, espasmo, inflamação na boca, furunculose, edema, traumatismo, ferimentos, hematomas, inchaço, dores reumáticas, catarro, apoplexia, entorse, problemas no sistema circulatório, pressão alta, machucaduras, queda de cabelo, caspa, excesso de oleosidade, dermatite seborreica, nevralgia e lesões por esforço repetitivo (LER). É comum utilizar em pomadas, cremes e maceração em óleo para contusões, entorses e estiramentos, para estimular a cicatrização e reduzir o desconforto da dor e também o inchaço. Quanto ao chá, em alguns países a arnica foi considerada perigosa; por isso, antes de fazer o seu uso, procure um especialista. Partes utilizadas: folhas, flores e rizoma.

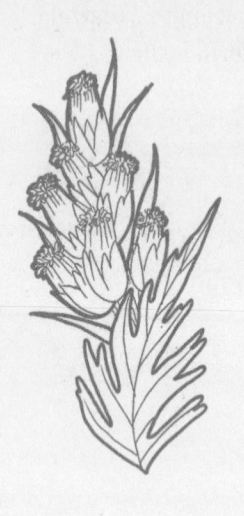

Artemísia
Artemisia absinthium

Também conhecida como losna, absinto, erva-de-são-joão. Seu uso é sugerido para epilepsia, anorexia, cãibra, hidropsia, contusões, gastrite, contaminação por salmonela, convulsão, feridas, constipação, problemas digestivos, fraqueza, afecções biliares e hepáticas, afecções uterinas, ansiedade, hipocloridria, flatulência, icterícia, menstruação desregulada, corrimentos, vermes, mucosidade, cólica intestinal, inapetência, afecção gástrica, nevralgia, diarreia crônica, reumatismo, mal no fígado, tosse, anemia, verminoses, cólica menstrual, malária, debilidade, vaginite, nervosismo e histeria. Partes utilizadas: sumidade florida, folha e rizoma.

Assa-peixe
Vernonia polysphaera

Trata dificuldades respiratórias, como gripe, resfriado, bronquite, asma, entre outros problemas pulmonares. Alivia sintomas como dor nas costas, dor no peito e tosse. Auxilia no tratamento de cálculo renal. Sugerida ainda para diabetes, afecções da pele, dor muscular, contusões, hemorroidas e reumatismo. Partes utilizadas: folhas e raiz.

Babosa
Aloe vera

Pode ser usada como cicatrizante, anti-inflamatório, analgésico, emoliente e antisséptico. Externamente, usa-se a babosa para lesões de pele secundárias, queimaduras térmicas ou químicas (primeiro e segundo graus) e físicas (radioterapia), dermatites (periestoma e outras), eczemas, psoríase, queda de cabelo por seborreia, acne vulgar, celulite e erisipela, cura de feridas e hanseníase. Ainda, o suco de babosa contém glicosídeos, especialmente aloína, e alta porcentagem de mucilagem e de tanino. Em doses baixas, é empregada para prisão de ventre. Em doses altas, é tão energética que pode provocar irritação das vias biliares e até nefrite. Partes utilizadas: folha, polpa e seiva.

Bananeira
Musa sp.

O chá de flor da bananeira é utilizado para o controle da diabetes e da anemia. Aumenta a hemoglobina no organismo e auxilia na produção de glóbulos vermelhos. Melhora o humor, reduz ansiedade e aumenta a lactação. Previne doenças neurais. Trata úlceras, prisão de ventre, redução de pressão arterial e doenças respiratórias. A folha da bananeira também é utilizada para o tratamento capilar, no fortalecimento dos cabelos e na eliminação da caspa. Partes utilizadas: flor (coração) e folha.

Barbatimão
Stryphnodendron barbatimam Mart

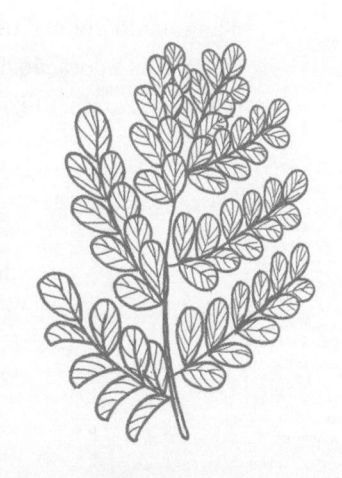

Bom para o tratamento de úlceras, doenças e infecções da pele, pressão alta, diarreia, hemorragia e feridas com hemorragias, hérnia, malária, câncer, problemas no fígado ou nos rins, inchaço e hematomas na pele, queimaduras na pele, dores de garganta, diabetes, conjuntivite, gastrite, diarreia, inflamações no útero e ovários, cistos, miomas, corrimento vaginal. Para o uso externo, é utilizado em gargarejo e banho de assento. Pode ser usado na confecção de pomadas, sabonetes ou cremes, em farmácias de manipulação. Partes utilizadas: folhas e casca do caule.

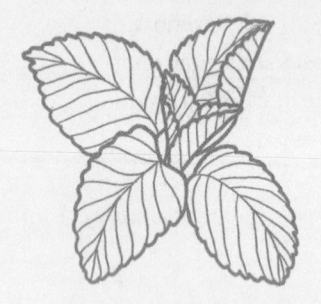

Boldo-do-chile
Peumus boldus molina

Também conhecido como boldo verdadeiro. Diminui a debilidade orgânica, estimula as funções digestivas, fortalece o fígado, aumenta a secreção biliar, é diurético e trata a prisão de ventre. Melhora hepatite, cálculos biliares, tonturas, gases, inapetência, diarreia, cólica, insônia, reumatismo e gota. Tem efeito tranquilizante. Partes utilizadas: folhas, frutos e óleo essencial.

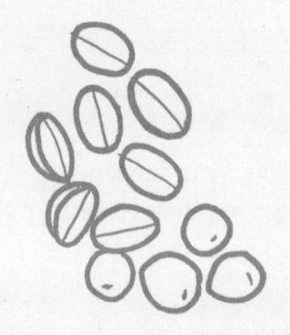

Café
Coffea

O chá de folhas de café é muito utilizado para combater estresse, depressão, ansiedade, fadiga, bronquite, asma, cólicas em geral e impotência sexual. É contraindicado para pessoas nervosas e insones. Adoçado com mel serve de remédio para a angina do peito. É um excitante do sistema nervoso, dos músculos, cérebro, rins e coração. É usado para lavar ulcerações das pernas. Facilita a digestão. Partes utilizadas: folhas.

Cajueiro
Anacardium occidentale

Diurético e afrodisíaco. Serve para tratamento de fraqueza, diabetes, tosses, catarro, cólicas, doenças na pele, prisão de ventre, dor de garganta, hipertensão e inchaço. Quanto ao uso externo, pode ser feito gargarejo para problemas de garganta e aftas, além de banhos de assento para inflamação vaginal. Partes utilizadas: casca e folhas.

Calêndula
Calendula officinalis

Utilizada para cicatrizar feridas e úlceras, abcesso do estômago, afecções nervosas, melhorar artrite, artrose, cólica menstrual, gastrite, problemas na produção da bile, psoríase, resfriado, dor, verrugas, vômito, fungo, eczema seborreico do couro cabeludo, dermatite, gengivite, dor nos olhos, cólica menstrual, resfriado, queimadura suave de sol, rachaduras, fissuras de mama, palidez, sensibilidade da pele, erupções cutâneas, icterícia, impetigo, aftas, assaduras, escara, úlcera, doença glandular, escorbuto, brotoeja, alergia, veias dilatadas, dismenorreia, varizes, candidíase, frieiras, congestão do baixo ventre, foliculite, câncer do estômago e acne. Boa para clarear manchas, regenerar tecidos danificados, estimular agranulocitose e fagocitose. Partes utilizadas: flores, folhas e caules.

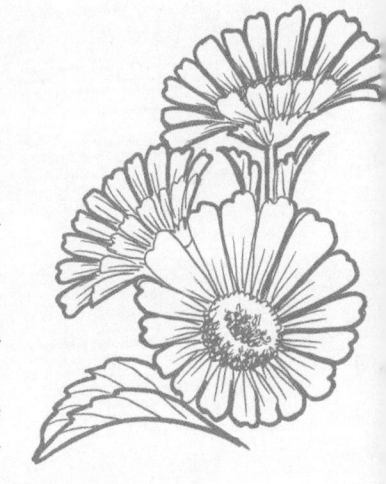

Camomila
Matricaria chamomilla

Tem ação calmante e é boa para ansiedade e insônia. Combate má digestão, tensão pré-menstrual e inflamação das vias urinárias. Trata gripes (mistura com chá de hortelã e mel), úlceras, enxaquecas, inflamações oftálmicas, feridas, embaraços gástricos, queimaduras de sol, inapetência, afecções nervosas, afecções de pele (pústulas e fístulas), náuseas, ciática, indigestões, doenças do útero e do ovário, gota, assaduras, enjoos, gengivite, estomatite, diarreia infantil, cistites, cólicas em geral, lumbago, mialgias, cefalalgias e afta. Partes utilizadas: flores.

Cana-do-brejo
Costus spicatus

Sudorífica e diurética. Age no tratamento de sífilis, inflamações nos rins e arteriosclerose. Combate fungos, cistite e candidíase. Além de aliviar infecções e inflamações que afetam o sistema renal, consumi-la aumenta a produção de urina e reduz a febre. Elimina o ácido úrico. Ajuda na depuração do sangue porque ajuda os rins na filtragem sanguínea. Relaxa os músculos do coração e tem propriedades analgésicas. Regula os níveis de açúcar no sangue, estimula o funcionamento do pâncreas e controla a obesidade. Partes utilizadas: folhas.

Canela
Cinnamomum zeylanicum

Além de ser utilizada na gastronomia, atua no controle de diabetes, já que ajuda a redução da glicemia, regulando o açúcar no sangue. Melhora o colesterol, é afrodisíaca e acelera o metabolismo. Trata gases abdominais, hipertensão arterial, resfriados, queimaduras por frio, dores de cabeça e estomacais, pressão baixa, hemorragias de partos, diarreia, tosse, espasmo, paralisia da língua, vômitos nervosos, gripe, ulcerações da gengiva e mucosa da boca, respiração ofegante, calafrios, doenças atônicas do estômago, reumatismo, dismenorreia, inflamações do rosto, amenorreia, hipotensão arterial leve e triglicerídeos. Parte utilizada: casca.

Capim-santo
Cymbopogon citratus

Trata problemas no estômago, além de inchaços, depressão, agitação, insônia, infecções da pele, dor muscular, tosse, asma, catarro, dor de cabeça, febre, transpiração, pé de atleta, convulsões, doenças do fígado, reumatismo, estresse, tensão muscular, acne, distúrbio renal, flatulência (gases), diarreia, cólicas menstruais e intestinais, feridas, estresse, infecções das vias respiratórias, manchas e sardas, conjuntivite, cefaleia e entorse. Bom para os rins, para a pele e o cabelo, principalmente oleosos. Partes utilizadas: rizoma e raízes frescas ou secas, folhas.

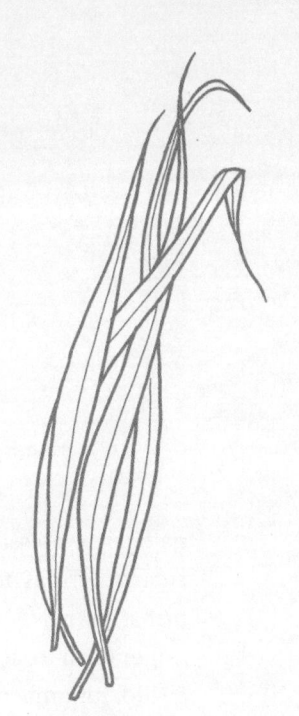

Carqueja
Baccharis trimera

O chá de folha de carqueja é bastante utilizado no tratamento de diabetes, pois auxilia na absorção de açúcares ingeridos na alimentação. Desintoxica o fígado, diminui a pressão arterial, melhora problemas digestivos, reduz o colesterol, combate as inflamações, ajuda no emagrecimento, alivia a retenção de líquidos, controla o apetite e fortalece o sistema imunológico. Trata amigdalite, reumatismo, doenças hepáticas e biliares (icterícia, cálculos etc.), lepra, má circulação, impotência sexual masculina, úlceras (de uso externo), faringite, fraqueza intestinal, afta, inflamação das vias urinárias, esterilidade feminina, problemas do pâncreas e do baço, dispepsias, afecções febris, obesidade, feridas, asma, gastroenterites, inflamações de garganta, angina, gastrite, anorexia, azia, enfermidades da bexiga, intestinais e doenças venéreas. Partes utilizadas: hastes floridas.

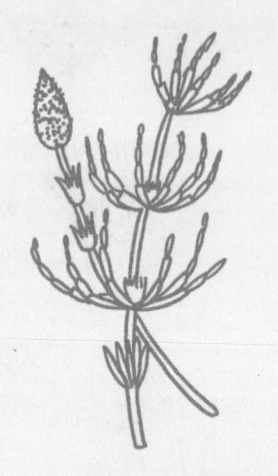

Cavalinha
Equisetum arvense

Trata olheiras, pedra na vesícula e rins, osteoporose, aftas, cárie, poros dilatados, estresse, gripe, olhos irritados ou inflamados, transpiração excessiva, hemorragia nasal, cansaço, reumatismo, menstruação excessiva, herpes, arteriosclerose, câncer, bócio, queda de cabelos, flacidez da pele e músculos, problemas no fígado, unhas quebradiças, rachadas ou fracas, gota, úlcera, problemas na bexiga, pressão alta, afecção dos brônquios e pulmões, hemorroida, catarro, feridas de difícil cicatrização, frieira, obesidade, irritação das vias urinárias (rins e bexiga), rins, próstata, tuberculoses pulmonar e renal (remineralizar), baço, anemia, conjuntivite, exaustão, ansiedade, acne, resfriado, inflamações de útero, celulite, problema ósseo, estrias, infecção de pele, cálculos renais, pele sem elasticidade e envelhecida, retenção de líquidos, nível de ácido úrico e alergia. A cavalinha também contribui para regimes de emagrecimento, reduzir flacidez da pele e músculos (principalmente depois de dietas de emagrecimento), descalcificação de dentes e ossos, limpeza do sangue e desintoxicação do organismo. Partes utilizadas: raiz e caules estéreis.

Chapéu-de-couro
Echinodorus grandiflorus

A folha de chapéu-de-couro é anti-inflamatória, antirreumática, adstringente, depurativa, diurética, antiartrítica, energética e laxante. Usada no tratamento de tosse, colesterol, gripe, resfriado, dermatites, pressão alta, ácido úrico, fígado, bexiga, vias urinárias, artrite, artrose, congestão hepática, amigdalite, faringite, feridas crônicas, dor, arteriosclerose, sífilis, nevralgias, reumatismo, debilidade orgânica, estomatite, gengivite, convalescença, afecção da pele, gota, edemas, doenças renais, distúrbios hepáticos e hérnia. É diurético e auxilia no emagrecimento. Partes utilizadas: rizoma e folhas.

Cipó-mil-homens
Aristolochia cymbifera

Batizada pelo nome de cipó-mil-homens pelo sanitarista Carlos Chagas, que fez uso dela para tratar milhares de operários das ferrovias contaminados por um tipo de malária, essa planta é usada em toda a América do Sul. Tem propriedades antissépticas, diuréticas, sedativas, digestivas, estomacais, antifebrífugas e analgésicas. Funciona no tratamento de depressão, problemas de estômago, distúrbios gastrointestinais, azia e má digestão, gota, convulsão histérica, amenorreia, cicatrização de feridas, dormência, hidropsia, menstruação desregulada, asma, neurastenia, picada de cobra, prostatite, nevralgias, ataques nervosos, úlceras, orquites crônicas, afecções das vias urinárias, flebite varicosa, diarreia, picada de inseto, febres intermitentes, varizes, reumatismo, gangrenas, paralisia, flatulência, hemorroida, dispepsia, enxaquecas, convulsões epilépticas e engorgitamentos dos testículos. Pessoas com problemas no fígado ou pressão alta devem evitar o consumo. Também é contraindicada para mulheres grávidas, pois possui propriedades abortivas. Partes utilizadas: caule, parte aérea, raízes e rizoma.

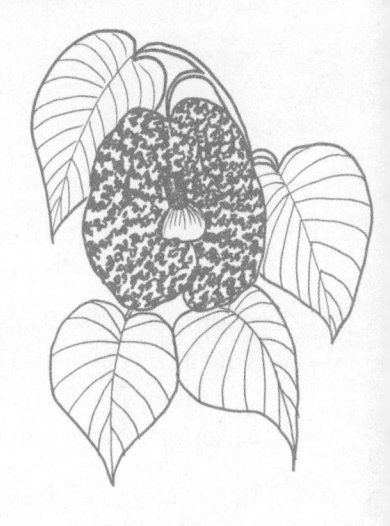

Cravo-da-índia
Syzygium aromaticum

Tem ação antisséptica, analgésica, digestiva, expectorante e afrodisíaca. Serve para o tratamento de flatulência, higiene bucal, micose de unha, vias respiratórias, vermes, dor de dente, dores de cabeça, cólicas menstruais, candidíase oral, febre e inflamações da garganta. Partes utilizadas: botões florais secos.

Cúrcuma
Curcuma longa

É também chamada de açafrão-da-terra, açafrão-da-índia, açafrão falso, açafroa, mangarataia e gengibre-dourado. Pertence à família do gengibre. Um dos benefícios mais significativos da cúrcuma para a saúde são seus altos níveis de antioxidantes. É utilizada como antialérgico, digestivo, inibidora de gases intestinais, anti-inflamatório, cicatrizante, antioxidante e ainda no tratamento de patologias respiratórias, de câncer, artrites, diabetes, doença de Crohn, doenças cardiovasculares, osteoporose, doença de Alzheimer, psoríase, artrite e artrose. Parte usada: rizoma.

Dente-de-leão
Taraxacum officinale

Diurético, depurativo do sangue, antiácido, digestivo, estimulante, antidiabético, desintoxicante e laxante. É utilizado para problemas de fígado e vesícula biliar, combate doenças cardiovasculares, reduz o colesterol, trata de gastrite e prisão de ventre. Auxilia no tratamento de obesidade, hidropisia, hipoacidez gástrica, irritações da pele, falta de apetite, acne, baixa produção de leite por lactantes, arteriosclerose, verrugas, obstipação, anemias, eczemas, hiperacidez do organismo, ácido úrico e excesso de colesterol. Previne doenças da gengiva, sistema reprodutor, gota, vermelhidões na pele, astenia, prisão de ventre e cárie dentária. Partes utilizadas: rizoma, sementes, inflorescência e folhas.

Erva-cidreira
Lippia alba

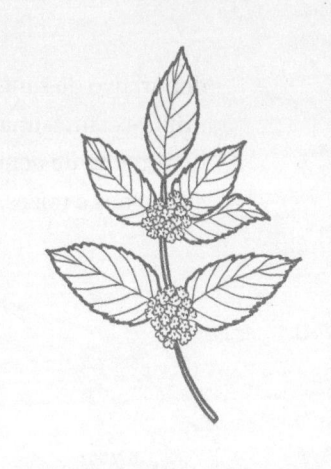

Seu uso é sugerido contra ansiedade, insônia, afecções gástricas, artralgias, cólicas intestinais, enjoo, enxaquecas, epilepsia, gases, hipertensão, letargia, irregularidades menstruais, herpes, picadas de insetos, gota, dores em geral, má circulação sanguínea, nervosismo, nevralgia (facial, dentária), odontalgias, afecções hepáticas e biliares, resfriados, taquicardia, tosse e afecções da vesícula biliar, hipocondria, melancolia, resfriado, histerismo, fadiga e fastio. Partes utilizadas: parte aérea e óleo essencial.

Erva-mate
Ilex paraguariensis

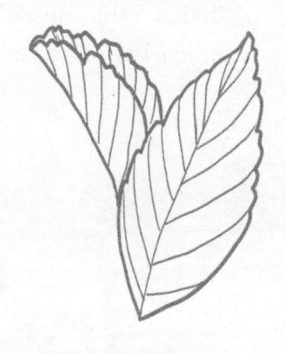

Estimula a atividade física e mental, elimina fadiga e facilita a digestão. É antioxidante e previne o envelhecimento precoce. Utilizada para tratamento do pâncreas, febre, resfriado, neurastenia, depressão nervosa, constipação, inflamação, úlcera, reumatismo e gripe. Regenera funções do coração e respiração. Combate o mau colesterol, mas é preciso cuidado e evitar exageros se tiver hipertensão, já que ela contém cafeína. Parte utilizada: folha.

Espinheira-santa
Maytenus ilicifolia

Utilizada para tratar vômito, hiperacidez, inflamação, irritações estomacais, gastrite crônica, gases, úlceras pépticas, males hepáticos e renais, atonia gástrica, digestão, fermentações gastrintestinais e azia. Estudos mostram a indicação como depurativo do sangue e no tratamento de diabetes, problemas no sistema urinário e intestinais. O chá também pode ser usado em compressas para tratamento de acne, eczema, ulcerações e herpes. Partes utilizadas: cascas, folhas e raízes.

Eucalipto
Eucalyptus globulus

O eucalipto serve para o tratamento de gripe, resfriado, rinite, sinusite, adenoide, amigdalite, asma, bronquite, nariz escorrendo, pneumonia, tuberculose, febre, vermes intestinais, acne, mau hálito e dor muscular. É um desinfetante das vias respiratórias e balsâmico. Partes utilizadas: folhas.

Garra-do-diabo
Harpagophytum procumbens

Combate inflamação, tendinite, colesterol, hiperlipidemia, artrite reumatoide colecistite, gota, hipercolesterolemia, dor nas articulações, obesidade, ácido úrico, osteoartrite, colelitíase, dispepsia. Boa para desintoxicar o fígado, melhorar funções hepáticas e aumentar defesas do organismo. Partes utilizadas: raízes secundárias secas.

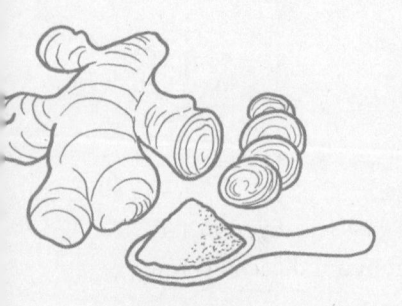

Gengibre
Zingiber officinale

Anti-inflamatório, também atua no sistema digestivo contra cólicas e gases. Combate arteriosclerose, tem ação antioxidante e antisséptica para problemas respiratórios (expectorante e dor de garganta) e casos de cinetose (enjoo por movimento em carros, aviões e barcos). Estimulante gastrintestinal, aperiente (abre o apetite), carminativo (eliminador de gases intestinais), tônico (restaura energia) e expectorante (expulsão do muco). Trata reumatismo, úlceras, amigdalite, dores musculares, asma brônquica, fígado, triglicerídeos, colesterol, impurezas na pele, impotência sexual, feridas, tosse, catarros crônicos e resfriados. Partes utilizadas: rizoma e óleo essencial.

Ginkgo biloba
Ginkgo biloba

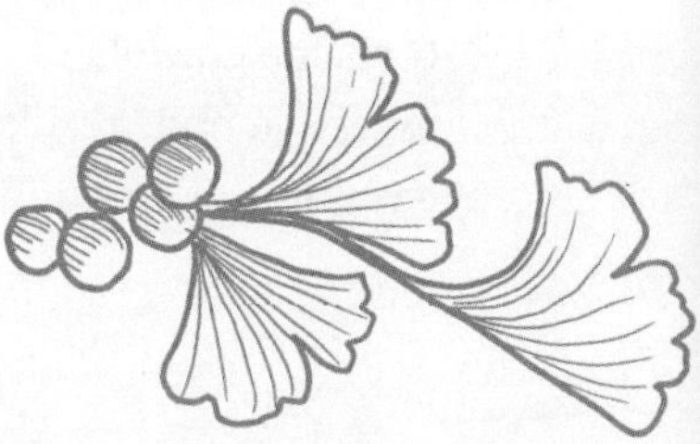

Seus principais nutrientes são os terpenoides e os bioflavonoides. Destaca-se por melhorar a circulação sanguínea, controlar a pressão arterial, melhorar a concentração e a memória, controlar a pressão arterial, ajudar na saúde ocular e diminuir o risco de formação de trombos. Partes utilizadas: folhas, sementes e frutos.

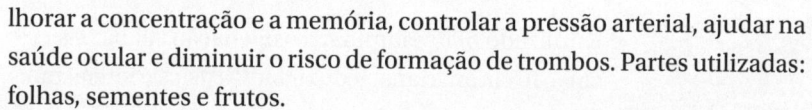

Goiabeira
Psidium guajava

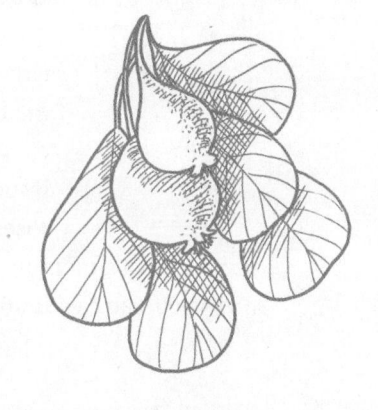

Rica em vitaminas, especialmente vitamina C e vitaminas do complexo B. Fonte de fibras, diversos minerais e licopeno. Antioxidante natural. Adstringente, auxilia no combate a infecções intestinais. Usada em tratamento de queda de cabelo, incontinência urinária, disenteria, ulceração da cavidade bucal, indisposição gástrica, convalescência, hemorragia, afecção da garganta, gengivite, estomatite, inchaço dos pés, febre, estômago, inflamação, tosse, bronquite, escorbuto, distúrbios da digestão, hemorragia interna, vermes e tuberculose. Partes utilizadas: folhas.

Graviola
Annona muricata

O chá de graviola é usado em dietas de emagrecimento. Ajuda a diminuir a insônia, pois possui propriedades sedativas e calmantes. Coadjuvante no combate a câncer, artrite, diabetes, abscesso, disenteria, gripe, diarreia, bronquite, mal do coração, febre, problemas nos rins, asma, tosse, catarro, astenia, hipertensão, edema, reumatismo, nevralgia, dor, vermes intestinais e espasmo. O chá de graviola deve ser consumido com moderação, pois o consumo excessivo pode resultar em efeitos colaterais, como hipotensão, náuseas e vômitos. Partes utilizadas: frutos, folhas e sementes.

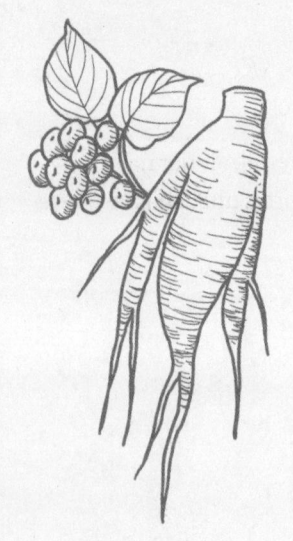

Ginseng
Pfaffia glomerata

É utilizado para estimular a oxigenação celular e a circulação coronariana, reduzir fadiga física e intelectual, diminuir tremores nas pessoas idosas, inibir o crescimento de células tumorais, varizes e hemorroidas. Auxilia na circulação, combate dor, irregularidades circulatórias, anemia, diabetes, artrose, esgotamento, mau colesterol, estrias, leucemia, inflamação, artrite, circulação periférica, afecção hepática, estresse, moléstias do aparelho digestivo, labirintite, arteriosclerose, flacidez da pele e febre. Melhora o desempenho sexual, ativa a memória, aumenta a força muscular, favorece a produção do estrogênio e estimula o apetite. Partes utilizadas: raízes e folhas.

Hibisco
Hibiscus rosa-sinensis

Auxilia no emagrecimento, atua contra má digestão, hipertensão, constipação intestinal, infecções da pele, varizes e hemorroidas. Controla o colesterol, evita retenção de líquido, fortalece os cabelos e ativa a excreção da urina. Não é recomendado o uso durante a gestação ou para lactante. O consumo excessivo do chá de hibisco causa efeitos indesejáveis como dor de cabeça, náuseas, hipotensão, cãibra e problemas relacionados ao fígado. Partes utilizadas: flores e folhas.

Hortelã
Mentha spicata

Relaxante. Auxilia na digestão, no tratamento de parasitoses intestinais e diarreias causadas por ameba e giardíase (*Giardia lamblia*), age contra fadiga, espasmos, náuseas, azia, dispepsia nervosa, hemorroidas, cólicas uterinas, vômitos, afecções gastrintestinais e tabagismo. Contraindicada no período de amamentação. Usada em anestésicos tópicos. Partes utilizadas: folhas e ramos.

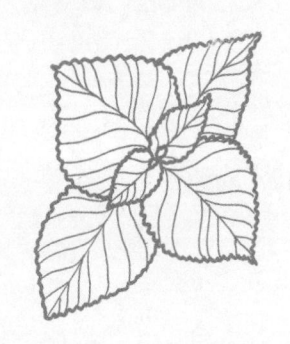

Inhame
Colocasia antiquorum

O inhame cru é um poderoso antianêmico, mesmo cozido, conserva muito de seu poder curativo. É um grande depurador do sangue, pelo que deve ser ingerido pelas pessoas que sofrem processos inflamatórios de qualquer espécie e todas aquelas que precisam beneficiar o sangue. Faz as impurezas do sangue saírem através da pele, dos rins, dos intestinos. Auxilia no tratamento de sífilis. Fortalece o sistema imunológico e os gânglios linfáticos. A presença de inhame no sangue permite uma reação instantânea à invasão do mosquito transmissor da malária, dengue, febre amarela, neutralizando o agente causador da doença antes que ele se espalhe pelo corpo. Parte utilizada: raiz.

Ipê-roxo
Handroanthus impetiginosus

Usado no tratamento de psoríase, candidíase, coceira, úlcera, lupus, diabetes, problemas respiratórios, catarro da uretra, alergia, feridas, dor na garganta, problemas no ovário e no útero, colite, diarreia, doenças causadas por fungo, osteomielite, leucemia, anemia, doença no fígado, câncer, malária, queimaduras, inflamação artrítica e mal de Parkinson. Estimulante do sistema imunológico. Partes utilizadas: folhas e casca.

Laranja
Citrus sinensis

O chá de folha de laranjeira é anticoagulante, antidepressivo, desintoxicante, tem ação diurética e sedativa, antigripal, expectorante, digestiva. Usado para tratamento de prisão de ventre, distúrbios metabólicos, espasmos, estomatite, estresse, febre, insônia e nevralgias. Combate a falta de vitamina C, nefrite, anemia, contração muscular, dores ciáticas e reumatismo. Restaura o fluxo menstrual e desintoxica o organismo. Parte utilizada: folha.

Limão
Citrus limon

Ajuda na digestão de alimentos, reduzindo mal-estar e gases. Tem ação antisséptica e antibacteriana, combatendo retenção de líquido, eliminando toxinas, melhorando a defesa do organismo. Ajuda na perda de peso por aumentar o funcionamento do metabolismo e regula a pressão arterial. Partes utilizadas: folhas.

Louro
Laurus nobilis

Usado para combater inflamações no fígado, cólicas menstruais, infecções na pele, dor de cabeça, reumatismo, estresse, ansiedade, má digestão, problemas no estômago, espasmo, reumatismo, inapetência, gases e dor de cabeça. Partes utilizadas: folhas e frutos.

Maçã
Malus communis

O chá de casca de maçã tem ação antimicrobiana, antibacteriana e antitumoral. É anticancerígeno, antidiabético, antibiótico e, para completar, um potente formador de músculos. Auxilia no tratamento de intestino preso, obesidade, sistema nervoso e enfermidades da pele. Parte utilizada: casca.

Malva
Malva sylvestris

Outros nomes populares: malva-cheirosa, gerâneo-aromático, malva-grande, malva-das-boticas, malva-silvestre, malva-de-casa, malva-rosa, rosa-chinesa. Analgésico, expectorante, combate inflamação das vias respiratórias, bronquite asmática e congestão nasal. É indicada no tratamento de abscesso, afta, catarro, cicatrização, faringite, furúnculo, gastrite, infecção (boca, garganta, laringite, protege tecido inflamado e irritado), irritação nos olhos e ouvidos, mau hálito, pele (erupção, dermatose, lesão nas mucosas, posto que reduz as secreções, hidrata, protege e suaviza), picada de inseto e úlcera. Partes utilizadas: folhas e flores.

Mangabeira
Hancornia speciosa

Atua no tratamento de úlceras, dentição, problemas de rins, hipertensão, fígado, pulmões, abcessos internos, cãibras, cólicas menstruais, gripes, doenças de pele, icterícias e tuberculose. Tem ação purgante. Partes utilizadas: folhas e ramos.

Manjericão
Ocimum basilicum

Usado como digestivo, para dor de cabeça, doenças das vias respiratórias, espasmo, febre, fraqueza, gases, gastrite, gripe, infecções intestinais, dor nos rins e estômago, insônia, resfriado, tosse e vômito. Bom para aumentar a lactação, e em casos de estresse, exaustão e sintomas relacionados a eles (dor de cabeça, indigestão, tensão muscular, nevralgias) ou de falta de memória e de concentração. Melhora a debilidade dos nervos, dor de garganta, frieiras, catarro, picada de inseto, reumatismo, vermes, estagnar o sangramento, tuberculose pulmonar, cãibra do estômago, antraz, angina, vias aéreas, bronquite, enxaqueca, pele, fraqueza, furúnculo, dispepsia, bico do seio rachado, rins, cólica, gases. No uso externo, pode ser feito bochecho para afta e males da boca, bem como gargarejo para tratar problemas de amigdalite, faringite e laringite. Partes utilizadas: flores, raízes, sementes, folhas e óleo essencial.

Maracujá
Passiflora edulis

Usado no tratamento de ansiedade, depressão, insônia, nervosismo, agitação, inquietação, hiperatividade, mal de Parkinson, dores menstruais, dor de cabeça causada por rigidez muscular, tensão nervosa e dores musculares, pressão alta causada por estresse. Atua no emagrecimento e combate ao envelhecimento. Estudos indicam que a casca do maracujá diminui os picos de insulina, promovendo a prevenção e o controle do diabetes, além de favorecer o bom funcionamento do intestino. Partes utilizadas: folhas secas, frescas ou trituradas.

Mastruz
Dysphania ambrosioides

Conhecida como erva-de-santa-maria ou chá mexicano. É muito utilizada na medicina tradicional para tratar vermes intestinais, má digestão e para fortalecer o sistema imunológico. Ajuda no combate a gripes, resfriados e sinusites. A mistura das folhas de mastruz batidas com leite é utilizada popularmente para auxiliar no tratamento de doenças respiratórias, como bronquites e tuberculose, devido à associação dos efeitos fortificantes do sistema imune e expectorantes. Por ter algum grau de toxicidade, deve ser utilizada preferencialmente com orientação de um profissional de saúde, além de ser aconselhado o uso do chá das folhas, em vez do óleo essencial, que possui maior concentração das substâncias potencialmente tóxicas. Partes utilizadas: folhas e caule.

Melissa
Melissa officinalis

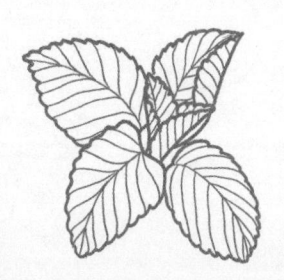

Usada no tratamento de má circulação sanguínea, problemas hepáticos e biliares, melancolia, crise nervosa, icterícia, dores espasmódicas das vias digestivas, epilepsia, hipocondria, desmaio, nevralgia (facial, dentária), arrotos, resfriado, espasmo, picada de inseto, histerismo, ansiedade, nervosismo, entupimento das mamas, taquicardia, palpitação, hipertensão, tosse, dores nos olhos, gastralgia, cefalalgias, paralisia, afecções gástricas, debilidade geral, vesícula, fígado, diarreia de sangue, pele, cólica, cãibras intestinais, vertigem, celulite, dor de cabeça, irregularidades menstruais, problemas digestivos, fadiga, fastio, erupções cutâneas, depressão, caxumba, catarros crônicos, insônia, flatulência, enjoo, feridas, enxaquecas, inflamações dos olhos e circulação. Partes utilizadas: parte aérea e óleo essencial.

Mulungu
Erythrina mulungu

Em razão de suas propriedades antidepressivas, hipnóticas, sedativas e tranquilizantes, atua no tratamento de estados emocionais como histeria, neurose, ansiedade, agitação, depressão, ataque de pânico, epilepsia e compulsão. Combate doenças do fígado graças à sua propriedade hepatoprotetora, além de reduzir a pressão arterial por ter efeito hipotensivo e diurético. Diminui os sintomas da bronquite asmática devido à sua propriedade antiasmática e expectorante. Por causa das suas propriedades antibacteriana e anti-inflamatória, trata infecções e inflamações como cistite ou gengivite. É utilizada contra febres, dores musculares, afecções bucais, dor reumática e coqueluche. Partes utilizadas: flores, frutos, sementes e casca.

Noz-moscada
Myristica fragrans

É uma das especiarias obtidas do fruto da moscadeira. É abundante em vitaminas (A e C), bem como em sais (cálcio, magnésio, zinco, cobre e potássio).

Melhora a circulação sanguínea, ajuda no controle da pressão arterial, promove a redução dos níveis de colesterol ruim (LDL) no corpo, auxilia na prevenção de doenças cardiovasculares. É relaxante e combate a insônia. Alivia a cólica e problemas digestivos. Boa para a saúde da pele. Devido à abundância de eugenol, é excelente para combater a dor de dente. e infecções. Além disso, é utilizada como analgésico, relaxando a musculatura. Muito comum o seu uso juntamente com pixurim. Parte utilizada: fruto.

Picão-preto
Bidens pilosa

Trata inflamações como reumatismo, dor de garganta, amigdalite, faringite, hepatite, cólica menstrual, tosse, úlceras gástricas, dor de estômago em geral e infecções urinárias. Mantém os níveis de açúcar no sangue controlados, no caso de diabetes. Combate a hipertensão, inapetência, irritação interna, angina, dor de dente, hemorroida e afecção cutânea. Parte utilizada: toda a planta.

Pitanga
Eugenia uniflora

Trata afecções no fígado, bronquite, cólica menstrual, diabetes, colesterol, diarreia, febre, gota, hipertensão, infecções na garganta, queda de cabelos e reumatismo. Combate doenças de estômago, obesidade, bronquite e doenças do coração. Partes utilizadas: folhas e frutos.

Pixurim
Licaria puchury-major

Também conhecida como pichurim ou pixuri, é uma planta nativa da região amazônica que apresenta compostos bioativos importantes para a redução do risco de câncer. Estimulante tônico, antisséptico, desinfetante e carminativo. Indicada para problema estomacal, dispepsia atônica, cólica espasmódica, flatulência, diarreia, disenteria, leucorreia, incontinência urinária, insônia e reumatismo. Muito comum o seu uso juntamente com a noz-moscada. Partes utilizadas: semente, folha, galhos finos, caule e casca.

Quebra-pedra
Phyllanthus niruri

Diurético, o chá de quebra-pedra elimina cálculos renais. Trata cistites, ácido úrico, problemas na próstata, no fígado, disenteria, gota, icterícia, úlceras, feridas, verrugas, inapetência e infecções pulmonares. Alivia sintomas de azia, é relaxante muscular e tem função analgésica. Partes utilizadas: folhas, flores e frutos.

Romã
Punica granatum

Trata afecções na boca, nos olhos e na pele, amigdalites, faringite, cólicas intestinais, envelhecimento e doenças cardíacas. Previne anemia e fortalece o sistema imunológico. Combate inflamações, problemas da menopausa e úlcera, além de diminuir o colesterol. Partes utilizadas: casca, flores e sementes.

Rosa-mosqueta
Rosa rubiginosa affinis

Muito utilizada em cosméticos e na medicina natural, devido aos efeitos positivos na pele. O óleo retirado das sementes é rico em ácidos graxos essenciais insaturados, como ácido linoleico (ômega 6), ácido linolênico (ômega 3), além de esteárico e palmítico, também chamados de vitamina F. Essa erva é rica em compostos anti-inflamatórios. Previne estrias, principalmente aquelas surgidas durante a gravidez. Para isso, massageie o abdome com óleo de rosa mosqueta de preparo comercial duas vezes por dia. Partes utilizadas: frutos, flores, folhas e óleo à base das sementes.

Sabugueiro
Sambucus nigra

Trata quadros febris, visto que é um poderoso antitérmico. Combate problemas renais, reumatismo, prisão de ventre e evita o envelhecimento precoce. Fortalece o sistema imunológico e mantém pele e cabelo saudáveis. Raízes, flores, folhas e frutos maduros são empregados para fins diuréticos depurativos, emolientes sudoríferos e laxativos. Atua no tratamento de abscesso, ácido úrico, afecção renal, artrite, asma, falta de brilho do cabelo, cistite, constipação, dermatose, hemorroida, espasmo, febre, gota, gripe, hidropsia, intoxicação hepática, litíase urinária, nefrite, nevralgia, obesidade, queimadura, resfriado, sarampo e tosse. Partes utilizadas: flores.

Sálvia
Salvia officinalis

Tem ação antisséptica, posto que é usada em infecções das vias respiratórias, tosse, rouquidão e estomatite, faringite e aftas. Boa para tratar dispepsias, com ação anti-inflamatória e antioxidante, além de diarreia, gengivite e inflamação. Estimula o apetite e estudos comprovam melhorar a memória em idosos. Indicada para asma, convalescença, depressão, desinfecção, tratamento de diabetes, enfisema, esterilidade, frigidez, impotência, menopausa e nervosismo. As folhas e flores secas servem para perfumar armários e afastar de seu interior as traças e outros insetos. Partes utilizadas: folhas, flores e óleo essencial.

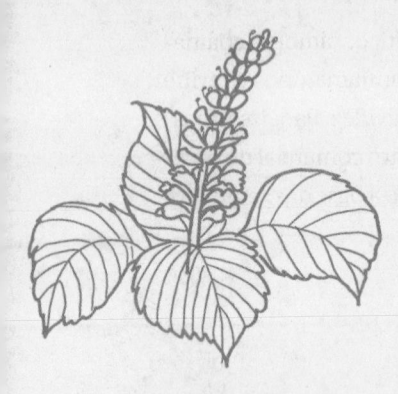

Sambacaitá
Hyptis pectinata L. Poit

Também conhecida por macaé, mercúrio-do-campo, poejo-do-brejo, seu uso é sugerido para cólicas menstruais, problemas digestivos, dor de dente, cefaleias, gripes, febres, afecções respiratórias, intestinais, amenorreias, dismenorreias, rinofagite, congestão nasal, doenças de pele, problemas gástricos, infecções bacterianas e fúngicas. Usa-se também no combate a inflamação e dor, e auxilia na cicatrização de feridas. Partes utilizadas: folhas e flores.

Sucupira
Odon emarginatus vogel

Trata reumatismo, artrite, blenorragia, artrose, diabetes, sífilis, cistos (nos ovários, no útero) e inibe penetração da cercária da esquistossomose na pele humana. Partes utilizadas: sementes.

Tangerina
Citrus reticulata

Também conhecida como mexerica, bergamota (ou vergamota), mandarina, é rica em vitamina C e ajuda a aumentar a imunidade. O chá das folhas é considerado calmante. Já o chá da casca auxilia na digestão, acalma o estômago, alivia o estresse e combate doenças, entre elas o câncer, e reduz o colesterol. Partes utilizadas: folhas e casca desidratada.

Unha-de-gato
Uncaria tomentosa

Trata inflamações, amigdalite, artrite, reumatismo, rinite, sinusite, abcessos cutâneos, afecções intestinais, bursite, hipertensão e candidíase. Melhora a circulação e combate doenças urinárias, irregularidade menstrual, doenças ósseas e do coração (prevenir ataques – doenças – coágulos), asma, artrite, doenças epidêmicas, hemorragias, abscessos, diabetes, febres, cáries, cirrose, gastrite, disenteria, úlceras gástricas e convalescência. A unha-de-gato não deve ser utilizada em transplantados quando estiverem usando imunossupressores, receptores de transplante de medula óssea. Também não é indicada para pessoas com patologias autoimunes, esclerose múltipla e tuberculose. Seu uso pode acarretar hipotensão e falência renal aguda. Partes utilizadas: casca, raízes e folhas.

Valeriana
Valeriana officinalis

Conhecida como sedativo, tem ação antiespasmódica, moderadora do apetite, cicatrizante e desobstrutiva das vias respiratórias. Calmante, cuida de histeria, insônia, estresse, ansiedade, dermatose, cãibras, distúrbios digestivos, úlcera de origem nervosa, palpitações, dores nervosas, vertigens e neurastenia. Partes utilizadas: rizoma e raiz.

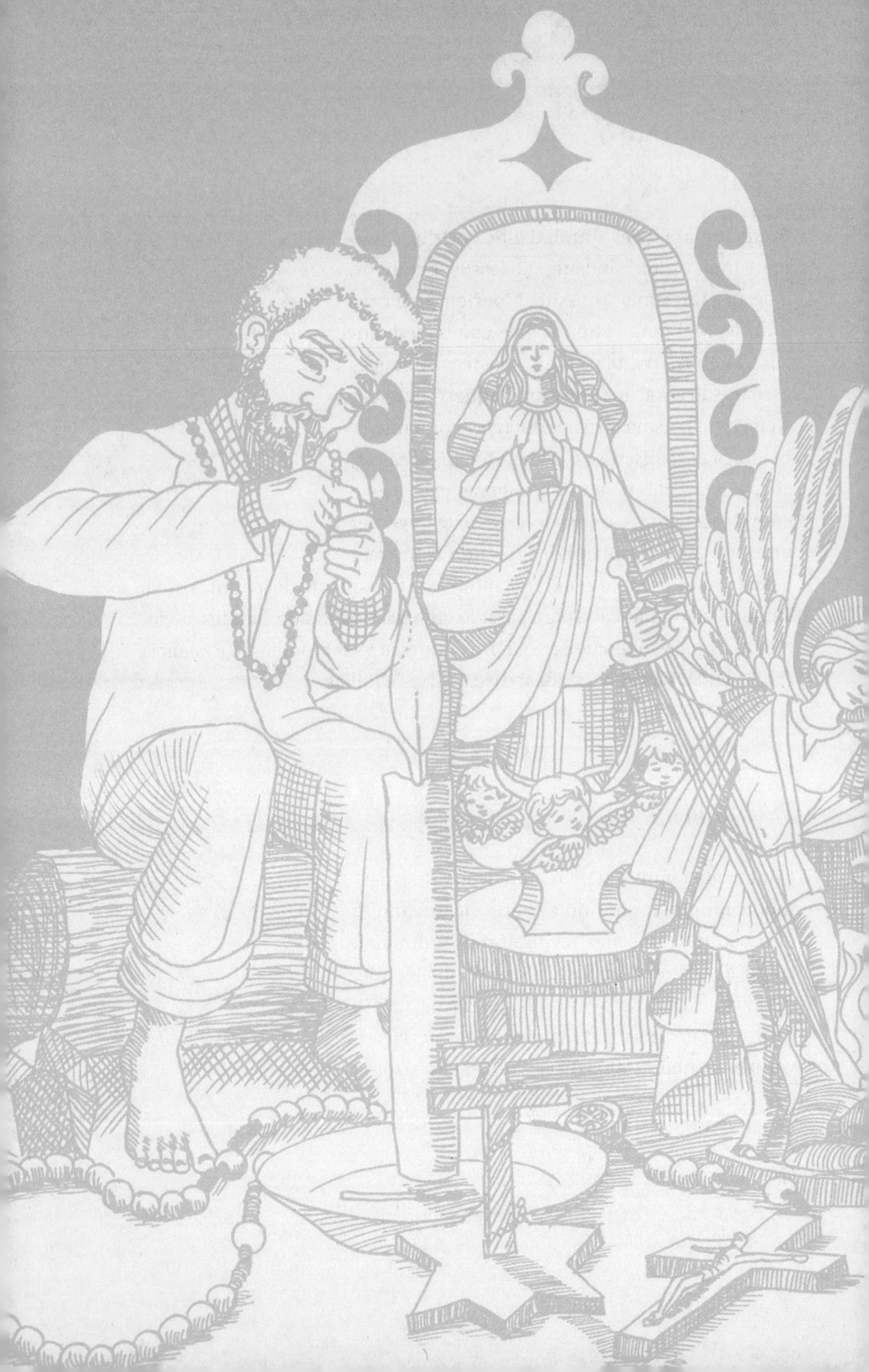

CAPÍTULO 12

Benzimentos e orações

As ervas, além de serem utilizadas na alimentação e na Medicina, trazem também aspectos energéticos nas práticas espirituais, como os benzimentos.

Etimologicamente, a palavra "benzer" vem do latim *benedicere*, que significa abençoar, dizer bem. "Dizer bem" é criar o bem por meio da palavra.

Benzimento é o ato de tornar algo bento; abençoar algo, santificar, consagrar uma pessoa, um animal ou outra coisa, invocando a proteção de Deus para afastar o mal. É uma ciência ancestral de cura que esteve presente em quase todas as culturas da humanidade. As benzeduras foram cuidadosamente passadas de geração em geração, geralmente por via popular, e têm como objetivo que alguém reze por outra pessoa para afastar qualquer energia negativa que esteja a atormentá-la.

O princípio da benzedura deriva da crença de que as doenças físicas são causadas por energias nocivas que nos atacam no plano espiritual. Por isso, ao "benzer" uma pessoa, reza-se por ela, o que trata das causas espirituais e faz desaparecer as dores físicas.

Desde a Antiguidade, as práticas populares de cura por meio do benzimentos acompanham a humanidade. Era comum existirem, sobretudo nas aldeias, as chamadas "benzedeiras", mulheres que sabiam as rezas necessárias para benzer e que conheciam os rituais associados a essas benzeduras, os quais faziam parte da crença com que eram feitos e que por isso serviam um propósito distinto.

Na Idade Média, as benzedeiras foram perseguidas e queimadas em praça pública, pois seu poder passou a competir com o da Igreja Católica, que realizava rituais de exorcismo e prestava assistência no campo da saúde. Mesmo sob perseguição, elas continuavam a atuar em algumas regiões, especialmente nas zonas rurais, onde faltavam recursos médicos.

No Brasil, o benzimento é uma forma de reza usada desde a colonização pelos pajés, xamãs e escravos, para curar os seus males físicos e espirituais.

Apesar de todo avanço da Medicina, essa prática ainda possui credibilidade junto à população, pois serve de cura alternativa a muitas pessoas, principalmente as de baixa renda e/ou que vivem longe dos centros urbanos, para as quais ela substitui a falta de médicos.

Essa forma de realizar os benzimentos deu origem à tradição das benzedeiras, geralmente senhoras sábias, donas de casa, guardiãs dos poderes sagrados das folhas por meio de rezas, ervas, massagens, banhos, garrafadas, chás e simpatias, e que possuem muita confiança em seu poder de transmitir sua cura.

Os benzedores, no entanto, podem ser homens ou mulheres, podendo haver distinções entre o benzimento que cabe a cada um. Independentemente do gênero, eles utilizam sempre o poder da sua fé pessoal, clamando por forças superiores que os auxiliam após a invocação por rezas e gestos simples com objetos de poder, como o uso das ervas.

Os elementos fundamentais nos benzimentos são a fórmula da bênção, a fé e a confiança. É fundamental, portanto, que o benzedor conheça as orações e tenha uma postura humanitária, por isso o serviço não é cobrado. Lembrando que quem faz o benzedor é a comunidade, que o procura para seus serviços, legitimando-o.

Benzimentos

Pragas rogadas e maldições

Utilizamos o benzimento para disfunções de diversas ordens, que vão desde doenças físicas a questões espirituais. Essas enfermidades podem ter diferentes origens, como a alimentação, o clima, os micróbios e parasitas ou até mesmo agouro, feitiço, praga, mau-olhado e ataque espiritual, de que trataremos agora.

Se o ser humano finalmente entendesse o poder das palavras e dos pensamentos emitidos, pensaria duas vezes antes de falar algo, praguejar contra alguém ou jogar maldições.

O mencionado feitiço, também conhecido como sortilégio ou bruxaria, significa a operação de "magia negra" destinada a prejudicar alguém. O impacto enfeitiçante pode atingir qualquer pessoa, mesmo quando ela não é visada diretamente pelo feiticeiro, ou até mesmo um animal de estimação.

O ato de rogar ou jogar maldição aparece em todas as civilizações há séculos, o que pode ser verificado, por exemplo, em diversas passagens da Bíblia. Podemos compreender a praga ou maldição como o ato de desejar o mal a alguém ou fazer alusões pessimistas a outra pessoa. Geralmente, tais práticas estão associadas a momentos de raiva, ira, humilhação, vingança ou disputa por alguém ou algo.

A pessoa que lança uma praga ou maldição para alguém é a primeira a ser atingida, pois está movendo as energias do universo. Assim, precisamos, antes de qualquer coisa, parar de julgar ou falar mal das pessoas, pois, quando temos tal postura, essa vibração mental atrai e ativa igual cota de energia das demais pessoas que a escutam, aumentando o feitiço verbal com nova carga malévola.

Dessa forma, cresce a responsabilidade do maledicente pelo caráter ofensivo de suas palavras. Conforme orienta uma grande amiga mentora, "ouvir e saber ouvir, falar e saber quando falar. A responsabilidade é sempre do último atravessador das palavras ditas, mas não necessárias de serem propagadas. Resolve-se e vive para a frente" (Maria Padilha das Almas).

Sentimentos negativos produzem energias agressivas e fazem baixar o padrão vibratório. Alteram também ondas mentais, intoxicando a atmosfera. Podem liquidar plantas, flores, aves ou animais de pequeno porte.

Em contrapartida, as pessoas vítimas de enfeitiçamento podem ter diversas reações psíquicas, e até ser alvo de bactérias nocivas que causam sujeiras na aura perispiritual, criando um campo vibratório de fluidos inferiores, desorientando sua atividade financeira, causando ainda perturbações emotivas e conflitos domésticos.

É sempre bom lembrar que, por trás de cada sintoma, existe uma causa, e esta muitas vezes pode estar oculta ou se tratar de influência espiritual.

A quem é destinada a reza ou benzimento?

A reza ou benzimento pode ser feita em pessoas, animais, plantas, casas e atividades comerciais. Essa prática é mais comum em alguns locais distantes dos centros urbanos, em que o acesso a médicos e hospitais é mais difícil.

Objetos de benzimento

Os símbolos do catolicismo estão muito presentes na vida das benzedeiras e são representados por santos, orações, cânticos, Bíblia e terço. No entanto, isso não quer dizer que tais práticas sejam vinculadas somente ao referido credo, pois existem relações também de outras formas religiosas, a exemplo da umbanda.

Dessa forma, é comum algumas pessoas benzerem utilizando, juntamente às ervas, amuletos, tais como terço, rosário, escapulário, talismã, guias, incensos, vela acesa, copo com água ou uma fita de tecido. Outras pessoas utilizam apenas as mãos como no passe magnético. Não existe certo ou errado, pois o poder do benzimento estará presente sempre que o bem maior estiver atuando.

Como se faz o benzimento?

O benzimento fundamenta-se no amor incondicional, na fé, na humildade, na boa intenção e na ligação com o divino. Ele não tem hora, dia, local ou distância para acontecer; não há, para o ato, quaisquer limitações. É necessária, no entanto, a autorização do benzido e/ou do seu responsável, bem como a utilização das palavras, verbos e rezas adequadas.

Ao benzedor, dispensa-se filiação religiosa ou idade mínima ou máxima. Basta que ele seja alguém preparado ou iniciado na arte do benzimento. Para benzer, enfim, é preciso ter fé em Deus e acreditar no poder do seu benzimento.

A sua religiosidade, ademais, influenciará a escolha dos objetos utilizados, a exemplo do terço, da Bíblia, do fios de contas, do crucifixo, dos cristais, das ervas, pois, para benzer, é importante firmar um instrumento para benzimento e dele cuidar.

Esse objeto que será utilizado pode ser uma faca ou tesoura, o que importa é que deverá ficar reservado apenas para essa finalidade. Abençoe-o, sacralizando-o antes de começar os benzimentos.

Antes de usá-lo, ainda, faça sobre ele o sinal da cruz, o que chamamos de cruzamento, sempre utilizado nos benzimentos. Ao final, reze um pai-nosso e uma ave-maria.

Se for benzer com ervas, peça licença à natureza antes de colhê-las. Isso vai fazer diferença no aspecto energético. As ervas, o carvão, o azeite de oliva, o azeite de dendê e qualquer material descartável devem ser devolvidos à natureza. Já outros objetos que servem para os demais benzimentos, como terço, tesoura e punhal, não precisam ser descartados.

Toda vez que se faz um benzimento, é comum acumularem-se energias que precisam ser dissipadas. Assim, cada instrumento de benzimento deve ser limpo energeticamente pelo menos uma vez por semana. Caso sua intuição recomende, a limpeza poderá ser feita antes mesmo desse tempo.

Para a limpeza do instrumento de benzimento, faz-se uma oração de descarrego para dispersar qualquer energia. Após esse momento, ele deve ser mergulhado em uma bacia com água e ervas maceradas e lá ficar por algumas horas. Pode-se ainda fazer a limpeza com as forças da natureza, deixando o instrumento sob a energia do Sol, da Lua, da Terra e da água.

Outros objetos, como os cristais, podem ser limpos com água, sal grosso e ervas.

Passo a passo

Qualquer pessoa é capaz de praticar um benzimento. Não precisa ser médium, apenas ter fé e bondade no coração para querer ajudar ao próximo. Mas, para que o benzimento surta efeito, o benzedor precisa se valer de resguardo (ou seja, não ter ingerido bebida alcoólica ou praticado sexo naquele dia) e estar com a mente voltada para o bem e para a caridade. Na hora do benzimento, deve-se confiar na providência divina.

Para um benzimento ser bem-sucedido, primeiramente precisamos nos concentrar nas forças que vamos evocar e também no estado mental, psicológico, energético e físico do momento.

Caso o benzedor esteja cansado, doente ou abalado emocionalmente, é interessante deixar para benzer em outro momento, pois essas condições podem comprometer o ato.

Para equilíbrio do campo astral, recomendo que o benzedor tome um banho de ervas com manjericão, arruda e alecrim pelo menos uma vez por semana.

Ainda falando sobre ervas, as que costumo utilizar nos benzimentos são: arruda, guiné, manjericão, aroeira, pinhão-roxo e alecrim. Se as tiver à disposição, escolha três delas e tire um galhinho de cada. No caso de benzimento em crianças, prefira alecrim e manjericão. Caso não tenha mais de um tipo dessas ervas, pode tirar três galhos da mesma erva, pois isso não vai afastar o poder do benzimento.

Geralmente, utilizamos as ervas em número ímpar: um, três, cinco ou sete galhos. Com as ervas em mãos, reze três pai-nossos e três ave-marias, alternadamente; benza a si e peça a proteção de Deus e de seus mentores para a cura que será empreendida. Siga a intuição para escolher qual oração utilizar.

Aconselho ter um livro de orações ou selecionar algumas delas para esse propósito. Antes de fazer os benzimentos, lave as mãos. Se tiver um perfume ou colônia de alfazema, é possível passar.

Receba o consulente com carinho, com cuidado, acomode-o de modo confortável até que seja feito o benzimento. Isso ajuda a acalmá-lo e criar confiança e permissão para a prática. Em seguida, posicione-o e comece a benzê-lo.

Siga o benzimento da testa ao peito e do ombro esquerdo ao direito, repetindo esse movimento três vezes. Depois vire-o e benza-o da cabeça às costas, e mais uma vez os ombros da esquerda para a direita. Por último, vá ao órgão que precisa ser benzido se houver alguma dor ou problema específico de saúde. Neste ponto, utilize sua intuição e verifique o tempo que precisa ser dispensado ali.

Se a pessoa benzida não sabe o que tem, sigo a orientação espiritual e faço o benzimento evocando as forças superiores e abençoando-o como um todo. Durante esse processo, vou intuindo se preciso fazer um benzimento específico, a exemplo de quebranto, espinhela caída ou outro que se encaixe com a queixa apresentada.

Em regra, os benzimentos duram entre dez e trinta minutos. Sempre que encerrar um benzimento, agradeça à força espiritual que esteve presente auxiliando na cura. Ao final, faça o sinal da cruz e despache as ervas utilizadas na rua ou de volta à natureza.

Essa é uma maneira básica de benzer, mas cada pessoa pode agir de acordo com suas forças energéticas, sejam Orixás, santos, guias ou mentores. Os modos de benzer podem apresentar variações inclusive dentro de uma mesma comunidade, variando em razão da tradição e da orientação espiritual de cada benzedor.

Não tema! Quando começamos a benzer com regularidade, nossos mentores espirituais passam a nos auxiliar mais ostensivamente. Mesmo que a pessoa não perceba ou sinta a sua presença, o mentor espiritual estará dando amparo, proteção e firmeza para que seja realizado o benzimento, seja em pessoas, animais, locais ou objetos.

Benzimento com uso da água benta

Para oferecer ao seu consulente, sempre tenha em sua casa água benta, que pode ser benzida por você; não é necessário ir à igreja pegá-la.

Para benzer a água, coloque as mãos sobre ela e primeiro faça a oração Santa Água, para depois rezar o pai-nosso e a ave-maria. Essa água pode ser utilizada para benzimentos em pessoas, ambientes, animais e plantas, bem como em bebidas ou comidas.

> **Lembrete:** o benzimento não substitui o tratamento clínico. O consulente deve sempre tratar o corpo e o espírito. O médico cura a matéria e o benzimento cura o espírito.

Prática de benzimentos

A cada oração e benzimento, você poderá utilizar um galho de ervas, um terço, uma chave, uma Bíblia, água benta ou sal grosso. Em cada benzimento sugiro uma forma de benzer, mas na falta de tal instrumento pode ser utilizado aquele que o benzedor tiver disponível. Alguns benzimentos podem ser feitos com a imposição das mãos e orações.

Fechamento do corpo
Vovó Maria de Angola
(Utilizar um galho de ervas)

"É na força do Pai, do Filho e do Espírito Santo que eu fecho e cruzo este corpo, esta mente, este coração, contra maus pensamentos, inveja, mau-olhado e perdição. Em nome do Pai, do Filho e do Espírito Santo. Amém."

Para criança doente

"Deus,
Para quem tudo cresce e de quem tudo o que cresce recebe firmeza, estendei a Vossa mão sobre este filho doente em sua pouca idade, para que, recuperando o vigor e a saúde, possa chegar à idade madura, servindo-vos sem cessar, ao longo dos seus dias, com fidelidade e gratidão.
Por Cristo, nosso senhor.
Amém."

Autobenzimento contra mau-olhado

"Pai bondoso e protetor. Protegei-me do mau-olhado.
Protegei-me, pois muitos olham com olhares maldosos contra mim.
Livrai-me de todo o mal, e não permitas que aconteça o mal contra mim por causa disso.
Mesmo que as pessoas olhem mal e pensem mal a meu respeito, Clamo a Ti assim:
Olha com Teus olhares de amor,
Teus olhares de misericórdia.
Em nome de Jesus Cristo, eu ordeno que toda a força maligna que se aproveita do mau-olhado para querer me destruir vá embora agora.
Saia dos meus caminhos todo o mau-olhado e que ele não tenha forças para me destruir.
Em nome de Jesus Cristo.
Recebo agora o livramento do mau-olhado em nome de Jesus Cristo.
Amém."

Contra acidentes

"Pai de amor, que protegestes Santa Catarina da crueldade da tortura, concedendo-lhe, pela invocação do Vosso santíssimo nome, destroçar a roda de lâminas de ferro que a supliciaria. Pela intercessão da mesma Santa Catarina, peço a Vós a proteção contra todos os tipos de acidentes:
Contra acidentes de trânsito,

Acidentes com instrumentos de trabalho,
Acidentes com balas perdidas,
Acidentes naturais como desabamentos de terra ou construções,
Acidentes na água e com o fogo,
Acidentes com eletricidade e raios,
Acidentes com aviões e outros meios de transporte,
Acidentes em casa, na rua, no campo e no mato.

Pai providentíssimo, escutai as minhas preces que Vos dirijo por Santa Catarina e lançai a Vossa proteção contra todos os perigos que estamos sujeitos a enfrentar a cada instante.

Por Nosso Senhor Jesus Cristo em comunhão com o Espírito Santo, amém!"

Contra doenças, desastres, perigos e inveja

"Oh! Milagroso São Lázaro, grande amigo de Jesus, valei-me nesta hora de aflição e doença. Preciso da vossa valiosa cura milagrosa, acredito na ajuda para vencer as lutas do dia a dia, e as forças malignas que procuram tirar-me a paz e saúde.

Oh! São Lázaro cheio de chagas, libertai-me das doenças infecciosas e contagiosas que querem contaminar meu corpo com enfermidade.

Oh! São Lázaro, ressuscitado por Cristo, iluminai os meus passos, a fim de que, por onde eu andar, não encontre armadilhas ou empecilhos quaisquer.

E, guiado pela vossa luz, me desvie de todas as emboscadas preparadas pelos meus adversários.

Oh! São Lázaro, guardião das almas, estendei as vossas mãos agora mesmo sobre mim, livrando-me dos desastres, dos perigos contra a vida, da inveja e de todas as obras malignas.

Oh! São Lázaro, que comia as migalhas caídas da mesa dos ricos, abençoai minha família, o meu pão de cada dia, a minha casa, o meu trabalho, curando todas as doenças do corpo e espirituais, cobrindo-me com o véu da prosperidade do amor, da saúde e da felicidade. Que minha família se mantenha unida.

Por Cristo Nosso Mestre, na força e Luz do Espírito Santo. Amém."

Benzimento com copo com água

Pode ser feito na pessoa ou à distância. É importante você ter algum endereço energético, com fotografias ou intencionando a imagem da pessoa, e fazer conforme orientado. Pegue o copo com água e fazendo o sinal da cruz repita:

"Em nome do Pai, da Mãe, do Filho e do Espírito Santo".

"Assim como a água limpa purifica e eleva o corpo e o espírito, deixo aqui dentro deste copo toda injustiça, maledicência, dispositivos revestidos contrários à Luz, colocando neste copo toda maldade, toda injustiça aqui colocadas, contra este corpo, contra esta mente, contra este coração, contra este espírito, contra esta alma, contra este destino. Que nada te impeça do cumprimento do propósito Divino, da magnitude da Luz. Nas chagas de Jesus Cristo, fecho e cruzo este corpo; nas chagas de Jesus Cristo, fecho e cruzo este corpo; nas chagas de Jesus Cristo, fecho e cruzo este corpo. Assim está selado, assim seja. Em nome do Pai, da Mãe, do Filho e do Espírito Santo. Em nome do Pai, da Mãe, do Filho e do Espírito Santo. Em nome do Pai, da Mãe, do Filho e do Espírito Santo".

Despache a seguir a água, podendo ser na pia ou na natureza.

Autobenzimento com copo com água

Pegue o copo com água e cruza o seu corpo, fazendo o sinal da cruz, dizendo três vezes: "Em nome do Pai, da Mãe, do Filho e do Espírito Santo". A seguir, você fala, na borda do copo, aquilo que não quer. Após, fazendo o sinal da cruz, diga três vezes: "Está entregue, está selado, nas chagas de Jesus Cristo". E acrescente também três vezes: "Em nome do Pai, da Mãe, do Filho e do Espírito Santo". Despache a seguir a água, podendo ser na pia ou na natureza.

Pode ser feito também à distância. É importante você ter algum endereço energético, com fotografias ou intencionando a imagem da pessoa, e fazer conforme orientado.

Benzimento para fechamento do corpo

"Eu cruzo esta mente, este corpo e este espírito contra o mau-olhado, as pragas e as perdições. Em nome do Pai, da Mãe, do Filho e do Espírito Santo."

Para afastar os bichos do caminho

Oração 1

"São Bento na água benta, Jesus Cristo no altar,
Os bichos que estiverem em meu caminho,
Arredem que eu quero passar,
Com o poder de Deus e da Virgem Maria."
(Repetir 21 vezes.)

Oração 2

"Senhor São Bento,
Livrai-me das cobras
E dos bichos peçonhentos."

Para cisco no olho
(Usar instrumento de benzimento)

"Correi, correi, cavaleiro
Pela porta de São Pedro,
E dizei a Santa Luzia
Que me mande o seu lencinho
Para tirar este argueiro."

Para pessoa enferma

Pegue um copo de água e faça a seguinte oração:

"Olhai, Senhor, para este vosso servo, prostrado pela enfermidade e abatido em seu ânimo. Aceitai o seu sofrimento para purificar-lhe a alma. Não tardeis em restituir-lhe a saúde do corpo e a boa disposição de espírito a fim de que, reintegrado na família e na sociedade, possa voltar a desempenhar a sua gratidão pela graça recebida de Vossa imensa bondade."

Após terminar o benzimento, se possível, entregue a água para a pessoa beber.

Para proteção e graças

Pegue uma espada-de-são-jorge e a utilize para cruzar o corpo enquanto faz a oração repetindo 21 vezes.
"São Jorge, santo guerreiro, protegei-me, guardai-me e guiai-me
Com felicidade, livramento e paz.
Que eu consiga, rapidamente, por meio de vossa proteção, a graça que estou suplicando agora: (faça o pedido).
Assim seja. Assim será."

Após a oração, descarte na natureza a espada-de-são-jorge.

Para herpes

Utilize um raminho de erva e um copo com água. Durante a oração, molhe a erva e passe no local afetado repetindo sete vezes.

"Santo Antão disse a Cristo
Que um doente chorava de fazer dó.
Cristo perguntou se era herpes de um lado só.

Então Antão, o Santo,
Disse que era e curou um lado e tudo ficou curado.
Em nome do Pai, do Filho e do Espírito Santo.
Amém!"

Para trovoada

Pegue uma espada-de-santa-bárbara na mão, olhe para o céu e repita a oração a seguir.

"Santa Bárbara se vestiu e se calçou.
No caminho, Jesus Cristo a encontrou.
Jesus perguntou:
Bárbara, aonde vais tão apressada?
Senhor, vou aos céus acalmar os trovões
Que tão forte estão.
Sete anjos a rezar, sete pingos a pingar, chagas abertas,
Coração ferido, sempre precioso.
Amém, Jesus Cristo, Amém."

Ao terminar, deixe a espada atrás da porta para se proteger das trovoadas.

Para alergias

Pegue uma tesoura e repita sete vezes na frente da pessoa:

"Eu corto de sua vida (fale o nome da pessoa),
Com os poderes de Deus e da Virgem Maria.
Sapo, sapão, bicho, bichão, cobra, cobrão, de toda nação.
Com os poderes de Nossa Senhora do Rosário e de São João,
Eu te corto antes que tu cresças,
Corto teu rabo, cabeça, mãos e pés,
Em nome de Deus e da Virgem Maria."

Para cólicas

Repetir sete vezes essa oração segurando um instrumento de benzimento apontado para a pessoa.

> "Lua, luar, quando por aqui passaste,
> As cores de (fale o nome da pessoa) levaste.
> Quando retornares,
> As cores desta pessoa deixarás,
> E as tuas levarás.
> Com o nome de Deus e da Virgem Maria."

Para ciática

Pegue uma tesoura e repita sete vezes segurando-a na frente da pessoa:
> "Tesoura, corta tudo que quiseres cortar,
> Por isso, corta a ciática desta pessoa porque ela não pode esperar.
> Ciática maldita, vai-te daqui.
> Eu te corto, eu te recorto, eu te atalho pelo nascente e pelo poente,
> Pelo sagrado nascimento de Jesus,
> Em honra e glória a Nossa Senhora.
> Eu rezo um pai-nosso e uma ave-maria. Amém."

Para dor de cabeça

Pegue um raminho de alguma erva e faça o sinal da cruz na cabeça da pessoa que precisa ser benzida repetindo de três a nove vezes.

> "(Fale o nome da pessoa),
> Assim como o vento sopra,
> E a erva balança de lá para cá,
> Assim eu te benzo,
> Para esta dor na tua cabeça passar.
> Com o nome de Deus e da Virgem Maria."

Para sinusite

Pegue uma faca de corte ou uma tesoura e faça movimentos cruzando a pessoa que será atendida. Repita pelo menos três vezes a oração a seguir.

"Com a força de São Bento eu cruzo (fale o nome da pessoa)
E descruzo toda doença (fale o nome da doença),
Rogando a Deus que institua a sua saúde,
Amém!"

Para problemas com a garganta

Utilize um instrumento de benzimento e faça a oração de três a nove vezes.

"São Brás, santo milagroso,
Espantai a doença da minha (ou sua) garganta.
O mal vem tirar
E a minha (ou sua) garganta vai sarar.
Toda inflamação será logo vencida,
Com o poder dessa oração.
Pela intercessão e merecimento de São Brás,
Conceda Deus a cura deste mal da garganta.
Assim seja!"

Ao final, reze um pai-nosso e uma ave-maria.

Para bronquite

"Jesus Cristo por onde andava,
As doenças fazia levantar,
Pois é na força do mestre da cura,
Que essa bronquite eu vou cortar."

Para afastar vícios

"Em nome de Deus e da Santíssima Trindade,
Pai, Filho e Espírito Santo,
Eu cruzo (fale o nome da pessoa)
E clamo a força de São Miguel Arcanjo,
São Crispim, São Bento, São Lázaro e Santa Mônica
Para que seja cortado o vício (fale o nome do vício).
E se esse vício for oriundo de praga, conjuro e maldição,
Que seja pela espada de Miguel Arcanjo,
Recolhido na casa de Santo Antônio.
Em nome do Pai,
Em nome do Filho,
Em nome do Espírito Santo,
Eu entrego o espírito de (fale o nome da pessoa) para Jesus,
Para que seja levado para a Luz!
Amém!"

Para afastar o azar

"Em nome do Pai, do Filho e do Espírito Santo.
Nosso Senhor me perguntou: 'Para que essa agonia?'.
E eu respondi: 'Tira daqui Jesus, todo azar que me angustia'.
Em nome de Deus e da Virgem Maria."

Para má digestão

"Santa Sofia tinha três filhas:
Uma fiava, uma tecia e outra benzia,
De azia, em nome de Deus
E da Virgem Maria,
Amém!"

Para caxumba

"Caxumba, caxumbada,
Eu de ti não quero nada,
Toma logo uma umbidada."

Para os dentes

"Santo Antão, Santo Antão,
Levai este dente podre
E dai-me outro são,
Em nome de Deus e da Virgem Maria."

Também é muito comum no interior do Brasil as crianças jogarem os dentes no telhado, repetindo a seguinte oração:

"Moirão, moirão,
Toma este dente podre
E manda o meu dente são."

Para dor de dente

Cruze a região da cabeça do doente repetindo a oração abaixo.

"Sol nascente,
Lua no horizonte,
Assim como Nossa Senhora
Trouxe seu filho ao ventre,
Assim sare essa dor de dente."

Para doença de crianças

"Deus te fez, Deus te gerou.
Deus te desacanhe deste mal que te acanhou.
Eu te benzo de todo mal que tiver no teu corpo:
Mau-olhado, quebranto e vento-virado.
Curai esta criança que não sabe o que é pecado.
Em nome do Pai, do Filho e do Espírito Santo.
Amém!"

Contra animal bravo

"Que tu tenhas pernas e não me alcance,
Que tenha boca e não me morda,
Que tenha ouvido e não me ouça,
Em nome de Deus e da Virgem Maria.
Amém!"

Benzimento para afastar o mal
Pai Damião

"Com a cruz sagrada de Jesus Cristo,
Cruzo e benzo o seu corpo.
Com a cruz sagrada de Jesus Cristo,
Cruzo e benzo o seu corpo.
Com a cruz sagrada de Jesus Cristo,
Cruzo e benzo o seu corpo.
Na ordem celestial da pacificação de purificação,
Da ordem divina, do amor revestido neste símbolo,
Retiro toda inquietude, intranquilidade, tristeza profunda, sentimentos de perseguição, solidão e incompreensão da vida.
Neutralizo todas as inquietudes do corpo e da alma, levando para o símbolo sagrado da cruz de Jesus Cristo.

Puxando todo o mal que possa estar habitando e se alimentando do seu corpo.
Assim seja!"

Autobenzimento antes de dormir

"Com Deus eu me deito,
Com Deus me levanto.
Com Jesus, Maria, José
E com o divino Espírito Santo."

Para afastar pragas

"Eu cruzo essa mente, esse corpo e esse espírito contra o mau-olhado, contra as pragas e perdições. Em nome do Pai, da Mãe, do Filho e do Espírito Santo."

Benzimento para abertura de caminhos

"(Fale o nome da pessoa),
Que cada doença espiritual que te atrasa saia do seu corpo.
Que cada espírito negativo que te acompanha volte para o seu lugar entre os mortos, encontre o seu caminho e seja uma entidade de luz.
Que a inveja que está em ti seja quebrada, pisada e enterrada!
Que cada amor não correspondido seja esquecido.
Que as portas da prosperidade sejam abertas em tua vida.
Que cada problema seja resolvido em tua vida.
Que a tua luz nunca se apague.
Que os teus pés sejam lâmpadas acesas.
Que a fartura reine em tua mesa.
Que nenhuma praga e feitiço chegue até ti nem em tua casa.
Assim seja e assim será."

Para fechar o corpo contra inimigos
(Utilizar uma chave)

"Salvo estou, salvo estarei. Salvo entrei, salvo sairei, são e salvo como entrou Nosso Senhor Jesus Cristo no Rio Jordão com São João Batista. Na arca de Noé eu entro e com a chave do Senhor São Pedro eu me tranco.

A Jesus de Nazaré eu me entrego, com as três palavras do credo:

— Deus me fecha.

— Deus na frente, paz na guia, que Deus seja minha companhia. O divino Espírito Santo ilumine os meus caminhos, me livrando de todo mal e dos inimigos que possam se opor no meu caminho. Que as sete forças do credo fechem meu corpo.

— Jesus, a minha trindade para sempre. Amém."

Para olho gordo

"Deus te gerou, Deus te criou, Deus te livre de quem com maus olhos te olhou. (Nome da pessoa), com dois te botaram, com três eu tiro, com os poderes de Deus e da Virgem Maria eu curo quebranto e mau-olhado".

Após, rezar três ave-marias.

Para quem está com tremores no corpo
Pai Damião
(Fazer seis vezes antes de o sol nascer)

"Deus, Pai-Mãe-Divina Consciência, liberto o meu espírito de toda intranquilidade, refugiando-me na paz, perseverança e união de voz. Aos anjos e arcanjos, entrego o meu ser em totalidade e confio na mais pura presença das asas divinas do eu sou.

Eu sou, eu sou, eu sou.

Assim seja!"

Benzimento para proteção pessoal

"Em nome de Deus, Pai Todo-Poderoso, da Santa Cruz, de Nosso Senhor Jesus Cristo, do divino Espírito Santo, das lágrimas da Virgem Maria Santíssima, dos arcanjos Miguel, Gabriel e Rafael, da luz do meu anjo da guarda e dos meus guias espirituais.

Tenho fé que nenhum mal vai acontecer! Olhares maldosos serão ofuscados. Pensamentos nocivos se dissiparão e o bem haverá de triunfar, agora e sempre. Assim seja."

Para cortar demandas enviadas
(Fazer com a vela acesa na frente da pessoa a ser benzida e, ao final, deixar que a vela queime no altar)

"Nas chagas de Jesus Cristo entrego a demanda que corre em meu destino e na minha vida.

Que a cada prego e estaca colocada em desfavor de Jesus Cristo, quebre a demanda, prenda a língua, braços e pernas do meu inimigo.

Que a coroa de espinhos colocada em Jesus Cristo seja a coroa de misericórdia colocada em meu inimigo.

Que as águas do Rio Jordão lavem toda a sujeira colocada em minha vida, levando-as para as profundezas do mar sagrado.

Eu te perdoo, ó serviçal do demônio.

Eu te perdoo, ó soldado das trevas.

Eu te perdoo e te apresento a luz de Deus e o caminho de Jesus Cristo.

Eu chamo a força dos tronos para interceder agora na minha vida.

Tronos, quebrai todas as demandas dos meus inimigos. Livrai-me do ódio e dos olhos invejosos contra mim.

Tronos, dai amor para os corações do cão demoníaco que invade as minhas noites.

Machado de luz, cortai as dominanças malignas e colocai debaixo do meu pé esquerdo, na cruz sextavada para o alto.

Assim é, e assim está feito.

Entrego os nomes dos meus inimigos ao Tribunal dos Sete Anciãos para o julgamento imediato. Amém."

Rezar um credo, uma salve-rainha, três pai-nossos e três ave-marias.

Para fechar o corpo contra inimigos
(Utilizar seu instrumento de benzimento)

"Salvo estou, salvo estarei. Salvo entrei, salvo sairei, são e salvo como entrou Nosso Senhor Jesus Cristo no Rio Jordão com São João Batista. Na arca de Noé eu entro, com a chave do senhor São Pedro eu me tranco. A Jesus de Nazaré eu me entrego, com as três palavras do credo Deus me fecha. Deus na frente, paz na guia, que Deus seja minha companhia, o divino Espírito Santo ilumine os meus caminhos, me livrando de todo mal e de inimigos que possam se opor no meu caminho. Que as sete forças do credo fechem meu corpo. Jesus é minha trindade para sempre, amém! Jesus!"

Benzimento com os três arcanjos
(Usar um terço de São Bento, de Nossa Senhora ou de Arcanjo Miguel)

"São Gabriel com Maria, São Rafael com Tobias, São Miguel e todas as hierarquias, abri para nós estas vias!

São Gabriel, vós, que sois conhecido como o portador dos segredos de Deus, destinado especialmente aos vossos escolhidos, nós, filhos de Deus, estamos constantemente vigiando a mensagem de Deus. Que, através de vossa poderosa intercessão, possamos receber as palavras de Deus e mensagens para que, juntamente com Maria, nossa mãe, possamos dar glória e louvor ao Senhor.

São Gabriel com Maria, São Rafael com Tobias, São Miguel e todas as hierarquias, abri para nós estas vias!

Glorioso Arcanjo Rafael, ficai conosco, ó glorioso Arcanjo Rafael, chamado medicina de Deus! Que vos dignastes tomar a aparência de um simples viajante, para vos fazer guia, protetor e companheiro do jovem

Tobias. Afastai para longe de nós as doenças do corpo e da alma. Vinde em nosso socorro no momento das tentações, e ajudai-nos a afastar de nossos trabalhos todas as influências do inferno, e trazei-nos a saúde e toda plenitude de vida prometida por Nosso Senhor Jesus Cristo. São Rafael, dirigi-nos no caminho da salvação, preservai-nos de todo perigo e conduzi-nos ao céu. Assim seja.

São Gabriel com Maria, São Rafael com Tobias, São Miguel e todas as hierarquias, abri para nós estas vias!

São Miguel Arcanjo, príncipe guardião e guerreiro. Defendei-me e protegei-me com vossa espada. Não permita que nenhum mal me atinja. Protegei-me contra assaltos, roubos, acidentes e contra quaisquer atos de violência. Livrai-me de pessoas negativas e espalhai vosso manto e vosso escudo de proteção em meu lar, meus filhos e familiares. Guardai meu trabalho, meus negócios e meus bens. Trazei a paz e a harmonia. São Miguel Arcanjo, defendei-nos neste combate, cobri-nos com o vosso escudo contra os embustes e ciladas do demônio. Neste instante e humildemente vos pedimos, que Deus sobre ele impere e vós, príncipe da milícia celeste, com esse poder divino, precipitai no inferno a Satanás e aos outros espíritos malignos que vagueiam pelo mundo para perdição das almas."

Decreto da espada erguida do Arcanjo Miguel

Pegue uma cianita azul ou uma espada-de-são-jorge e cruze o corpo da pessoa a ser benzida e repita por 21 vezes a seguinte reza:

"Espadas erguidas da Legião do Arcanjo Miguel."

Para cura de animais
(Utilizar um galho de alecrim com arruda)

"Deus Todo-Poderoso, permita que através de minhas mãos eu possa servir de instrumento para que Sua divina misericórdia recaia sobre este animal, e que através de meus fluidos vitais eu possa envolvê-lo em uma atmosfera de energia revigorante, para que seu sofrimento se desfaça e sua saúde se restabeleça.

Que assim se cumpra a Sua vontade, com o amparo dos bons espíritos que me cercam. Amém".

Benzimento da água – Santa Água

"Recordemos as virtudes de Santa Água! Água da chuva que fertiliza o solo, água do mar que gera a vida, água do rio que sustenta a cidade, água da fonte que mitiga a sede, água do orvalho que consola a secura, água da cachoeira que move a turbina, água do poço que alivia o deserto, água do banho que garante o equilíbrio, água do esgoto que assegura a higiene, água do lago que retrata as constelações, água que veicula o medicamento, água que é carícia, leite, seiva e pão, nutrindo o homem e a natureza, água do suor que alimenta o trabalho, água das lágrimas que é purificação e glória do espírito.

Santa Água é a filha mais dócil da matéria tangível, alongando os braços líquidos para afagar o mundo. Água que lava, água que fecunda, água que estende o progresso, água que corre, simples, como sangue do globo!

Água que recolhe os eflúvios dos anjos em benefício das criaturas. Se a dor vos bate à porta, se a aflição vos domina, trazei Santa Água ao vaso claro e limpo, orando junto dela, e o rocio do alto, em grânulos sutis, descerá das estrelas a exaltar-lhe, sublime, a beleza e a humildade, e, sorvida por nós, Santa Água conosco, será saúde e paz, alegria e conforto, bálsamo milagroso, de bondade e esperança, na viagem divina, da terra para o céu."

Para quebranto

> O quebranto é uma doença causada pela energia negativa do olhar de pessoas invejosas ou maldosas. Na tradição popular, às vezes a transmissão não é intencional, mas ainda assim os sintomas são graves: depressão, angústia sem-fim e pessimismo.

> Sabe-se que foi atingido quando de repente começa a espirrar e bocejar sem parar. O quebranto pode trazer ainda enfraquecimento, prostração, fraqueza e morbidez.
>
> Os benzimentos contra quebranto são feitos geralmente com galhos de ervas. Muitas vezes o benzedor, durante a prática, recebe a intuição de quem foi o causador do mal enviado.

Benzimento 1

"Com o nome de Deus te benzo, com as três pessoas da Santíssima Trindade de todo mal que estiver no teu corpo, na tua casa, na tua mãe, no teu pai e em toda a tua família, saia com a força de todo o bem.

Ó divino Espírito Santo, nos cubra com o Seu divino manto, assim como foi certo o menino Jesus nascer em Belém, seja certo tirar o quebranto e o mau-olhado de inveja, pragas e encostos, ao nosso corpo, se ele tem. Se tiver quebranto, se tiver olhado, se tiver mal de inveja, se estiver com a espinhela caída, bicha assustada, se tiver ar, se tiver golpe de ar, se tiver encosto, que Jesus venha curar, com as Suas santas mãos.

Amém! (3×) Que assim seja!"

Benzimento 2

"Deus te remiu, Deus te criou, Deus te livre de quem para ti mal olhou. Em nome do Pai (sinal da cruz), do Filho (sinal da cruz) e do Espírito Santo (sinal da cruz), Virgem do Pranto, tirai este quebranto."

Benzimento 3

"Nossa Senhora defumou o seu amado filho para bem cheirar, eu também defumo meu querido (nome da pessoa em causa) para que todos os males se curem e o bem entrar.

Deus encante quem te encantou, dentro deste corpo este mal entrou, assim como o Sol nasce na terra e se põe no mar que todos estes males para lá vão passar."

Para afastar mau-olhado

> Teste do azeite para saber se a pessoa está com mau-olhado:
> 1. Pegue um prato branco com água e coloque em cima da mesa.
> 2. Coloque próximo à pessoa que está com mau-olhado e, em seguida, pingue sete gotas de azeite na água.
> 3. Observe. Se as gotas se uniram, a pessoa está bem. Caso tenham se espalhado, a pessoa está com mau-olhado.

Benzimento 1

(Com o terço ou outro instrumento de benzimento)

"Jesus que é o santo nome de Jesus, onde está o santo nome de Jesus não entra mal nenhum. Eu te benzo, criatura, do olhado. Se for na cabeça a Senhora da Cabeça; se for nos braços o Senhor de São Marcos; se for no corpo, o meu Senhor Jesus Cristo, que tem o poder todo."

Ao final, reze uma salve-rainha.

Benzimento 2

Pegue um ramo de arruda ou alecrim, molhe em água benta e chacoalhe três vezes, dizendo a seguinte prece:

"(Nome da pessoa), sentes mau-olhado ou olhos atravessados, eu te benzo, em nome do Pai, do Filho e do Espírito Santo. Eu te benzo com o santo da segunda-feira, da terça, da quarta, da quinta, da sexta, do sábado e do domingo.

Deus te olhe e Deus te desolhe. Deus tire esse mau-olhado, que entre a carne e os ossos tens criado. Que saia dos ossos e vá para a pele e que dali saia e vá para o Rio Jordão, onde não faça mal a nenhum cristão. Em nome do Pai, do Filho e do Espírito Santo.

Amém! (3×)

Que assim seja."

Benzimento 3
(Com um galho de arruda ou outra erva quente)

Faça o sinal da cruz enquanto estiver rezando.

"(Nome da pessoa): Deus te gerou, Deus te criou, Deus te livre de quem com maus olhos te olhou.

(Nome da pessoa): Com dois te brotaram, com três eu te tiro, com os poderes de Deus e da Virgem Maria eu curo quebranto, com os poderes de Deus e da Virgem Maria eu curo quebranto, olhado, olhos maus, olhos excomungados e feitiçaria.
Amém! (3×)
Que assim seja!"

Para quebranto e mau-olhado
(Rezar com três galhos de arruda)

Pegue três galhos de arruda, coloque sobre o paciente em forma de cruz e recite as seguintes palavras.

"(Nome da pessoa): Deus lhe fez, Deus lhe formou e Deus te olhe quem mal lhe olhou. Se for 'olhado' ou quebranto ou 'pasmado', ele seja tirado e nas ondas do mar sagrado seja jogado. Que fique tão salvo como na hora em que foi batizado com os poderes de Deus e da Virgem Maria."
Reze três ave-marias e três pai-nossos.

Jogue os galhos de arruda bem longe do consulente, de preferência em uma encruzilhada.

Benzimento de garganta
(Usar galho de ervas)

"Ó glorioso São Brás, que restituístes com uma breve oração a perfeita saúde a um menino que, por uma espinha de peixe atravessada na garganta, estava prestes a expirar, obtende para nós todos a graça de experimentarmos a eficácia do vosso patrocínio em todos os males da garganta.

Conservai a nossa garganta sã e perfeita para que possamos falar corretamente e assim proclamar e cantar os louvores a Deus. Amém."

Benzimento para cobreiro de pele

> O cobreiro é uma doença de pele que provoca bolhas e muita dor. Acreditava-se que era causada por bichos rastejantes (cobras, lagartos e lagartixas), quando entravam em contato com sua roupa e deixavam seu veneno. Mas, na verdade, é uma doença cientificamente chamada herpes-zóster, que surge em pessoas que já tiveram catapora em algum momento da vida e que estão passando por situações de muito estresse ou que têm o sistema imune enfraquecido, como acontece durante uma infecção por gripe ou resfriado. Atinge qualquer pessoa em qualquer idade.

Benzimento 1

"Na proteção do Senhor, que fez o céu e a terra, cobraria, corto cabeça, corto meio, corto cobreiro, mal entrei em Roma, romaria, benzendo lagartixa, lagartixaria, corto cabeça, corto meio, corto rabo, corto cobreiro, mal entrei em Roma, romaria, benzendo sapo, saparia, corto cabeça, corto meio, corto rabo, corto cabeça, corto cobreiro, com poderes de Deus e da Virgem Maria, em nome do Pai (fazer o sinal da cruz), do Filho (fazer o sinal da cruz) e do Espírito Santo (fazer o sinal da cruz).

Amém! (3×)

Que assim seja!"

Benzimento 2

Quem for realizar o benzimento deve usar um raminho de qualquer mato e água pura. Depois, deve molhar o raminho na água, com bastante fé, e ir benzendo o herpes com o sinal da cruz, dizendo:

"Santo Antão disse a Cristo que um doente chorava de fazer dó. Cristo perguntou se era herpes de um lado só. Então, Antão, o Santo, disse que era e curou um lado e tudo ficou curado. Em nome do Pai, do Filho e do Espírito Santo. Amém".

Benzimento 3

Faça a oração enquanto realiza o movimento com a mão segurando uma cruz e passando nos lugares que estão doentes.

"Sapo, sapão, aranha, aranhão
Calda, caldeirinha eu te corto com esta cruzinha.
Por aqui passou bicho ou pensamento
Mas com este unguento tudo vai passar.
Se te coçaste ontem, hoje te vais coçar
Mas com este unguento e a bênção de São Bento
Isso vai sarar.
Olha bem para esta cruzinha.
Vê por onde ela vai passar
E se nunca a sentires a comichão vai parar.
Em louvor e honra da Virgem Maria".

Reze um pai-nosso e uma salve-rainha.

Para dor de cabeça

Benzimento 1

Coloque três folhas de boldo na testa da pessoa a ser benzida e repita a oração:

"Jesus Cristo, quando andou no mundo, sentou em pedra fria, tirando a dor de cabeça, enxaqueca e maresia (7×)".

Reze um pai-nosso e uma ave-maria. Ao final, descarte a erva na natureza.

Benzimento 2

(Utilizar maracujá)

Coloque o maracujá sobre a cabeça de quem sente a dor e com uma faca vá cortando em cruz e sem separar a fruta enquanto reza sete ave-marias. Peça que a dor de cabeça seja transferida para a fruta.

Ao final, enfie a faca na terra e deixe-a enterrada por um tempo. A fruta deve ser colocada debaixo de uma árvore.

Benzemo-nos em cruz e dizemos:

"Pelo sinal da Santa Cruz, livre-nos, Deus, Nosso Senhor, dos nossos inimigos, em nome do Pai, do Filho e do Espírito Santo.
Amém (3×)."

Benzimento 3

"(Nome da pessoa), eu te benzo da dor de cabeça que tens ou dos maus olhos que para ti olharam, ou vento ou sol, ou o mau tempo que por ti passou. Que assim seja.
Amém (3×)."

Repita três ou cinco vezes.

Benzimento 4

Pegue uma toalha branca e coloque na cabeça da pessoa a ser benzida e um copo com água. Coloque acima da cabeça. Ao final, descarte a água na natureza. Faça a oração:

"Jesus Cristo e São Pedro
Pelo Mundo andou
E São Pedro se assentou
Nossa Senhora lhe perguntou:
— O que tens tu, Pedro?
— Senhora, tenho uma dor de cabeça tão rija e tão forte
Que me parece que estou de morte.
— Pedro!
— Diz.

— Deus nasceu, Deus morreu e Deus ao céu subiu.
Bendita seja a mãe que este Filho pariu.
Eu te benzo, Maria,
Das dores de cabeça,
Como Nossa Senhora também benzia.
Em louvor de Deus e da Virgem Maria."

Reze um pai-nosso e uma ave-maria.

Benzedura para dor de cabeça e dor de ouvido

Primeiro, entoe: "Pai, Filho e Espírito Santo". Depois, benza na cabeça, com um terço, dizendo:

"Jesus, que é o santo nome de Jesus, onde está o santo nome de Jesus não entra mal nenhum. (Nome da pessoa a benzer), eu te benzo do mal e de ar maldito, quem te trouxe, e de ar frio e de ar quente. (Pega-se numa faca.) Com esta faca te lançarei, pernadas do ar cortarei e daqui para fora te deitarei e com o poder de Deus e da Virgem Maria, um pai-nosso e uma ave-maria."

Repete-se nove vezes a benzedura, benze-se e oferece-se a Nossa Senhora, dizendo, ainda:

"Que leve o mal que a pessoa tem para o outro lado do mar, onde não ouça galo nem galinha cantar nem mãe por filho chamar e que Nossa Senhora dê as melhoras. Amém."

Benzedura para afastar más-línguas
(Usar uma faca)

"Foge, foge veneno da cruz
Que lá vem o Menino Jesus
Com três facas amarelas
Se te apanha espeta-as nas costelas."

Benzimento de verruga

O benzedor coloca um punhado de sal diante do "verruguento" e declama:

"Verruga, verruguinha, verruga, verrugona, no pé ou na mão, onde está entranhada, como poder de Deus e da Virgem Maria, está verruga cairá, e de hoje em diante, nunca mais aumentará e sumirá. (3×)
Amém! (3×)."

Para erisipela

> A "erisipela" é uma infecção de pele causada por bactérias que pode ser acompanhada ou não de febre. A enfermidade se espalha pelos vasos linfáticos e geralmente ataca as pernas, principalmente de mulheres. A princípio, aparecem manchas vermelhas, que depois incham e formam bolhas. Também é conhecida por "vermelhão" e "gota".

Benzimento 1

"Pedro e Paulo foram a Roma e com Jesus se encontraram, e ele perguntou:
— O que eles viram no caminho, ou o que há por lá Pedro e Paulo?
E eles responderam:
— Ah! Muitas chagas, muitas feridas, muitas dores.
E Jesus falou:
— Voltem de lá de onde vieram."

Com um ramo de palma bento, ou qualquer folhagem verde, mas de preferência arruda azeitada, fale estas palavras:

"— Vós que destes a vida, quem te deu esta morada? Foi a neve, a tempestade? Foi o frio? Volte pra trás! (Fale com muita força.) Vá para onde você não ouça vaca mugir nem galo cantar".

(Vai cruzando e circundando a mancha do machucado.)

Repetir a reza no mínimo três vezes e jogar fora o ramo bento em água corrente ou na natureza.

Benzimento 2

(Materiais necessários: algodão, azeite ou óleo de amêndoa.)

Pegue o algodão embebido em azeite ou óleo de amêndoa e passe sobre o local da doença. Logo em seguida, faça a oração:

"Fogo do chão, fogo do ar, fogo na cruz, erisipela que queima perna, agora é curada pela mão de Jesus." (3×)

Em seguida, com a mão aberta sobre o local afetado, reze o Salmo 23. Para finalizar, reze um pai-nosso e uma ave-maria.

Prisão de ventre, cólicas e soluço

"Terra, mar e sol, terra que Deus escondeu, onde está essa dor de barriga? Esse meu Jesus Cristo retirou. Como diz, corre vento. Corre, cura, com Jesus Cristo aqui na cura. Com esse vento, corre, cura, corre na veia para ficar colocado nesta criatura, (Nome da pessoa). Com o nome de Deus Pai, Deus Filho e Espírito Santo, esse mal será retirado.
Amém! (3×)
Que assim seja!"

Para hérnias e fraturas

O benzedor, munido de um galho verde, deve fazer com este galho o sinal da cruz sobre a parte afetada do doente, enquanto vai rezando:

"Jesus encarnou nas puríssimas entranhas da Virgem Maria e nasceu e habitou entre nós, para nos ensinar a ter verdadeira fé. Por sua própria virtude e graça, curava todas as enfermidades e doenças dos que nele acreditavam, pois, assim como estas palavras são certas, assim é que também tu, (nome da pessoa ou animal), podes ser curado de (nome da enfermidade) que padeces, pela virtude e em honra das três pessoas distintas da Santíssima Trindade, a quem humildemente peço a graça de que te vejas tão depressa curado como Jesus de suas chagas.

Amém! (3×)."

Reze um pai-nosso e uma ave-maria.

Para dores diversas

Ciática, fratura e muscular

"Faca, cortas pão, cortas carne. Cortas tudo o que quiserem cortar. Corta a ciática desta pessoa, (nome da pessoa), que não pode poder esperar. Se és ciática ou ciático, maldita, vai-te daqui! Eu te corto, eu te recorto, eu te atalho pela nascente, pelo poente, pelo sagrado nascimento de Deus, Nosso Senhor Jesus Cristo e em louvor e honra da Virgem Maria."

Reze nove pai-nossos e nove ave-marias.

> **Opcional:** Enquanto reza os nove pai-nossos e ave-marias, pegue uma agulha de costura, um pedaço de linha vermelha e um pedaço de pano branco pequeno e vá costurando, simbolicamente, este pedaço de pano em cima da fratura, da hérnia etc.

Para bucho virado ou ventre virado

O "vento (ou ventre) virado" acomete crianças quando se brinca de jogá-las para o alto. Causa mal-estar, vômito, diarreia, dor forte no estômago, náusea, refluxo e dor nas costas. Também conhecida como bucho virado.

Benzimento 1

Com azeite. Cruze com o polegar direito untado com azeite sobre a barriga da criança ou do adulto e declame:

"Com dois te botaram, com três eu tiro, com as forças de Deus olhado de homem ou de mulher há de ser retirado. Ó, meu Deus e Virgem Maria, há de ser "arretirado" esse olhado com os poderes de Deus e da Virgem Maria. Se for o bucho virado, se for o pulmão virado, com os poderes de Deus e da Virgem Maria deve ser retirado.
Amém! (3x) Que assim seja!"

Benzimento 2

Com cristais. Pode pegar um cristal para alinhamento de chackras. Fazer esse benzimento cruzando o cristal em cada chakra, reza o salmo 23 em cada chakra, começando pelo básico.

Benzimento 3

Pelas costas. Os antigos dizem que se trata de desalinhamento da coluna. Antes de benzer, meça a coluna da pessoa. Junte as mãos da pessoa e peça que ela levante os braços. Depois, pegue o instrumento de benzimento e reze nas costas da pessoa e, ao final, faça novamente a medição dos dedos.

Benzimento para epilepsia

Para os benzedores, o padroeiro dos epiléticos é São Valentin, e a benzedura que segue é feita em seu nome. Tome um lenço branco, de preferência de linho, e dê uma ponta para o epilético morder. Daí, com um raminho de mato, vá fazendo o sinal da cruz, dizendo:

"Dar calma aos epiléticos São Valentim faz com o Cristo, e a ordem santa que o eterno dá para a vida do que é na Terra passageiro. Em nome do pai (sinal da cruz), do Filho (sinal da cruz) e do Espírito Santo (sinal da cruz). (3×)

(Mentalize as forças enquanto estiver com a mão em cima, embaixo, na esquerda e na direita.)

Amém! (3×) Que assim seja!"

Para espinhela caída

Espinhela caída, também conhecida por lumbago, é a designação popular de uma doença caracterizada por forte dor na "boca do estômago", nas costas, região lombar e pernas, além de um cansaço anormal que acomete o indivíduo, ao submeter-se a esforço físico.

Espinhela é um osso pequeno que fica no meio do peito, entre o coração e o estômago, que pode envergar para dentro.

Como medir espinhela caída: com um fio de barbante ou uma toalha, meça da ponta do dedo mindinho ao cotovelo, com o braço da pessoa em posição vertical. Com esta medida, encoste o barbante de um ombro ao outro. Se coincidirem as medidas, a espinhela está normal; se a linha ultrapassar a largura dos ombros, a espinhela está caída.

Benzimento 1

Coloque o cordão em cima da espinhela, comece então a rezar segurando um extremo do cordão enquanto o doente segura o outro extremo, dizendo:

"Deus, o Sol e a Lua nascem do mar. Raio, tempestade, todo o mau, Deus abrandou, subiu para o seu trono, tudo no mundo deixou. Arca, espinhela, ramo, fraqueza, agonia, aflição. Tudo ele levantou, com as graças, tudo ficou bem, tudo se levantou."

Reze um pai-nosso.

Benzimento 2

"Jesus Cristo nasceu
Espinhela caiu
Jesus Cristo levantou
Espinhela embocou
Jesus Cristo ressuscitou
Espinhela de (nome da pessoa) consertou."

Repita esta reza três vezes.

Benzimento 3

(Com uma chave que ficará na mão da pessoa a ser benzida)

"Espinhela caída
Portas para o mar
Arcas, espinhela,
em teu lugar.
Assim como Cristo
Nosso Senhor andou
pelo mundo arcas,
e espinhela levantou."

Benzimento a distância

Quando for visitar alguém para benzer, faça-o por convite da própria pessoa e prepare-se antes com um banho de ervas, um autobenzimento. Faça também o benzimento da casa dela.

O benzimento pode ser ainda a distância, desde que você receba permissão para isso. Obtenha um objeto da pessoa ou com o nome dela completo, data de nascimento e endereço da casa, caso ela não possa comparecer.

No caso de uma empresa, pegue o nome, o cartão comercial, o CNPJ e endereço, para fazer o benzimento.

Benzimento com azeite a distância

Itens necessários: 1 bacia (de metal ou ágata), 1 litro de água mineral sem gás, um pouco de azeite de oliva em um pires, e nome da pessoa a ser benta escrito num papel a lápis grafite.

Modo de fazer: Coloque a água dentro da bacia. Ponha o papel com o nome da pessoa e, ao lado, um pratinho com azeite. Vá fazendo as evocações, molhando a ponta do dedo mínimo da sua mão dominante e aspergindo em cruz em cima do nome.

Terminado, está feito o benzimento. Deixe o papel na bacia e água no mínimo por 24 horas, sem mexer.

Descarte na água corrente ou em uma pia com a torneira ligada para se tornar água corrente ou, ainda, no vaso de sanitário e dê a descarga. Não faça na pia da cozinha. Os papéis, jogue fora no lixo comum. A bacia e o pires com o azeite, pode lavar.

Consagre seu próprio azeite, assim como você faz com a água benta, para utilizar sempre nesses casos de benzimentos.

Benzimento a distância para empresa

Itens necessários: Açúcar refinado e pó de café.

Modo de fazer: Anote os dados comerciais da empresa, tais como nome do dono, CNPJ, endereço. Faça esse benzimento em um lugar reservado, pois depois ele vai ficar lá parado por no mínimo doze horas. Desenhe, com açúcar, um círculo; dentro dele, coloque o cartão da empresa ou o nome anotado em um papel. Pegue o pó de café e comece a fazer a evocação para prosperidade da empresa cruzando com o pó de café em cima do cartão ou papel anotado. Reze um pai-nosso e uma ave-maria. Depois de doze horas, pode descartar no lixo.

Benzimento com frutas, legumes e folhas

Com uma fruta em cima da pessoa, vá benzendo e cruzando com a faca em volta dela, fazendo a seguinte oração:

"Pelo poder de Deus Pai Todo-Poderoso, na força de Santa Bárbara (Iansã), na força de São Jorge (Ogum) e na força de Santo André. Aqui eu vou cruzando todo mau, todo olho gordo, toda inveja, todo problema, toda dificuldade, tudo o que estiver acontecendo na vida espiritual e na vida material. Que tudo que esteja trancado seja destrancado; tudo que esteja fechado seja aberto; tudo que esteja preso seja liberto; tudo que esteja atrapalhando no corpo físico, seja purificado, seja eliminado, seja retirado."

Após terminar de cruzar, pegue o material, fruta/legume/folha e o despache.

Benzer a casa com água

Item necessário: 1 litro de água mineral sem gás, já consagrada.

Modo de fazer: Fure a tampa da garrafa e vá benzendo os cantos da casa em cruz.

"Pela força de Deus Pai, pela força de Nossa Senhora dos Navegantes (Iemanjá) aqui eu vou limpando, aqui eu vou purificando todo o mal que aqui encostou, toda a forma negativa que aqui está habitando seja fluidificada, purificada, retirada.
Amém! (3×). Que assim seja."

Benzimento com cruz, rosário, guia ou terço
(Para afastar a negatividade)

"Por Deus Pai Criador e glória e poder em meu Senhor. Peço força, amparo e proteção a esse irmão. Peço que a partir de agora tudo que esteja cruzando o corpo, o caminho material e espiritual dessa pessoa, seja descruzado e tudo que esteja cruzando a prosperidade, a felicidade, harmonia no lar e no trabalho seja descruzado. Peço que toda a força negativa, todo ódio, inveja, olho gordo seja retirado da vida, do corpo físico e do corpo espiritual desse irmão. A partir desse momento seja descruzado, seja desatado, que todo o mal que aqui se tenha seja purificado, pela honra e pela glória, pela força e pelo poder."

Benzimento com faca sem ponta e sem serra

"Pela honra e glória de São Jorge (Ogum), e na sua força, lança e espada, corte todas as maldades, todas as dores do seu organismo e que o escudo de São Jorge abra os caminhos e corte tudo que prejudica a vida espiritual desse irmão! (3×)
    Amém! (3×)
    Que assim seja!"

Benzedura com azeite contra mau-olhado

Deixe cair de três a sete pingos de azeite em um prato com água. Se realmente existir mau-olhado, o azeite se espalha sobre a água, o que não é normal, pois o azeite é mais denso e por isso não se mistura com a água. Então corte o mau-olhado com o pauzinho, tocando a água em sinal da cruz, dizendo:

"Senhora do Prado tirai este quebranto, assim como Nossa Senhora a seu Bento Filho amou, eu corto e 'descorto' os olhos atravessados, que te invejaram ou praguejaram."

Para benzer contra inveja e energia negativa

"Santo Inácio das Loures é de Santo e é de Santo e é por Santo fundado e é o Senhor Crucificado. Amém! (3×). Que assim seja!"

Benzedura para depressão e cansaço

Quando uma pessoa anda deprimida, mole ou cansada, diz-se que está com mau-olhado ou quebranto. Com um ramo de alecrim na mão, diz-se:

"Deus te fez, Deus te criou, Deus perdoa, a quem mal te olhou, em louvor a Virgem Maria."

Repita essas palavras de cinco a nove vezes (sempre em número ímpar), acompanhadas com sinal da cruz.

Benzimento contra mau-olhado e maldição

Benzimento 1

"Cruzo com arruda,
Cruzo com guiné,
Mal nenhum aqui
Encontrará pé.
Passa o mau-olhado,
Passa a maldição,
Habita agora Cristo
Dentro do teu coração
Tiro toda praga,
tiro toda língua grande
que maltrata você
e seu semelhante
Trago agora a cura

em nome de Jesus
Para que em sua vida
Tenha muita luz."

Benzimento 2

"Benzo-te na luz de Jesus, que tira todo mal e toda maldição, que praga não encontre morada em sua vida, que seja aberto teus caminhos, que sejas conduzido a luz, para que tenha ampla saúde, fé e paciência. Que tua vida seja abençoada por Deus, por Maria e por José, que infinita seja a bondade para que tenha sempre fé."

Contra amarrações e demandas enviadas
Pai Damião

(Usar um galho de arruda)

"Em nome do Pai, da Mãe, do Filho e do Espírito Santo cruzo e liberto este corpo, na ordenança do bem, na ordenança da paz, afastando toda a maledicência que esteja aqui impregnada; quer seja inveja, olho gordo. Que neste corpo não entre nenhuma energia negativa; que a força das trevas esteja debaixo do meu pé esquerdo, entregue à força da luz, direcionados para a força do bem.

Cruzo este corpo com esse ramo de arruda para iluminação celestial, para iluminação dos anjos, arcanjos e querubins na vibração do Coração Sagrado de Jesus Cristo, vibrando na mais pura força do Coração Sagrado de Jesus Cristo.

Coração Sagrado de Jesus Cristo, digníssimo Cordeiro do Senhor, possibilitai a pacificação de todas as dores e sequelas malfazejas, quebrando todas e quaisquer amarrações, trabalhos lançados prejudiciais, todas as inquietudes malignas lançadas, amarradas, prejudicadas. Todos os quebrantos empreendidos, direcionados por formas de pensamento. Coração Sagrado de Jesus Cristo, possibilitai a honra e a glória, a vibração do bem, da paz e da oportunidade."

Reze um pai-nosso e uma ave-maria.

Para afastar o mal
Pai Damião

Pegue o instrumento de benzimento e repita 21 vezes:

"Eu sou luz e manifestação da limpeza da minha alma."

Benzimento para caxumba

Compre uma colher pequena de pau ou utilize uma que nunca tenha sido usada. Em seguida, coloque pó de café numa xícara. Com a colher de pau, mexa o pó de café, enquanto reza:

"Aquele que for assim marcado, da caxumba será curado."

Por fim, passe a colher, em forma de cruz e sem tocar na pele da pessoa, três vezes sobre cada lado do pescoço. Depois, jogue a colher e o pó fora.

Benzimento para apneia

Pegue um galho de arruda e três carretéis com linhas de três cores (branca, preta e vermelha). Enrole a arruda nas três linhas até acabar, rezando a oração das sete direções do Arcanjo Miguel. Ao final, coloque debaixo da cama a arruda amarrada, deixando-a por sete dias. Após esse período, descarte a arruda na natureza, nos pés de uma árvore, sempre fora de casa e jogue a linha no lixo

Benzimento para tirar mau-olhado dos animais

Com um ramo de alecrim, guiné ou arruda, benza o animal dizendo:

"Benzo-te, ó pobre animalzinho, para que saia de teu corpo todo o fluído ruim ou vibrações más provenientes de mau-olhado, inveja ou ciúme que te hajam posto. Que passe para este ramo de planta abençoada toda a influência negativa que te está atormentando, seja de tristeza, de dor, de angústia ou doença espiritual. Que o anjo tutelar que vela por tua espécie esteja neste momento me assistindo e dando-me forças para que te livre destes males e voltes a viver com a mesma alegria e disposição de antes, porque também és filho de Deus e Ele te concedeu vida para que tenhas progresso e cumpras tua parte junto a nós humanos. Deus de infinita sabedoria e bondade, dá-me forças para que eu tire deste animal, Tua criatura, toda a maldade que porventura afete-o em sua existência normal. Junte ao amor que lhe devoto, as vibrações positivas e salutares que possam fazê-lo ficar são e isento de cargas fluídicas maléficas colocadas por algum irmão imperfeito que o inveje e o queira; faça-o curar-se de doença ou mal-estar natural, vinda de alguma coisa que comeu ou sofreu, produzindo-lhe a perturbação. Faça, Senhor, com que o mal que tiver passe para este galho e desapareça depois sem prejudicar quem quer que seja, mesmo a pessoa que consciente ou inconscientemente, produziu o mal. Assim seja!"

Benzimento para problemas de bexiga e urina

O benzedor deve pegar simbolicamente a parte dolorida do corpo do doente com um ramo verde enquanto recita:

"(Nome da moléstia) de que padece. Glorioso São Libório, interceda por nós. Amém! (3×)."

Para dor no corpo

O benzedor deve pegar um copo com água mineral e colocar na cabeça da pessoa. Depois disso, deve ir molhando um galho de arruda ou alecrim na água e benzendo a pessoa.

Pergunte antes à pessoa: "(nome da pessoa), o que você tem?". Ela vai responder: "Eu tenho dor no corpo". Então o benzedor começa o benzimento, dizendo:

"Você não tem dor no corpo, porque Jesus não deu licença para essa dor no corpo ficar. Se ela estiver mesmo eu tiro com o nome do Pai, do Filho e do Espírito Santo, agora neste momento vá saindo."

Reze um pai-nosso e uma ave-maria. Ao final, agradeça e despreze a água em água corrente e o galhinho em um lugar que tenha árvore ou matos.

Para tirar pedra dos rins

A pessoa que tem pedra nos rins deve ir até um rio ou riacho, pegar um pedregulho e apertá-lo na mão. Enquanto isso, sem se afastar da beirada do rio, deve dizer o seguinte:

"Beato Libório, o que tenho na mão? Eu tenho na mão? Eu tenho uma pedra que o rio lavou. (Jogue a pedra bem longe.) Beato Libório, eu não tinha na mão uma pedra que o vento levou. Senhor, meu Deus, fazei por São Libório, beato a quem foi dado o poder de limpar as pedras dos rins, que este enfermo fique são do mal que padece. Glorioso São Libório, interceda por mim. Amém."

Benzimento para impigem

A impigem, popularmente conhecida como impinge ou tínea, é uma infecção por fungos que provocam lesões avermelhadas na pele, que podem descamar e coçar ao longo do tempo.

O benzedor passa cinza sobre a impigem, fazendo o sinal da cruz enquanto faz a seguinte oração:

"Impigem, rabingem, eu vou te rabingar, em nome de Deus e da Virgem Maria, eu vou te matar."

Para os remédios ficarem mais eficazes

"Se preciso de ajuda de Deus, eu peço. Peço ao Senhor que fez o Céu e a Terra. Se preciso de ajuda de Deus, eu peço. Porque sei que Ele está comigo. Assim, Deus, como formaste o homem do barro da terra, assim podes curar e dar remédio a todo mal. O homem é mortal, mas a dor é curável. Se preciso da ajuda de Deus, eu peço. Peço que os remédios que aqui estão à minha frente sejam o bálsamo e a cura do doente. Eu peço que a força de Deus esteja neles e com todo poder. Deus, põe tua bênção sobre estes remédios. Levanta a mão divina sobre estes remédios, assim, eles servirão para a cura dos males do corpo e dos males da alma. Em nome do Pai, do Filho e do Espírito Santo. Amém."

Contra dor de cabeça

Quem for benzer deve manter a mão sobre a cabeça do doente, mas sem tocá-lo nem fazer o sinal da cruz. E então dizer:

"Jesus, santo nome de Jesus, onde está o santo nome de Jesus não entra mal nenhum. Onde eu ponho a minha mão, ponha o Senhor a sua divina vontade.
    Quando São Pedro pelo mundo andou, encontrou o seu divino mestre. O Senhor lhe perguntou:
— Onde vais, Pedro?
— Eu, Senhor, vou para o monte forte.
— Anda, Pedro.
— Não posso, Senhor.
— Pois o que tens?
— Dor de cabeça.
Jesus, Jesus, Jesus, credo em cruz! Amém."

Para qualquer doença

Faça esse benzimento por três dias seguidos. Antes de iniciá-lo, encha um copo com água, faça o sinal da cruz sobre ele e diga:

"Eu te benzo pelo nome que te puseram na pia, em nome de Deus e da Virgem Maria, e das três pessoas da Santíssima Trindade, eu te benzo. Deus, Nosso Senhor que te cura, Deus que te acuda nas tuas necessidades. Se teu mal é quebranto, mal invejado, olhos atravessados ou qualquer outra enfermidade, se te deram no comer, no beber, no sorrir, no zombar, na tua formosura, na tua gordura, na tua postura, na tua barriga, nos teus ossos, na tua cabeça, na tua garganta, nas tuas lombrigas, nas tuas pernas. Que Deus, Nosso Senhor que há de tirar, vem um anjo do céu, deita no fundo do mar onde não ouça galinha nem galo a cantar."

Faça o sinal da cruz em cima do copo e reze o credo três vezes.
No segundo dia, reze um pai-nosso à Santíssima Trindade e, no terceiro, uma salve-rainha a Nossa Senhora.

Para curar reumatismo

Quem for benzer a pessoa doente deve rezar:

"Eu te benzo dor reumática, nevralgias e ciática. Dores de toda a sorte. Fugi deste corpo mortal. Deixai que Deus o conforte. Em louvor dos três apóstolos São Pedro, São Paulo e São Tiago."
Por fim, reze um pai-nosso e uma ave-maria.

Para dor de barriga

"Jesus, que é santo nome de Jesus! Onde está o santo nome de Jesus, não entra mal nenhum. Quando o Nosso Senhor pelo mundo andava, chegou a casa de um homem manso e uma mulher brava pedindo-lhes pousada. O homem dava, a mulher não. Onde Nosso Senhor se foi deitar, água por baixo e água por cima. Com estas mesmas palavras, cura a dor de barriga. Em louvor de Deus e da Virgem Maria."

Repita nove vezes. Reze um pai-nosso e uma ave-maria ao final desses benzimentos para cura.

Contra as doenças da pele

Coloque um pouco de azeite em um pires branco, molhe um pedaço de lã de ovelha neste azeite, passando-o na pele da pessoa doente enquanto diz:

"Esta doença (diga qual é) dá na carne, da carne dá na pele, da pele dá no osso, do osso dá no tutano, do tutano dá no mar, do mar dá na praia, da praia vai-se embora. Amém."

Contra as epidemias

"Glorioso mártir São Sebastião, soldado de Cristo e exemplo de cristão, hoje pedimos a vossa interseção junto ao trono do Senhor Jesus, nosso Salvador, por quem destes a vida. Vós que vivestes a fé e perseverastes até o fim, pedi a Jesus por nós para que sejamos testemunhas do amor de Deus.

Vós que esperastes com firmeza nas palavras de Jesus, pedi-lhe por nós, para que aumente a nossa esperança na ressurreição. Vós que vivestes a caridade para com os irmãos, pedi a Jesus para que aumente o nosso amor para com todos.

Glorioso mártir São Sebastião, protegei a nós e a nossos animais contra o contágio da peste, as epidemias, as doenças e a fome; defendei nossos rebanhos e nossas plantações, que são dons de Deus para o nosso bem e para o bem de todos, livrai-nos da guerra e defendei-nos do pecado, que é o maior de todos os males. São Sebastião, rogai por nós."

Reze um pai-nosso uma ave-maria.

Reza para azia

Coloque a mão sobre a garganta da pessoa com a erva e inicie a benzedura:

"Santa Sofia tinha três filhas,
Uma fiava, outra tecia,
E a terceira benzia de mal de azia dizendo:
Azia azeda, te retira de cima dessa pedra,
Com o nome de Deus e da virgem Maria."

Reze três, seis ou nove vezes.

Contra hemorragia

Reza-se mentalmente, fazendo cruzes sobre o local:

"Sangue, tenha-se em si, como Jesus Cristo esteve em si.
Sangue, tenha-se na veia, assim como Jesus esteve-se na ceia.
Sangue, tenha-se vivo e forte, assim como Jesus se teve na morte."

Para cisco no olho
(Usar instrumento de benzimento)

"Corre, corre, cavaleiro
Pela porta de São Pedro,
E dizei a Santa Luzia
Que me mande o seu lencinho,
Para tirar este argueiro."

Benzimento para curar feridas

Qualquer tipo de ferida pode ser curada com esta benzedura. Faz-se o sinal da cruz sobre a ferida que vai curar e diz:

"Em nome de Deus Pai, em nome de Deus Filho, em nome do Deus Espírito Santo, assim como foi formando o mistério da Santíssima Trindade, assim da mesma forma, se pode curar esta ferida. Pelos méritos de Jesus e Maria Santíssima, que seja curada esta ferida."

Repita a oração sete vezes.

Para curar queimaduras

"Santa Sofia tinha três filhas: uma fiava, outra cozia. E o fogo se ardia."

Rezar um pai-nosso, uma ave-maria e uma santa-maria.
Após, retornar à Santa Sofia, repetindo a oração três vezes.

Para pedra na vesícula

Providencie uma tesoura benta (ou seja, lavada com água benta) e chá de erva-cidreira. Cruzando a parte afetada com a tesoura, rezar sete credos. Com as mãos espalmadas sobre o chá sem adoçar, logo em seguida reze três pai-nossos e dar para o assistido consumir.

Este benzimento deverá ser repetido por sete dias.
Lembramos que todo tratamento médico deve ser mantido.

Para atrair prosperidade

"Eu benzo a todos
em nome do Pai,
do Filho
e do Espírito Santo!
Amém!
Peço em nome da Virgem Maria
que corte de ti todas as dores
que desate todos os nós

que sejam rompidos todos os negativos elos.
Peço aos seres de luz
que bendigam teu caminho
que se quebrem todos espinhos
que seja florido teu caminhar.
Peço aos anjos guardiões
Que com suas asas abertas
espalhem pós de felicidade
por todo seu coração
e que seu ser, centelha divina
possa sempre colher
todas as bênçãos douradas
que em tua alma couber.
Peço à Mãe Amada
que com seu sagrado manto
te cubra e proteja
para seguir sempre em frente
sem pesos carregar!
Peço a Jesus Cristo
que saúde não te falte
que sua mesa seja farta
que prosperidade seja sempre
lugar comum em tua casa!
Amém, amém, amém."

Benzimento para a constipação

"Jesus que é o santo nome de Jesus, onde está o santo nome de Jesus, não entra mal nenhum. Eu te benzo, constipação, em louvor de Deus e do Senhor São Simão. Se é constipação de sol, eu te benzo em louvor de Deus e do Santo Maior. Se é constipação de calor, eu te benzo em louvor de Deus e do Senhor Salvador. Se é constipação de vento, eu te benzo em nome de Deus e do Santíssimo Sacramento. Se é constipação de ar, eu te benzo em nome de Deus e do Senhor Santo Amaro. Se é constipação de ar frio com ar quente, eu te benzo em nome de Deus e do Senhor São Vicente. Se é constipação de água, eu te benzo em nome de Jesus e do São Tiago. Se é constipação de água fria, eu te benzo em nome de Deus e da Virgem Maria. Se é constipação de friezas, eu te benzo em nome de Deus e de Santa Teresa. Se é constipação que vem do corpo da criatura repentina, eu te benzo em nome de Deus e de Santa Catarina. Com esta santa segunda, com esta santa terça, com esta santa quarta, com esta santa quinta, com esta santa sexta, com este santo sábado, com este santo domingo que é este santo dia que a Nossa Senhora benzeu o seu bendito filho e se achou bom, seja servido tirar a constipação do corpo desta criatura, da cabeça, da garganta, das costas, dos braços, do peito, da barriga, das cadeiras, das pernas, das conjunturas do corpo todo. Onde eu ponho a minha mão, põe o Senhor a sua virtude; não é minha, é de Deus e da Virgem Maria. Pai-nosso, ave-maria."

Esta oração deve ser repetida nove vezes, oferecendo-se um pai-nosso e uma ave-maria ao Santo ou à Santa desse dia.
Enquanto se faz a oração à pessoa, acompanhar com o sinal da cruz.

Para acabar com cólicas causadas por prisão de ventre

Quem for incumbido de benzer a pessoa que sofre do mal deverá cruzar o ventre deste doente com um galho verde enquanto faz a reza:

"Terra, mar e sol. Terra que Deus escondeu. Onde está essa dor de barriga? Esse meu Jesus Cristo retirou. Como diz, corre vento. Corre, cura, com Jesus Cristo aqui na cura. Com esse vento, corre, cura. Corre na veia para ficar colocado nesta criatura, (nome da pessoa). Com o nome de Deus Pai, Deus Filho e Espírito Santo, esse mal será retirado. Amém."

Contra qualquer tipo de doença

Ao benzer um doente é preciso fazer o sinal da cruz sobre ele usando para isso um ramo verde. Em seguida é preciso rezar um pai-nosso, uma ave--maria e a seguinte oração:

"Pai eterno, senhor misericordioso e justo. Pela encarnação, nascimento, vida, paixão, morte, ressurreição e ascensão de Nosso Senhor Jesus Cristo. Por todos esses santíssimos mistérios, rogo firmemente que (nome da pessoa) seja curado de (nome da doença). São Sebastião, São Roque, São Lázaro, Santa Luzia, todos os santos protetores contra os males físicos, eu vos suplico para (repita o nome da pessoa). Curai-o, Senhor. Livrai-o, Senhor, da doença que o atormenta. Em nome do Pai, do Filho e do Espírito Santo. Amém."

Para dor de dente e neuralgia

"Santa Apolônia, que por amor de Jesus fostes martirizada, dizei comigo estas palavras, fazendo comigo o sinal da cruz."

Fazer sinal da cruz sobre o lugar dolorido, dizendo:

"Por minha ordem, afasta-te, mal.
Se for uma gota de sangue, secará.
Se for um verme ou micróbio, morrerá.
Assim seja."

Rezar, ainda, um credo.

Benzimento da mãe para fazer no filho

Pegue um copo de água mineral ou fervida. Enquanto estiver fazendo a prece, faça o sinal da cruz pequeno na testa, na boca e na garganta da criança – e onde mais sua intuição lhe guiar:

"Eu que te pari, eu te criarei, em nome de Jesus e da Virgem Maria. Que nenhum mal te pegue, que nada te perturbe. Intercedei, ó Jesus, em nome da Virgem Maria." (3×)

Depois, jogue a água fora, em uma planta ou grama, agradecendo pelo seu poder de cura, enviando ela novamente para natureza. Faça por três dias consecutivos. E toda vez que ele ficar agitado ou choroso, repita a benzedura por mais três dias.

Para combater a indigestão

Esta benzedura precisará ser realizada por nove vezes para que o doente sinta a cura da indigestão. Reze:

"Jesus, que é o santo nome de Jesus! Onde está o santo nome de Jesus, não entra mal nenhum. Eu benzo esta tábua do baço, esta tábua do afito e esta tábua de instrução, que venha para trás, sim; para diante, não. Que não chegue ao coração. Em louvor do santo domingo, em louvor da santa segunda, em louvor da santa terça, em louvor da santa quarta, em louvor da santa quinta, em louvor da santa sexta, em louvor do santo sábado, em louvor da Santa Eufêmia, Santo Amaro e santíssimo sacramento do altar, aqui se há de secar, aqui se há de mirrar e daqui para diante não há de passar."

Por fim, reze um pai-nosso e uma ave-maria.

Benzimento para sinusite
(Usar uma faca e água benta)

Durante o benzimento, cruzar a face da pessoa atendida com água benta e, em seguida, pegar a faca e cruzar a face da pessoa fazendo esta oração:

"Na força de São Bento eu cruzo (nome da pessoa) e descruzo toda (nome da doença ou das doenças), rogando a Deus que lhe restitua a sua saúde. Amém."

Rezar sete pai-nossos, sete ave-marias.
Repetir o benzimento por pelo menos três vezes.

Para feridas na boca (sapinhos e aftas)

"Santo nome de Jesus
Nome de Jesus tão santo.
Tiras a febre, a ferida na boca.
Assim como a Nossa Senhora
Bento filho prá cheirar.
Te benzendo a tua boca
de ferida prá sarar."

Repita nove vezes e então acrescentar:

"Eu é quem benzo e Deus é quem cura.
Em nome de Deus e da Virgem Maria."

Reze, ao final, três ave-marias.

Benzedura contra sapinho

"Sapo, sapinho, sapão. (*Benzer com a mão e em cruz.*) Em nome de Deus e da Virgem Maria, vão cair todos, não vão ficar nenhum. De 12 a 12; de 11 a 11; de 10 a 10; de 9 a 9; de 8 a 8; de 7 a 7; de 6 a 6; de 5 a 5; de 4 a 4; de 3 a 3; de 2 a 2; de 1 a 1."

Benzimento contra problemas da vista
(Usar água benta)

Molhe o polegar em água benta e faça uma cruz sobre uma das vistas, que deverá estar fechada. Logo após, repita o movimento em cruz, porém com o dedo polegar um pouco afastado da vista. Reze com este benzimento, cruzando, sete ave-marias. Ao terminar as orações, diga:

"Em nome da Santa Cruz e da divina trindade Pai, Filho e Espírito Santo, todo o mal de (nome da pessoa) foi retirado, cruzado e (nome da pessoa) está curado."

Repetir o procedimento na outra vista.

Benzimento para deixar de beber
(Esse benzimento deve ser feito fora de casa, a céu aberto)

Itens necessários: 1 garrafa de aguardente, 1 maço de capim-santo ou arruda.

Modo de fazer: O assistido deverá estar descalço e manter a cabeça coberta com pano branco, devidamente benzido. Abra a garrafa de aguardente, faça uma cruz entre os pés da pessoa que será benzida e, logo em seguida, um círculo que mantenha o benzedor e quem será benzido dentro do mesmo círculo. Fora dos limites desse círculo, jogue a garrafa para trás de si. Pegue o ramo de capim-santo ou arruda e cruze, com ele, o corpo da pessoa, inclusive a cabeça e faça a seguinte oração:

"Em nome de Deus e da divina trindade do Pai, Filho e Espírito Santo, eu cruzo (nome da pessoa) e clamo a força de São Miguel Arcanjo, São Crispim, São Bento, São Lázaro, Santa Mônica para que seja cortado o alcoolismo e se o mesmo for oriundo de praga, conjuro ou maldição, que sejam pela espada de Miguel Arcanjo recolhidos na casinha de Santo Antônio. Em nome do Pai, em nome do Filho, em nome do Espírito Santo, eu entrego o espírito de (nome da pessoa) para Jesus para que o mesmo seja levado para a luz. Amém."

A isso acrescentar sete pai-nossos, sete ave-marias e sete Salmos 91.

O atendido não deverá sair de casa neste dia e deve firmar uma vela para o anjo de guarda.

Este benzimento deverá ser feito por sete semanas, uma vez por semana.

Para afastar cobras

"São Bento, água benta!
Jesus Cristo no altar!
As cobras deste caminho
Afastem que eu vou passar!"

Benzimento para espinha na garganta

Aquele que for benzer deverá proferir a seguinte reza:

"Homem bom, mulher má, casa varrida, esteira rota... Senhor São Brás disse a seu moço que subisse ou que descesse a espinha do pescoço."

Reza para "tirar engasgo"

Para iniciar a reza, ao mesmo tempo, deve-se colocar um pedaço de pau ou um fósforo grande para queimar no fogão ou num forno à lenha:

"São Brás príncipe.
Desengasgai Fulano mais pra riba ou mais pra dentro
Casinha varrida
Esteirinha no meio da casa.
Vai dizer a São Brás que venha desengasgar Fulano
Desengasgai Fulano mais pra fora ou mais pra baixo
Homem, bom e mulher, má
Vai dizer a São Brás que desengasgai Fulano
Mais pra fora e mais pra baixo."

Rezar três pai-nossos, três ave-marias e três santa-marias.

Repetir tudo três vezes e oferecer a São Brás.

Para trovoada

Faça com palha benta, geralmente aquelas que são distribuídas no Domingo de Ramos. Deixe sempre a palha atrás da porta e, no dia de trovoada, faça a seguinte invocação, segurando a palha benta e olhando para o céu:

"Santa Bárbara bendita
Se vestiu e se calçou,
Ao caminho se botou
A Jesus Cristo encontrou
E Jesus lhe perguntou:
— Tu, Bárbara, onde vais?
— Vou espalhar as trovoadas
Que no céu andam armadas,
Lá na serra do Marão,
Onde não haja palha nem grão,
Nem meninos a chorar,
Nem galos a cantar".

Para dormir bem

Faça essa oração com um galho de manjericão.

"Fulano se vai deitar,
Três anjos a vão guardar;
Dois aos pés e um à cabeceira,
Nossa Senhora na dianteira.
Benza-se ela, benzo-me eu,
Bendita seja a hora
Em que o Senhor nasceu.
Em Belém se toca a missa
Os anjos a dizem e a Virgem a adora
Bendita seja a alma
Que se deita nesta hora."

Para criança ou adulto sem energia

Faça esta benzedura popular muito antiga para ajudar uma pessoa, adulta ou criança, que está sem energia, sem que exista um motivo lógico para que isso aconteça (como estar cansada depois de um esforço físico).

> **Itens necessários:** 1 prato com água, 1 tacinha com azeite.
>
> **Modo de fazer:** coloque o prato com água junto da pessoa que vai benzer e, de frente para ela, desenhe cruzes no ar com a sua mão, enquanto reza:

"Com dois puseram, com três eu tiro.
Com as três pessoas da Santíssima Trindade,
que tira quebranto e mau-olhado,
pras ondas do mar,
pra nunca mais voltar."

Molhe o dedo indicador direito no azeite e deixe cair três pingos no prato com água. Repita quantas vezes forem necessárias, até que os pingos se mantenham intactos (concentrados), ao cair na água.

Contra inveja ou bruxaria

Use três dentes de alho e um punhado de sal, juntando tudo numa bolsinha que também é benzida, ao mesmo tempo que se benze a pessoa.

Depois do benzimento, a pessoa deve dormir com essa bolsa recheada de sal e alho debaixo do seu travesseiro durante três noites seguidas. Na manhã que segue a última noite, queime a bolsinha.

Esta é a oração que deve ser rezada, repetindo-se três ou nove vezes:

"Santo Inácio das Loures é de santo e é de sado
E é por santo fundado
E é o Senhor Crucificado
Desorga! Desorga! Três vezes desorga!
Bruxas feiticeiras, mal de inveja
Do corpo de uma pessoa para fora
Que não tenha que doer como elas
Nem em casa, nem na rua, nem por onde passear
Eu te benzo com a santa segunda
Eu te benzo com a santa terça
Eu te benzo com a santa quarta
Eu te benzo com a santa quinta
Eu te benzo com a santa sexta
Eu te benzo com o santo sábado
Eu te benzo com o santo domingo
Que são as nove palavras
Que Deus Nosso Senhor benzeu
O seu bendito Filho."

Para cortar o mal
(Usar alecrim seco e incensário)

Com cuidado, coloque fogo no alecrim. Segure o queimador ou o prato à frente da pessoa que vai ser benzida e desenhe cruzes no ar, com o queimador, enquanto reza:

"Virgem Mãe da Conceição
Mãe do poderoso Deus
Tirai este mal, este quebranto
Do corpo de (nome da pessoa)
Deus te fez, Deus te criou
Deus perdoa, a quem mal te olhou
Em louvor à Virgem Maria
Padre Nosso e Ave Maria".

Benzimento para afastar as forças do mal
Pai Damião

"Em nome do Pai, da Mãe, do Filho, do Espírito Santo, fecho e selo este corpo contra toda investida do mal, para que nada de ruim possa prejudicar.

Em nome do Pai, da Mãe, do Filho, do Espírito Santo, cruzo todos os pensamentos e ordenamentos mentais que estejam direcionados a serviço do mal, para que somente a Luz possa vir.

Em nome do Pai, da Mãe, do Filho, do Espírito Santo, cruzo tudo que existe de ruim na sua vida, para que obstáculos sejam definitivamente quebrados, destruídos e neutralizados, no ordenamento de Deus.

Em nome do Pai, da Mãe, do Filho, do Espírito Santo, cruzo esse corpo e nas chagas de Jesus Cristo entrego na misericórdia divina.

Em nome do Pai, da Mãe, do Filho, do Espírito Santo. Assim seja."

Orações

A seguir, teremos diversas orações que podem ser utilizadas de modo individualizado ou nos benzimentos. Sempre costumo, em minhas orações, observar a atual necessidade: proteção, cura, saúde e outras intenções.

Sabemos o quanto é importante pedir no momento da oração e não esquecer de agradecer por todas as bênçãos alcançadas. Antes de iniciar a oração, sugiro que você crie um diário da fé. Para isso, basta escrever em um papel as seguintes indagações:

1. Qual é a sua intenção de hoje?
2. Qual é o desafio que está vivendo nesse momento da sua vida?
3. Escolha a sua oração para alcançar essa intenção e faça-a por sete dias, ao acordar e ao dormir.
4. É muito importante que você visualize o que deseja enquanto faz a oração.
5. Durante os sete dias, escreva também as suas dificuldades em alcançar as graças pedidas, sempre com muita fé.

6. Não se esqueça de agradecer sempre ao criador, grande arquiteto do Universo, por estabelecer essa oportunidade de comunicação com o seu eu superior.

7. Coloque as suas anotações em um lugar reservado e que você sinta que é de proteção (como a Bíblia, Salmos etc.) e vá acompanhando os resultados.

Oração aos antepassados

"Beatíssima e Imaculada Virgem Maria, mãe de todos nós, mãe da vida na qualidade de seu filho e filho de Deus, eu lhe peço, derrame as suas bênçãos e graças sobre todos aqueles que deram origem à minha família, libertando-os e desfazendo todo mal hereditário que pesa sobre nós. Desfaça toda a aliança, todo círculo vicioso que meus antepassados contraíram no mal. Mãe da graça, anule agora toda operação maléfica que estivemos herdando de geração em geração ao longo do tempo, que nossos antepassados sejam perdoados e que eles sejam livres para lhe servir.
Amém."

Para pedido de cura

"Pai celestial que habita o meu interior, faz impregnar a Sua luz vital em cada célula de meu corpo, expulsando todos os males, pois eles não fazem parte do meu ser.

Em minha verdadeira realidade, como filho de Deus perfeito que sou, não existe doença; por isso, peço que se afaste de mim todo o mal, todos os bacilos, micróbios, vírus, bactérias e vermes nocivos, para que a perfeição se expresse em meu corpo, que é um templo de divindade.

Pai, teu divino filho Jesus disse: "Pedi e recebereis, porque todo aquele que pede recebe". Portanto tenho absoluta certeza de que a minha oração da cura já é a própria cura.

Para mim agora só existe esta verdade: a cura total.

Mesmo que a imagem do mal permaneça por algum tempo no meu corpo, só existe em mim agora a imagem mental da cura e a verdade da minha saúde perfeita.

Todas as energias curadoras existentes em mim estão atuando intensamente, como um exército poderoso e irresistível, visando os inimigos, fortalecendo as posições enfraquecidas, reconstruindo as partes demolidas, regenerando todo o meu corpo.

Sei que é o poder de Deus agindo em mim e realizando o milagre maravilhoso da cura perfeita.

Esta é a minha verdade mental. Esta, portanto, é a verdade do meu corpo.

Agradeço, oh, Pai, porque ouviu a minha oração.

Dou graças com toda a alegria e com todas as forças interiores, porque sua vontade de perfeição e saúde aconteceu em mim, em resposta ao meu pedido.

Assim é e assim será."

Consagração do aposento

"Dentro do círculo infinito da divina presença que me envolve inteiramente, afirmo:

Há uma só presença aqui: a da harmonia que faz vibrar todos os corações de felicidade e alegria. Quem quer que aqui entre, sentirá as vibrações da divina harmonia.

Há uma só presença aqui: a do amor. Deus é amor que envolve todos os seres em um só sentimento de unidade. Este recinto está cheio da presença do amor. No amor eu vivo, me movo e existo. Quem quer que aqui entre, sentirá a pura e santa presença do amor.

Há uma só presença aqui: a da verdade. Tudo o que aqui existe, tudo o que aqui se fala, tudo o que aqui se pensa, é a expressão da verdade. Quem quer que aqui entre, sentirá a presença da verdade.

Há uma só presença aqui: a da justiça. A justiça reina neste recinto. Todos os atos aqui praticados são regidos e inspirados pela justiça. Quem quer que aqui entre, sentirá a presença da justiça.

Há uma só presença aqui: a presença de Deus, a presença do bem. Nenhum mal pode entrar aqui. Não há mal em Deus. Deus, o bem, reside aqui. Quem quer que aqui entre, sentirá a presença Divina do bem.

Há uma só presença aqui: a presença de Deus, a presença do bem. Nenhum mal pode entrar aqui. Não há mal em Deus. Deus, o bem, reside aqui. Quem quer que aqui entre, sentirá a presença Divina do bem.

Há uma só presença aqui: a presença de Deus, da vida. Deus é a vida essencial de todos os seres. É a saúde do corpo e da mente. Quem quer que aqui entre, sentirá a divina presença da vida e da saúde.

Há uma só presença aqui: a presença de Deus, da prosperidade. Deus é prosperidade, pois Ele faz tudo crescer e prosperar. Deus se expressa na prosperidade de tudo o que aqui é empreendido em Seu nome. Quem quer que aqui entre, sentirá a divina presença da prosperidade e da abundância.

Pelo símbolo esotérico das asas divinas, estou em vibração harmoniosa com as correntes universais da sabedoria, do poder e da alegria.

A presença da alegria divina é profundamente sentida por todos que aqui penetram.

Na mais perfeita comunhão entre o meu eu inferior e o meu eu superior, que é Deus em mim, consagro este recinto à perfeita expressão de todas as qualidades divinas que existem em mim e em todos os seres.

As vibrações do meu pensamento são forças de Deus em mim, que aqui ficam armazenadas e a partir daqui se irradiam para todos os seres, constituindo um lugar que é um centro de emissão e recepção de tudo que é bom, alegre e próspero.

Agradeço-Te, ó Deus, porque este recinto está cheio da Tua presença.

Agradeço-Te, porque vivo e me movo por Ti.

Agradeço-Te, porque vivo em Tua vida, verdade, saúde, prosperidade, paz, sabedoria, alegria e amor.

Agradeço-Te, porque todos que entrarem aqui sentirão a Tua presença.

Agradeço-Te, porque estou em harmonia, amor, verdade e justiça com todos os seres.

Amém."

Para os momentos de provação

"Salve Deus, Todo-Poderoso, criador do Universo; mais do que Vós, ninguém.

Ajude-me neste momento de provação.

Ó, Maria santíssima, cubra-me com seu manto sagrado.

Falanges de anjos e arcanjos protejam-me dos embates do maligno. Amém."

Prece de cáritas

"Deus, nosso Pai, que é sinônimo de todo poder e bondade, dai força àquele que passa pela provação; dai luz àquele que procura a verdade; ponde no coração do homem a compaixão e a caridade.

Deus, dai ao viajante a estrela-guia, ao aflito concede a consolação, ao doente o repouso. Pai, dai ao culpado o arrependimento, ao espírito a verdade, à criança o guia, ao órfão o pai. Que a Vossa bondade se estenda sobre tudo que criastes.

Piedade, Senhor, para aqueles que não Vos conhecem; esperança para aqueles que sofrem. Que a Vossa bondade permita aos espíritos consoladores que derramarem por toda parte a paz, a esperança e a fé.

Deus, um raio, uma faísca do Vosso amor pode abrasar a Terra, deixai-nos beber nas fontes dessa bondade fecunda e infinita, e todas as lágrimas secarão; todas as dores se acalmarão; um só coração, um só pensamento subirá até Vós, como um grito de reconhecimento e de amor.

Como Moisés sobre a montanha, nós Vos esperamos de braços abertos, ó poder, ó bondade, ó beleza, ó perfeição, e queremos de alguma sorte alcançar a Vossa misericórdia.

Deus, dai-nos a força de ajudar o progresso a fim de subirmos até Vós, dai-nos a caridade pura, dai-nos a fé e a razão; dai-nos a simplicidade que fará de nossas almas o espelho em que se deve refletir o Vossa santíssima imagem.

Assim seja."

Oração para atrair prosperidade

"Eu sou a luz da prosperidade atuando aqui, pensamentos em forma de energias transmutando, tornando reais as realizações, tornando possíveis minhas materializações.

Eu sou a prosperidade infinita, a lei das probabilidades.

Eu sou o que eu sou. Eu sou um com o Pai, amparando todas as deficiências e transformando as possibilidades.

Deus transmuta automaticamente todas as energias que são contrárias a essas determinações de prosperidade infinita, saúde e paz.

Eu sou a extensão da divina prosperidade, pois Deus flui através de mim. Assim seja."

Pai-nosso, a partir do aramaico

"Pai-Mãe, respiração da vida, fonte do som, ação sem palavras, criador do cosmos!

Faça sua luz brilhar dentro de nós, entre nós e fora de nós para que possamos torná-la útil.

Ajude-nos a seguir nosso caminho respirando apenas o sentimento que emana de Vós.

Ao passo que nosso eu possa estar com o seu, para que caminhemos como reis e rainhas com todas as outras criaturas.

Que o Seu e o nosso desejo sejam um só, em toda a luz, assim como em todas as formas, em toda existência individual, assim como em todas as comunidades.

Faça-nos sentir a alma da Terra dentro de nós, pois assim sentiremos a sabedoria que existe em tudo.

Não permita que a superficialidade e a aparência das coisas do mundo nos iludam e nos liberte de tudo aquilo que impede nosso crescimento.

Não nos deixe sermos tomados pelo esquecimento de que Vós é o poder e a glória do mundo, a canção que se renova de tempos em tempos e que a tudo embeleza.

Que o Seu amor possa ser o solo em que crescem as nossas ações. Amém."

Oração para proteger as crianças
São Domingo Sávio

São Domingos Sávio, que em vossa breve vida foste admirável exemplo de virtudes, suplico em nome de (nome da pessoa) para que ele/a tenha a bem-aventurança e o coração purificado para cumprir o seu propósito divino. Peço a sua intercessão para protegê-lo das armadilhas do mundo e peço que o desperte para o estudo e o trabalho dignos. Assim seja!"

Glória ao Pai

"Gloria ao Pai, ao Filho e ao Espírito Santo, como era no princípio, agora e sempre. Amém".

Ave-maria

"Ave, Maria, cheia de graça, o Senhor é convosco! Bendita sois vós entre as mulheres e bendito é o fruto do vosso ventre, Jesus.
Santa Maria, mãe de Deus, rogai por nós, pecadores, agora e na hora da nossa morte. Amém."

Pai-nosso

"Pai Nosso que estais nos Céus, santificado seja o Vosso nome, venha a nós o Vosso reino, seja feita a Vossa vontade assim na Terra como no céu. O pão nosso de cada dia nos dai hoje, perdoai as nossas ofensas, assim como nós perdoamos a quem nos tem ofendido, e não nos deixeis cair em tentação, mas livrai-nos do mal. Amém."

Salve-rainha

"Salve, Rainha, mãe de misericórdia, vida, doçura e esperança nossa, salve! A vós bradamos, os degredados filhos de Eva; a vós suspiramos, gemendo e chorando neste vale de lágrimas. Eia, pois advogada nossa, esses vossos olhos misericordiosos a nós volvei; e depois deste desterro nos mostrai Jesus, bendito fruto do vosso ventre, ó clemente, ó piedosa, ó doce sempre Virgem Maria. Rogai por nós, santa mãe de Deus, para que sejamos dignos das promessas de Cristo."

Credo

"Creio em Deus Pai Todo-Poderoso,
criador do céu e da Terra,
e em Jesus Cristo seu único filho, Nosso Senhor
que foi concebido, pelo poder do Espírito Santo,
nasceu da Virgem Maria, padeceu sob Pôncio Pilatos, foi crucificado, morto e sepultado, desceu a mansão dos mortos, ressuscitou ao terceiro dia, subiu aos céus e está sentado à direita de Deus Pai Todo-Poderoso donde há de vir
e julgar os vivos e os mortos.
Creio no Espírito Santo,
na Santa Igreja,
na comunhão dos santos,
na remissão dos pecados
na ressurreição da carne
e na vida eterna.
Amém."

Santo Anjo

"Santo Anjo do Senhor, meu zeloso guardador, se a ti me confiou a piedade divina, sempre me rege, me guarde, me governe, me ilumine. Amém."

Maria passa na frente

"Maria, passa na frente e vai abrindo estradas, portas e portões, abrindo casas e corações.

A mãe indo à frente, os filhos estão protegidos e seguem teus passos. Ela leva todos os filhos sob sua proteção.

Maria, passa na frente e resolve aquilo que somos incapazes de resolver. Mãe, cuida de tudo que não está ao nosso alcance. Tu tens poderes para isso. Vai, mãe, vai acalmando, serenando e amansando os corações, vai acabando com o ódio, os rancores, mágoas e maldições.

Maria, vai terminando com as dificuldades, tristezas e tentações, vai tirando seus filhos das perdições. Maria, passa na frente e cuida de todos os detalhes, cuida, ajuda e protege a todos os seus filhos. Maria, tu és a mãe também porteira. Vai abrindo o coração das pessoas e as portas nos caminhos. Maria, eu te peço, passa na frente e vai conduzindo, levando, ajudando e curando os filhos que precisam de ti.

Ninguém pode dizer que foi decepcionado por ti, depois de a ter chamado ou invocado. Só tu, com o poder de teu filho, pode resolver as coisas difíceis e impossíveis."

Oração de São Miguel para proteção diária

"São Miguel Arcanjo,
Protegei-nos no combate,
Defendei-nos com o vosso escudo!
Ó príncipe celeste, pelo divino poder,
Afastai de mim tudo o que não me faz bem.
São Miguel em cima, São Miguel abaixo,
São Miguel à esquerda, São Miguel à direita,
São Miguel à frente, São Miguel atrás.
São Miguel, São Miguel, São Miguel.
Aonde quer que eu vá,
Eu sou o seu amor, que me protege aqui e agora."

Oração das 7 direções do Arcanjo Miguel

"São Miguel à minha direita para me proteger
São Miguel à minha esquerda para me defender
São Miguel à minha frente para me guiar
São Miguel atrás de mim para me resguardar
São Miguel acima de mim para me iluminar

São Miguel abaixo de mim para me elevar
São Miguel dentro de mim para me despertar
São Miguel, São Miguel, São Miguel.
Eu sou o teu poder aqui na terra e no céu.
Amém."

Oração de São Jorge

"Eu andarei vestido e armado com as armas de São Jorge para que meus inimigos, tendo pés não me alcancem, tendo mãos não me peguem, tendo olhos não me vejam, e nem em pensamentos eles possam me fazer mal.

Armas de fogo o meu corpo não alcançarão, facas e lanças se quebrem sem o meu corpo tocar, cordas e correntes se arrebentem sem o meu corpo amarrar.

Jesus Cristo, me proteja e me defenda com o poder de sua santa e divina graça, Virgem de Nazaré, me cubra com o seu manto sagrado e divino, protegendo-me em todas as minhas dores e aflições, e Deus, com sua divina misericórdia e grande poder, seja meu defensor contra as maldades e perseguições dos meu inimigos.

Glorioso São Jorge, em nome de Deus, estenda-me o seu escudo e as suas poderosas armas, defendendo-me com a sua força e com a sua grandeza, e que debaixo das patas de seu fiel ginete, meus inimigos fiquem humildes e submissos a vós.

Assim seja com o poder de Deus, de Jesus e da falange do Divino Espírito Santo.

São Jorge, rogai por nós."

Oração da Medalha de São Bento

"A cruz sagrada seja minha luz, não seja o dragão o meu guia, retira-te satanás, nunca me aconselhe coisas vãs. É mal o que tu me ofereces. Bebe tu mesmo o teu veneno. Amém."

Oração a São Bento

"Glorioso São Bento, a Vossa Santidade, unida à força de Deus em vossa alma e em vossa mente vos tornou capaz de desmascarar a trama dos maus. Até o copo com veneno estremecendo partiu-se em mil pedaços e a droga venenosa perdeu a força maléfica.

São Bento, em vós confio! Dai-me calma, tranquilidade; dai força à minha mente para que, unindo-me ao poder infinito de Deus, eu seja capaz de reagir contra as ameaças do mal espiritual, da calúnia e da inveja.

Ajudai-me também a vencer as doenças do meu corpo e da minha mente.

Que Deus me ajude. São Bento, me proteja. Amém."

Poderosa oração de São Bento contra inveja

"São Bento, na água benta;
Jesus Cristo, no altar;
quem estiver no meio do caminho se arrede e deixe eu passar.
A cada salto, a cada descuido,
São Bento na água benta;
Jesus Cristo no altar;
quem estiver no meio do caminho se arrede e deixe eu passar.
Pois creio em Jesus e em seus santos,
que nada me ofenderá,
A mim, a minha família
e a tudo que eu criar.
Amém."

Oração de Santa Luzia contra os males da vista

"Ó Santa Luzia, que preferistes que vossos olhos fossem vazados e arrancados antes de renegar a sua fé e desonrar vossa alma; Deus, com um milagre, vos devolveu dois olhos perfeitos para recompensar a vossa virtude e vossa fé, e vos constituiu protetora contra as doenças dos olhos.

Eu recorro a vós para que protejais minhas vistas e cureis a doença dos meus olhos.

Ó Santa Luzia conservai a luz dos meus olhos para que possa ver as belezas da criação o brilho do sol, o colorido das florestas e o sorriso das crianças.

Conservai também os olhos de minha alma, a fé, pela qual eu possa compreender seus ensinamentos, reconhecer o seu amor para comigo e nunca errar o caminho que me conduzirá onde vós, Santa Luzia, vos encontrais, em companhia dos anjos e santos.

Santa Luzia, protegei meus olhos e conservai minha fé.

Amém."

Oração a São Lázaro

"Ó Milagroso São Lázaro, grande amigo de Jesus, valei-me nesta hora de aflição e doença. Preciso da vossa valiosa cura milagrosa, acredito na ajuda para vencer as lutas do dia a dia, e as forças malignas que procuram tirar-me a paz e saúde.

Ó São Lázaro cheio de chagas, libertai-me das doenças infecciosas e contagiosas que querem contaminar meu corpo com enfermidade.

Ó São Lázaro, ressuscitado por Cristo, iluminai os meus passos, a fim de que, por onde eu andar, não encontre armadilhas ou empecilhos quaisquer.

E guiado pela vossa luz me desvie de todas as emboscadas preparadas pelos meus adversários.

Ó São Lázaro, guardião das almas, estendei as vossas mãos agora mesmo sobre mim, livrando-me dos desastres, dos perigos contra a vida, da inveja e de todas as obras malignas.

Ó São Lázaro, que comia as migalhas caídas da mesa dos ricos, abençoai minha família, o meu pão de cada dia, a minha casa, o meu trabalho, curando todas as doenças do corpo e espirituais, cobrindo-me com o véu da prosperidade do amor, da saúde e da felicidade. Que minha família se mantenha unida.

Por Cristo, nosso mestre, na força e luz do Espírito Santo. Amém."

Salmo 23
Para afastar aflições

"O Senhor é o meu pastor, nada me faltará. Deitar-me faz em verdes pastos, guia-me mansamente a águas tranquilas.
Refrigera a minha alma; guia-me pelas veredas da justiça, por amor do seu nome.
Ainda que eu andasse pelo vale da sombra da morte, não temeria mal algum, porque tu estás comigo; a tua vara e o teu cajado me consolam.
Preparas uma mesa perante mim na presença dos meus inimigos, unges a minha cabeça com óleo, o meu cálice transborda.
Certamente que a bondade e a misericórdia me seguirão todos os dias da minha vida; e habitarei na casa do Senhor por longos dias."

Invocação às sete potências

"Muerissiranca... Muerissiranca... Muerissiranca...
Sete potências, sete potências, sete potências...
Sete mestres, sete mestres, sete mestres....
Em nome do Cristo, pela majestade do Cristo, pela glória do Cristo...
Ajudai-me, ajudai-me, ajudai-me..."

Invoque em caso de sentir um real perigo astral. Devemos fazer sempre que necessitarmos de ajuda dos mestres em qualquer aspecto astral. Pode ser recitada várias vezes e, em caso de perigo, recitá-la até que ele desapareça. Essas sete potências (e seu mantra de invocação "Muerissiranca") são sete poderosos devas do fogo, com poderes sobre as salamandras ígneas.

Oração para afastar o mal

"Pelo santíssimo nome de Jesus e Maria, ordeno-vos, espíritos malfazejos, afastai-vos de mim e deste lugar e não ouseis mais tentar-me e prejudicar-me!

Jesus! Maria! (3×)
São Miguel Arcanjo, defendei-nos e protegei-nos. (3×)
Santos Anjos da Guarda, preservai-nos das ciladas do inimigo.
Pai Nosso, Ave Maria, Glória."

Salmo 91
Para força e proteção

"Aquele que habita no esconderijo do Altíssimo, à sombra do Onipotente descansará.

Direi do Senhor: Ele é o meu Deus, o meu refúgio, a minha fortaleza, e Nele confiarei.

Porque ele te livrará do laço do passarinheiro, e da peste perniciosa.

Ele te cobrirá com as suas penas, e debaixo das suas asas te confiarás; a sua verdade será o teu escudo e proteção.

Não terás medo do terror de noite, nem da seta que voa de dia, nem da peste que anda na escuridão, nem da mortandade que assola ao meio-dia.

Mil cairão ao teu lado, e dez mil à tua direita, mas não chegará a ti.

Somente com os teus olhos contemplarás, e verás a recompensa dos ímpios.

Porque tu, ó Senhor, és o meu refúgio. No Altíssimo fizeste a tua habitação.

Nenhum mal te sucederá, nem praga alguma chegará à tua tenda.

Porque aos seus anjos dará ordem a teu respeito, para te guardarem em todos os teus caminhos.

Eles te sustentarão nas suas mãos, para que não tropeces em alguma pedra.

Pisarás o leão e a cobra; calcarás aos pés o filho do leão e a serpente.

Porquanto tão encarecidamente me amou, também eu o livrarei e o protegerei porque conheceu o meu nome.

Ele me invocará, e eu lhe responderei; estarei com ele na angústia; dela o retirarei, e o glorificarei.

Será favorecido de longos dias e lhe mostrarei a minha salvação."

Oração do manto da invisibilidade do Arcanjo Miguel

"Em nome da divina presença eu sou, eu invoco aqui e agora o Manto da Invisibilidade de Arcanjo Miguel, para que eu seja preenchido com uma proteção extra contra todo e qualquer mal.

Arcanjo Miguel e legiões de luz: colocai sobre mim, sobre (nome de seus familiares) e sobre (onde mais deseja o manto, seja no carro, em casa, em animais etc.) o Manto Sagrado de Proteção, tornando-nos invisíveis a todo e qualquer mal, em todos os tempos, níveis e dimensões.

Determino que o Manto da Invisibilidade permaneça ativado ao longo de todo o dia e durante toda a noite, enquanto eu manifesto Deus na Terra.

Que assim seja."

Apelo ao comando do Arcanjo Miguel
Para fim específico

"Amada presença, eu sou e amado Arcanjo Miguel, assumam o comando de toda esta situação: (descreva o seu problema).
Nada me aflige! (3×)
Com Miguel, o Arcanjo, eu sempre estou!
Nada me aflige! (3×)
Com Miguel, o Arcanjo, eu sigo em direção à Luz
Nada me aflige! (3×)
Com Miguel, o Arcanjo, eu sempre estou!
Nada me aflige! (3×)
Com Miguel, o Arcanjo, eu levo a palavra divina!
Nada me aflige! (3×)
Com Miguel, o Arcanjo, eu sempre estou!
Nada me aflige! (3×)
Com Miguel, o Arcanjo, eu sou vitorioso, servindo à luz!
Amém."

Oração para limpeza de ambiente

"Com a força das ervas e do fogo, clamo pela ajuda e auxílio da espiritualidade amiga, para que limpe este ambiente e traga sentimentos bons, fluidos revigorantes e clareza aos necessitados.

Chamo, neste momento, a espiritualidade superior para reger os trabalhos, hoje, amanhã e sempre.

Com o amor de Cristo ninguém pode, e ele será presente no meu lar.

Com as chagas sofridas de Cristo, peço que os necessitados sejam invadidos por toda a misericórdia necessária e merecedora para cada um.

Em nome do Pai, do Filho e do Espírito Santo puríssimo, declaro abertos os trabalhos do dia de hoje, pois estou com a proteção maior e sei que serei justo e honesto."

Oração para proteção de uma casa

"Deus, Pai de misericórdia, criador de todas as coisas, invocamos o teu Espírito Santo sobre este lar e seus moradores.

Assim como visitaste e abençoaste a casa de Abraão, de Isaac e de Jacó, visita-nos e guarda-nos na tua luz.

Guarda estas paredes de todos os perigos: do incêndio, da inundação, do raio, dos assaltos, de todo e qualquer mal. Venham teus anjos portadores de paz!

Suplicamos também a proteção e a saúde para todos os que aqui habitam. Afasta-os da divisão e da falta de fé. Abençoa e guarda este lar e todos os que o visitam. Por Cristo Jesus. Amém."

Oração para bênção da casa

"Ouvi-nos, Senhor, Pai Santo, Deus eterno e Todo-Poderoso, e dignai-vos a mandar do céu o Vosso santo anjo para que ele guarde, ajude, proteja, visite e defenda todos os que moram nesta casa. Dai-nos a paz, o amor, a saúde, a prosperidade. Defendei-nos de todos os perigos e inimigos do corpo e da alma. Por Jesus Cristo, Nosso Senhor. Amém."

Oração do banho

"Nossa Senhora lavou
Seu bento filho pra cheirar
Eu me lavo pra sarar."

Oração para antes de deitar

"São Pedro disse missa,
Jesus Cristo benzeu o altar;
Assim benzo minha cama
Onde venho me deitar."

Oração para proteger atividades comerciais

"Senhor meu Deus, entro em Tua presença neste momento para colocar o meu comércio em Tuas mãos, Senhor, é desse local, dessa atividade que tiro o meu sustento e sei que é o Senhor quem me fortalece e me ajuda a seguir em frente em minha profissão.

Por isso Te peço, derrama Tua bênção sobre esse comércio e que eu tenha sabedoria para lidar com as situações que se levantam durante o dia, paciência para tratar os clientes, fornecedores e funcionários, e que eu seja exemplo dentro do local de trabalho.

Protege-nos, Senhor, de todo assalto, roubo, homem sanguinário e qualquer tipo de ação maligna que queira me prejudicar, de toda inveja e olho gordo.

Eu coloco meu comércio em Tuas mãos, e determino que haja paz, prosperidade e segurança em nome de Jesus Cristo. Amém."

Bênção para local de trabalho

"Deus, Pai de bondade, criador de todas as coisas e santificador de todas as criaturas: suplicamos a Tua bênção e proteção sobre este local de trabalho.

Que a graça de Teu Espírito Santo habite dentro destas paredes, para que não haja contenda nem desunião. Afaste deste lugar toda inveja!

Que Teus anjos de luz acampem ao redor deste estabelecimento e somente a paz e a prosperidade habitem este local.

Concede aos que aqui trabalham um coração justo e generoso, para que o dom da partilha aconteça e as Tuas bênçãos sejam abundantes.

Dá saúde aos que retiram deste lugar o sustento da família, para que saibam sempre cantar louvores a Ti.

Por Cristo Jesus. Amém."

Oração para abençoar um veículo

"Meu Glorioso São Cristóvão, que tiveste a graça de ter o Menino Jesus no colo e assim pudestes transportar com alegria e dedicação aquele que soube morrer na cruz e nos dar a vida pela Ressurreição.

Dignai-vos, pelos poderes concedidos por Deus a vós, de abençoar e santificar nosso veículo.

Fazei que o usemos de modo consciente e que não causemos nenhum dano ao próximo por meio do volante. Se viajarmos, acompanhai-nos com vossa poderosa proteção. Falai a Deus por nós para que ele mande todos os anjos, potestades e milícias celestes para nos guiar e proteger. Na rua, transformai o nosso olhar como o da águia, para que vejamos tudo com o máximo de cuidado e atenção. São Cristóvão protetor, sejais nosso companheiro na direção, dai-nos paciência no trânsito e que consigamos servir sempre a Deus e aos irmãos, por intermédio do benefício de nosso veículo. Tudo isso vos pedimos por Cristo, Nosso Senhor. Amém."

Oração para ter paciência

"Senhor! Fortalece-nos a fé para que a paciência esteja conosco. Por Tua paciência, vivemos. Por Tua paciência, caminhamos. Dai-nos a paciência para persistirmos em nossos objetivos. Guardai-nos das nossas imperfeições e fazei de nós um instrumento de vossa paz e de vosso amor.

Auxilia-nos, por misericórdia, a aprender a tolerância a fim de que estejamos em Tua paz. É por Tua paciência que a esperança nos ilumina e a compreensão levanta-se no íntimo da nossa alma.

Agradecemos todos os dons que nos enriquecem a vida, mas Te rogamos a paciência de uns com os outros, para que estejamos contigo, tanto quanto Tu estás conosco hoje e sempre. Amém."

Oração do perdão

"Eu o perdoo e você me perdoa também, pois somos uma só vida de Deus. Eu o amo e você me ama também, pois somos uma só vida de Deus. Eu o agradeço e você me agradece também. Muito obrigado, muito obrigado. Já não existe mais nenhum ressentimento entre nós. Oro sinceramente pela sua felicidade. Que você seja cada vez mais feliz. Deus lhe perdoa, portanto eu também o perdoo. Já perdoei a todas as pessoas e acolho a todas elas com o amor de Deus. Da mesma forma, Deus me perdoa os erros e me acolhe com Seu imenso amor. Amém."

Oração para afastar os maus espíritos

"Que em nome de Deus Onipotente, afastem-se de mim os maus espíritos e que os bons me sirvam de escudo contra eles.

Espíritos malfazejos, que aos homens inspiram maus pensamentos, espíritos embusteiros e mentirosos que os enganam, espíritos zombeteiros que mofam da credulidade deles, eu vos repilo com todas as forças de minha alma e fecho os ouvidos às vossas sugestões, mas suplico para vós a misericórdia de Deus.

Bons espíritos que vos dignai de me assistir, dai-me forças para resistir à influência dos maus espíritos e as luzes necessárias para não ser vítima de seus embustes.

Preservai-me do orgulho e da presunção; isentai o meu coração do ciúme, do ódio, da malevolência e de qualquer sentimento contrário à caridade, que são outras tantas portas abertas aos espíritos do mal."

Oração às santas almas benditas

"Louvados sejam todos os Pretos Velhos e Pretas Velhas. Louvados sejam vós que formai o Santíssimo Rosário do Manto Sagrado de Maria.

Santas Almas benditas, protetoras de todos aqueles que se encontram em aflição. A vós recorremos, Espíritos puros, pelos sofrimentos grandiosos da humanidade e, bem-aventurados pelo amor que irradiam, nos socorrendo sempre em nossas aflições.

Concedei-me, meus bondosos Pais e Mães Velhos, a graça, através da vossa intercessão junto à Santa Maria, santíssima mãe de Jesus e de todos nós.

Dai-me, meus Pretos Velhos, um pouco de vossa humildade, de vosso amor, de vossa sabedoria, de vossa pureza de ações e pensamentos, para que eu possa cumprir a minha missão na Terra, seguindo todos os vossos exemplos de bondade.

Louvadas sejam todas as almas benditas. Tenham piedade de nós. Assim seja."

Oração contra medos e tormentas mentais

"Senhor Jesus, no poder do Teu nome poderosíssimo, ponho um fim agora a todas as formas de medo em minha árvore genealógica. Tomo autoridade sobre todo o medo de rejeição e de fracasso. Senhor Jesus, na autoridade do Teu nome, digo não a todo o medo de água, altura, buracos, sucesso, fracasso, homens, mulheres, multidões, ficar sozinho, de Deus, da morte, de deixar a casa, de espaços fechados ou abertos, falar em público, falar em voz alta, falar a verdade, de voar, a todo medo do sofrimento e da alegria, (citar o seu medo específico).

Senhor, que minha família conheça, em todas as gerações, que não há medo no amor. Que Vosso perfeito amor encha de tal modo a história de minha família, que toda lembrança de medo deixe de existir. Eu Vos louvo e agradeço na certeza de ser atendido. Amém!"

Oração para pedir proteção à Cruz de Caravaca

"Pela Santíssima Cruz em que vós, Nosso Senhor Jesus Cristo, padeceste e morreste, salvai-nos. Estendei sobre mim a vossa graça. Dai-me a colher os frutos da cruz, símbolo do Vosso Sacrifício. A vós, suplico proteção, pela Santa Cruz de Caravaca e aos Vossos pés me abrigo. Valei-me, pela minha fé. Assim seja!"

Oração para proteção quando sair de casa

Oração 1

"Agora e na boa hora, que eu saio da minha casa para fora. O anel de São Miguel levo na minha gola, quem mal queira fazer. Deus as queira arrepender, tenha pernas e não ande, tenha braços e não mande, tenha boca e não fale, tenha olhos e não veja. Peço a Deus que me proteja.
Amém! (3×)."

Oração 2

"Da minha casa vou sair, a minha vida vou governar tantos anjos me acompanhem, como passos eu vou dar. Deus comigo e eu com Deus, Deus diante e eu de trás. Que Nossa Senhora me defenda das tentações de Satanás."

Oração para quando abrir a porta pela manhã

"Bons olhos me vejam, maus olhos não vejais. Saia tudo e vá embora, o mal que a mim desejais."

Oração da pedra cristalina para afastar o mal

"Minha pedra cristalina, que no mar fostes achada, entre o cálice bento e a hóstia consagrada. Treme a terra, mas não treme Nosso Senhor Jesus Cristo no altar sagrado.

Tremem, porém, os corações dos meus inimigos e dos que me desejam o mal. Eu te benzo em cruz e não tu a mim, entre o Sol, a Lua, as estrelas e as três pessoas distintas da Santíssima Trindade.

Deus! Na travessia avistei meus inimigos. Eles não me farão mal, pois com o manto da Virgem sou coberto e com o sangue de meu Senhor Jesus Cristo sou protegido. Eles tentarão me atingir, mas não atingirão. Suas setas de maldade se desfarão como o sal na água.

Se tentarem me cortar, não conseguirão. Suas lâminas se dissolverão aos raios do Sol. Se tentarem me amarrar, os nós se desatarão por si. Se me acorrentarem, os elos se quebrarão pelo poder de Deus. Se me trancarem, as portas da prisão ruirão para me dar passagem.

Sem ser visto, passarei por entre meus inimigos, como passou, no dia da ressurreição, Nosso Senhor Jesus Cristo por entre os guardas do sepulcro.

Salvo fui, salvo sou, salvo sempre serei. Contra mim nada valerá. Contra os meus ninguém se levantará. E para proteger meu lar, com a chave do sacrário eu o fecharei."

Após terminar esta oração, reze três pai-nossos, três ave-marias e três glórias-ao-pai.

Oração do manto de São Jorge

"São Jorge, guerreiro vencedor do dragão, rogai por nós. São Jorge, militar valoroso, que com a vossa lança abatestes e vencestes o dragão feroz, vinde em meu auxílio, nas tentações do demônio, nos perigos, nas dificuldades, nas aflições. Cobri-me com o vosso manto, ocultando-me dos meus inimigos, dos meus perseguidores. Protegido por vosso manto, andarei por todos os caminhos, viajarei por todos os mares, de noite e de dia, e os meus inimigos não me verão, não me ouvirão, não me acompanharão. Sob a vossa proteção, não cairei, não derramarei o meu sangue, não me perderei. Assim como o Salvador esteve nove meses no seio de Nossa Senhora, assim eu estarei bem guardado e protegido, sob o vosso manto, tendo sempre São Jorge a minha frente armado de sua lança e do seu escudo. Amém."

Oração para alguém que acaba de morrer

"Deus Todo-Poderoso, que vossa misericórdia se estenda sobre a alma de (nome da pessoa), que acabais de chamar para Vós. Possam ser contadas em seu favor as provas por que passou na Terra, e as nossas preces abrandar e abreviar as penas que ainda tenha de sofrer como espírito!

Vós, bons espíritos que viestes receber essa criatura, e vós, sobretudo, que sois o seu anjo guardião, assisti-o, ajudando-o a se despojar da matéria.

Dai-lhe a luz necessária, e a consciência de si mesmo, a fim de se livrar da perturbação que acompanha a passagem da vida corporal para a vida espiritual.

Inspirai-lhe o arrependimento de suas faltas e o desejo de repará-las, para apressar o seu progresso rumo à eterna bem-aventurança."

Oração de proteção aos filhos nos momentos difíceis

"Pai misericordioso, quando meu filho (nome da pessoa) passar por obstáculos, momentos perturbadores e difíceis, que o Senhor Deus seja seu defensor. Que ele aprenda a se voltar para Ti com clamor em busca de sua ajuda. Que a força do inimigo não seja nada diante do poder da luz do Pai misericordioso. Rogo que ele aprenda a clamar a Ti em suas tribulações, para que Vós o livre de suas angústias. A despeito do que vier a acontecer, que ao fim ele sempre consiga dizer: 'Isso vem do Senhor, vem de meu Deus'. Ajuda-o a entender que pode se deitar em paz e logo adormecer. Deus, que meu filho viva em segurança, em nome de Jesus. Amém."

Oração para proteção pessoal

"Em nome de Deus, Pai Todo-Poderoso, da Santa Cruz, de Nosso Senhor Jesus Cristo, do Divino Espírito Santo, das lágrimas da Virgem Maria Santíssima, dos arcanjos Miguel, Gabriel e Rafael, da luz do meu anjo da guarda e dos meus guias espirituais. Tenho fé que nenhum mal há de me acontecer! Olhares maldosos serão ofuscados. Pensamentos nocivos se dissiparão e o bem haverá de triunfar, agora e sempre! Assim seja!"

Oração de fortalecimento

"Estou em paz comigo e, por isso, nada nem ninguém atrapalhará o meu sossego. Sou forte e capaz de suportar este momento de provação. Céus e terras passarão, mas a palavra do Senhor ficará."

Oração para afastar o mal

Oração 1

"Pelo santíssimo nome de Jesus e Maria, ordeno-vos, espíritos malfazejos, afastai-vos de mim e deste lugar e não ouseis mais tentar-me e prejudicar-me!
    Jesus! Maria! (3×)
    São Miguel Arcanjo, defendei-nos e protegei-nos (3×)
    Santos Anjos da Guarda, preservai-nos das ciladas do inimigo.
    Pai Nosso, Ave Maria, Glória".

Oração 2

"Deus, atendei ao meu pedido, vinde em meu socorro, vinde ajudar-me. Confundidos sejam e envergonhados os que buscam a minha alma.

(Fazer o sinal da cruz)

Voltem atrás e sejam envergonhados os que me desejam males. Voltem-se logo cheios de confusão os que me dizem: 'bem, bem'.

(Fazer o sinal da cruz)

Regozijem-se e alegrem-se em vós os que vos busquem e os que amam vossa salvação digam sempre: 'engrandecido seja o Senhor'.

(Fazer o sinal da cruz)

Vós sois o meu favorecedor e o meu libertador, senhor Deus, não vos demoreis.

Glória ao Pai, ao Filho e ao Espírito Santo.

Oremos.

Gloriosos São Sebastião e São Jorge, São Lázaro e São Roque, São Benedito, São Cosme e São Damião. Todos vós.

Bem-aventurados santos do céu, que curais e aliviais os enfermos, intercedei junto ao Senhor Deus pelo seu servo (dizer seu nome).

Vinde, gloriosos santos, em seu auxílio. Fechem-se os olhos malignos, emudeçam as bocas maldosas, fujam os maus pensamentos e desejos.

Por esta cruz será (dizer seu nome) defendido.

Por esta cruz será (dizer seu nome) defendido.

Por esta cruz estará (dizer seu nome) livre.

(Fazer três vezes o sinal da cruz)

Louvado seja Nosso Senhor Jesus Cristo.

Para sempre seja louvado."

Reze em seguida um pai-nosso e três ave-marias.

Conjuração do sete do Rei Salomão

"Potências do Reino, colocai-vos sob meu pé esquerdo e em minha mão direita! Glória e eternidade, tocai meus ombros e levai-me sobre as vias da vitória! Misericórdia e justiça, sede o equilíbrio e o esplendor de minha vida! Inteligência e sabedoria, dai-me a coroa! Espíritos de Malkuth, conduzi-me entre as duas colunas sobre as quais se apoia todo o edifício do templo! Anjos de Netzach e de Hod, afirmai-me sobre a pedra cúbica de Jesod! Ó, Gedulael! Ó, Geburael! Ó, Tiphereth! Binael, sede meu amor! Ruach Hochmael, sede minha luz! Sede o que tu és e o que tu serás, ó Ketheriel! Ischim, assisti-me em nome de Shaddai. Cherubim, sede minha força em nome de Adonai. Beni-Elohim, sede meus irmãos em nome do Filho e pelas virtudes de Sabaoth. Elohim, combatei por mim em nome do Tetragrammaton. Malachim, protegei-me em nome de Jehová. Seraphim, depurai meu amor em nome de Eloah. Hasmalim, iluminai-me com os esplendores de Elohim e de Schechinah. Aralim, obrai. Ophanim, girai e resplandecei. Ha-Jot-Ha Kadosh, gritai, falai, rugi, mugi. Kadosh, Kadosh, Kadosh. Shaddai, Adonai, Jot-Chavah, Eieazereie. Aleluia. Aleluia. Aleluia. Amém. Amém. Amém."

Oração a Nossa Senhora da Rosa Mística
Pai Damião

"Ó Rosa Mística, vós que foi confiada pelo Altíssimo, Pai, Mãe, Divina Consciência, em manifestação, diante dos teus passos, diante do seu cultivar, por meio do acolhimento a todos aqueles que tocavam as suas vestes.

Ó Maria Milagrosa, Ó Consciência Divina, transmutadora de dores, transmutadora de sofrimentos, transmutadora de doenças, transmutadora de todas e quaisquer perseguições do maligno.

Ó Rosa Mística, Consciência plasmada de Deus, em todo o planeta Terra, distribui as suas pétalas para que todos aqueles que recepcione tais frequências iluminativas e auto curativas, sejam merecedores diante das ordenanças da transmutação, nas ordenanças da ressignificação do viver.

Ó Rosa Mística, Consciência Mariana plasmada de Deus no planeta Terra, possibilitai as curas que cada um reflete, merece, clama e pede, neste momento.

Ó Rosa Mística, acalentai todos os leitos com todos aqueles que se colocam em sintonia com a vossa força e proteção.

Ó Rosa Mística, permite que neste momento todas as amarras sejam definitivamente quebradas, rasgadas, diante de todos e quaisquer pactos empreendidos, na ordenança contrária a Luz, porque somente a Luz, refletirá em cada corpo.

Ó Grandiosa Rosa Mística, plasmai grande amorosidade, autocuras nos corpos de todos que estão em intenção conosco, possibilitando que as suas mil pétalas serão distribuídas pelos corpos físico e espiritual, elevando a consciência, elevando o padrão vibratório de cada ser encarnado, para que sejam porta-vozes grandiosos das boas novas, da transição planetária, trazendo o bem como estandarte, a proteção da ordenança espiritual como um grande escudo e tendo seus corpos físico e espiritual fechados, blindados contra todo e qualquer perseguição mental, para que os inimigos não tenham braços, pernas e intenções que possam transfixionar os corpos físicos ou corpo espiritual, de todos que estão em intenção conosco. Pactos rasgados, contratos definitivamente destruídos, que estejam contrários a ordenança da Luz."

Oração ao Arcanjo Rafael

"Arcanjo Rafael e vossa ascensionada corte de anjos, Senhor do Raio Verde da cura e da consagração, ouvi este apelo que vos fazemos desde o íntimo altar de nossa divina presença, repletos de amor vos invocamos para que envieis vosso poderoso auxílio sobre nós e sobre (nome da pessoa ou situação).

Desde este ponto de luz que se encontra irradiando aqui e agora, apelamos à Vontade Divina que se manifeste através dos raios poderosos do Arcanjo Rafael e seus anjos de luz, carregando nossos corpos inferiores com sua potente força curadora e nos consagrando ao serviço abençoado de Deus.

Arcanjo Rafael e potências curadoras do Universo (3×) através de nossa divina presença eu sou, concentrai agora vosso raio verde sobre nós e sobre (nome da pessoa) e derramai abundantemente a manifestação da vontade divina da qual sois veículo e por meio dela todos os seres poderem alcançar a plena saúde e a verdadeira realização.

Que vossos raios penetrem em cada célula dos nossos corpos inferiores e de (nome da pessoa) e alterem os padrões causadores das enfermidades. Arcanjo Rafael e abençoada corte de anjos curadores, consagrai todo nosso mundo em vossa luz curadora e não permitais que estabeleçam novamente ideias de qualquer tipo de enfermidades.

Nós vos agradecemos por todos os serviços que prestais a nós e a toda Terra. Louvado seja Deus em todas as sutis manifestações."

Oração ao Arcanjo Gabriel

"Pelo arder potente do fogo sagrado em nossos corações, invocamos, agora, a divina presença do Arcanjo Gabriel em sua puríssima chama da ascensão.

Derramai sobre nós e sobre toda a humanidade as graças sublimes de vossa dispensação, onde a mente divina guarda a memória da eternidade.

Que todos os humanos possam conhecer o vosso divino amor, que penetra nas profundezas da alma e fecunda o gérmen do Espírito Santo, pela comunhão divina com o Universo e a Suprema Divindade.

Amado Arcanjo Gabriel e vossa corte de anjos, envolvei cada criatura, neste planeta, com a vossa luz criadora, e mantende firmada em cada ser a lembrança das leis divinas e suas manifestações.

Eu sou a ressurreição e a vida em todo o ser. Eu sou a ordem eterna que mantém o Universo vivo. Eu sou a supremacia do homem. Eu sou a chama pura e cristalina que dissolve todas as impurezas. Eu sou a presença do Arcanjo Gabriel."

Oração aos Orixás

"Que a irreverência e o desprendimento de Exu nos animem a não encarar as coisas da forma como elas parecem à primeira vista e sim que nós aprendamos que tudo na vida, por pior que seja, terá sempre o seu lado bom e proveitoso! Laroyê, Exu!

Que a tenacidade de Ogum nos inspire a viver com determinação, sem que nos intimide com pedras, espinhos e trevas. Sua espada e sua lança desobstruam nosso caminho e seu escudo nos defenda. Ogunhê, meu pai!

Que o labor de Oxóssi nos estimule a conquistar sucesso e fartura à custa de nosso próprio esforço. Que suas flechas caiam à nossa frente, às nossas costas, à nossa direita e à nossa esquerda, cercando-nos para que nenhum mal nos atinja. Okê arô odé!

Que as folhas de Ossain forneçam o bálsamo revitalizante que restaure nossas energias, mantendo nossa mente sã e corpo são. Ewê Ó, Ossain.

Que Oxum nos dê a serenidade para agir de forma consciente e equilibrada. Tal como suas águas doces – que seguem desbravadoras no curso de um rio, entrecortando pedras e se precipitando numa cachoeira, sem parar nem ter como voltar atrás, apenas seguindo para encontrar o mar – assim seja que nós possamos lutar por um objetivo sem arrependimentos. Ora yê yê o, Oxum!

Que o arco-íris de Oxumaré transporte para o infinito nossas orações, sonhos e anseios, e que nos traga as respostas divinas, de acordo com nossos merecimento. Arroboboi, Oxumaré!

Que os raios de Iansã alumiem nosso caminho e o turbilhão de seus ventos leve para longe aqueles que de nós se aproximam com o intuito de se aproveitarem de nossos fraquezas. Êpa hey, oyá!

Que as pedreiras de Xangô sejam a consolidação da lei divina em nosso coração. Seu machado pese sobre nossas cabeças agindo na consciência e sua balança nos incuta o bom senso. Kaô! Kaô, Kabecilê!

Que as ondas de Iemanjá nos descarreguem, levando para as profundezas do mar sagrado as aflições do dia a dia, dando-nos a oportunidade de sepultar definitivamente aquilo que nos causa dor e que seu seio materno nos acolha e nos console. Odoyá, Iemanjá!

Que as cabaças de Obaluaiê tragam não só a cura de nossas mazelas corporais, como também ajudem nosso espírito a se despojar das vicissitudes. Atotô Obaluaiê!

Que a sabedoria de Nanã nos dê uma outra perspectiva de vida, mostrando que cada nova existência que temos, seja aqui na terra ou em outros mundos, gera a bagagem que nos dá meios para atingir a evolução, e não uma forma de punição sem-fim como julgam os insensatos. Saluba Nanã!

Que a vitalidade dos Ibeijis nos estimule a enfrentar os dissabores como aprendizado; que nós não percamos a pureza mesmo que, ao nosso redor, a tentação nos envolva. Que a inocência não signifique fraqueza, mas sim refinamento moral! Oni beijada!

Que a paz de Oxalá renove nossas esperanças de que, depois de erros e acertos; tristezas e alegrias; derrotas e vitórias; chegaremos ao nosso objetivo mais nobre; aos pés de Zambi maior! Êpa babá Oxalá!

Que assim seja! Porque assim será! Porque assim o é!

Axé!"

Oração de São José para arrumar emprego

"Ó meu querido santo trabalhador, que em vida fizestes a vontade de Deus através do trabalho, abra as portas do comércio para que eu possa conseguir um emprego. Dai-me forças e coragem para não desistir no primeiro não.

Que eu tenha a disposição de santa Teresa D'Ávila, a simplicidade de Maria de Nazaré, a força de Santo Antonio. Orienta os nossos governantes para a distribuição dos bens do país.

Protege as nossas famílias para que não se deixem vencer pela seca, pelo medo, pela violência, pela falta de trabalho e dê esperança no domingo da ressurreição.

Meu São José, padroeiro dos trabalhadores, não me deixe sem o pão de cada dia e sem perspectiva de um novo dia para minha família. Prometo, com o dinheiro do meu futuro emprego, ajudar uma instituição de caridade e divulgar esta devoção."

Oração de São Longuinho para achar coisas perdidas

"Ó glorioso São Longuinho, a vós suplicamos, cheios de confiança em vossa intercessão.

Sentimo-nos atraídos a vós por uma especial devoção, sabemos que nossas súplicas serão ouvidas por Deus nosso Pai, se vós tão amado por Ele, nos fizer representar.

Lembrai-vos São Longuinho, prodigiosamente tocado pela graça de Jesus agonizante, em sua última hora, que nunca se ouviu dizer que algum daqueles que recorrem a vossa proteção, fosse por vós desamparado.

Assim, dignai-vos interpor em meu favor, vossa valiosa intercessão perante Deus, para que me conceda viver e morrer como verdadeiro cristão, e me auxilie a encontrar o objeto que tanto necessito. Amém."

Em seguida, diga o nome do objeto que procura e reze na sequência um pai-nosso e uma ave-maria.

Oração para diminuir vícios

"Livrai-nos, ó Deus misericordioso, de todos os vícios que possam prejudicar nossas vidas.

Afastai-nos de todas as práticas que são empecilhos para o nosso crescimento espiritual e físico.

Tirai as amarras de nossa caminhada, removendo toda a possibilidade de quaisquer vícios que sejam obstáculos de crescimento da fé.

Derramai as vossas bênçãos sobre nós, cubra-nos com Teu manto protetor e dai-nos o escudo da verdade e da vitória, para que nossos inimigos espirituais e físicos sejam confundidos.

Fazei com que tenhamos consciência de que os vícios nos afastam de Vossa luz amorosa.

Concedei-nos discernimento para saber o que é bom e digno nesta vida e que possamos ajudar a todos que se encontram escravos dos vícios, para trazê-los de novo à verdade de Deus. Amém."

Oração das sete chaves de São Pedro para abrir caminhos

"Glorioso apóstolo São Pedro, com suas sete chaves de ferro te peço, te rogo, te imploro, abra as portas de meus caminhos, que se fecharam diante de mim, atrás de mim, à minha direita e à minha esquerda.

Abra para mim os caminhos da felicidade, os caminhos financeiros, os caminhos profissionais, com suas sete chaves de ferro e me conceda a graça de poder viver sem esses obstáculos.

Glorioso São Pedro, você que sabe de todos os segredos do céu e da terra, ouvi a minha oração e atendei esta prece que vos dirijo.

Que assim seja. Amém."

Reze um pai-nosso e uma ave-maria e repita o procedimento durante sete dias seguidos.

Oração de São Francisco

"Senhor, fazei-me instrumento da vossa paz
Onde houver ódio, que eu leve o amor
Onde houver ofensa, que eu leve o perdão
Onde houver discórdia, que eu leve a união
Onde houver dúvida, que eu leve a fé
Onde houver erro, que eu leve a verdade
Onde houver desespero, que eu leve a esperança
Onde houver tristeza, que eu leve alegria
Onde houver trevas, que eu leve a luz
Ó mestre, fazei que eu procure mais
Consolar que ser consolado
Compreender que ser compreendido
Amar que ser amado
Pois, é dando que se recebe
É perdoando que se é perdoado
E é morrendo que se vive
Para a vida eterna."

Oração do amuleto de madrepérola
Pai Damião

> Pai, Mãe, Divina Consciência, despertai em mim a cura que mereço, renovando o campo vibratório que me assiste, renovado pelos cinco elementos. Em nome da água, em nome do fogo, em nome do ar, em nome da terra,
>   Eu Sou, Eu Sou, Eu Sou.

CAPÍTULO 13

Liberdade de crença

A liberdade religiosa é uma garantia constitucional elencada no inciso VI do artigo 5º da Constituição Federal Brasileira de 1988, tratando-se de direito fundamental ao cidadão. Dessa forma, ao Estado cabe a preocupação de proporcionar aos cidadãos o livre exercício de todas as manifestações de crenças, ou não crenças, com vistas a afastar qualquer ato de fanatismo e intolerância.

Com efeito, esse Estado laico deve garantir todas as manifestações religiosas de maneira autônoma e livre, de modo que todos os brasileiros e estrangeiros aqui residentes escolham o segmento religioso de acordo com suas convicções pessoais.

Diante dessa liberdade, as pessoas devem ter resguardado o modo livre de expressar sua religiosidade, adorando sua divindade por meio das expressões corporais, ou não, ou demais métodos de cultos e liturgias ritualísticas, a exemplo de banhos de ervas, benzimentos, orações, bate-folhas, e outros mecanismos de devoção e fé descritos aqui nesta obra.

Isso tudo deve ser livre, desde que não haja ofensa à incolumidade física ou fira a dignidade da pessoa humana.

Diante de todos os aspectos que envolvem o direito à liberdade religiosa, trago aqui o conhecimento por mim fomentado no livro *Religião e legislação: uma questão de direito* (Clube de Autores, 2020), de minha autoria, em que abordo questões relativas ao charlatanismo e ao curandeirismo.

Charlatanismo, segundo se depreende do artigo 283 do Código Penal, é o ato de inculcar ou anunciar cura por meio secreto ou infalível.

Charlatão é o agente que divulga meio de cura infalível e secreto que sabe ser falso, podendo ser sujeito ativo do crime qualquer pessoa, inclusive o médico.

Curandeiro é o agente que, habitualmente, dedica-se à prática de tratamentos fora da ciência médica através das condutas descritas nos incisos do artigo 284 do Código Penal, ou seja, prescrevendo, ministrando ou aplicando, habitualmente, qualquer substância; usando gestos, palavras ou qualquer outro meio; fazendo diagnósticos.

O que se pretende proibir com isso são as práticas criminosas dissociadas da manifestação de fé naquilo que se tem por divino.

Com efeito, não se deve tachar de curandeirismo determinadas cerimônias dirigidas por padres, xamãs, pastores, pais de santo e demais líderes religiosos, direcionadas àqueles que buscam alcançar milagres e curas, pois tais práticas estão associadas à fé em Deus e não têm o objetivo de trazer qualquer prejuízo à saúde pública.

Assim, não se pode considerar curandeirismo a conduta de quem, crendo na ação de espíritos, faz gestos com as mãos, nomeados passes, para a cura de males físicos ou psíquicos de alguém que acredita nessa prática.

De igual forma, não há que se falar em curandeirismo com a prática de um banho de ervas e um benzimento, pois tal prática já está enraizada no nosso inconsciente coletivo e ritualístico, desde os primórdios.

No mesmo patamar, estão outras religiões que empregam gestos, palavras e outros meios para curar os males de seus adeptos, invocando o nome de espíritos ou de ícones da sua crença, como Jesus Cristo, a fim de exercitarem e colocarem em prática a sua liturgia.

Em um país sincrético e de pluralismo religioso como o Brasil, são muito comuns práticas com a utilização de passes, ervas, banhos, chás etc. Nestes casos, em face da liberdade religiosa e do respeito às instituições religiosas sérias, a jurisprudência pátria tem decidido, em casos concretos e específicos, que não há crime se a promessa de cura decorrer de crença religiosa e dentro de um contexto individual da razoabilidade.

Dessa forma, ficam fora do âmbito da aplicação da pena de curandeirismo determinadas condutas que buscam apaziguar o sofrimento da alma, os rituais de limpezas espirituais, desde que não haja afastamento da pessoa atendida do tratamento médico convencional, colocando neste caso risco à sua saúde.

Não há o amparo legal para quem abusa da fé das pessoas, realizando procedimentos que acarretam danos à saúde e lesões de diversos níveis, causando até a morte.

Toda crença deve ser respeitada, seja ela qual for, não sendo possível verificar a existência de crime, porque os atos são inerentes à fé das pessoas.

O direito não pode ser utilizado como um filtro e interferir na escolha das crenças das pessoas, pois isso importa desrespeito aos que nelas acreditam.

Em relação aos índios, não há que se falar em aplicação do crime de curandeirismo se a prática do ato se relacionar a seus costumes, línguas, crenças e tradições.

Portanto, em razão da laicidade do Brasil e do direito à liberdade religiosa, deve o Estado empreender medidas necessárias no combate à intolerância religiosa, para que seja respeitado um dos fundamentos da Constituição Federal, qual seja, a dignidade da pessoa humana.

Por fim, é importante observar que o processo de vendas de plantas medicinais está submetido à legislação e autorizado pelos órgãos competentes como o Ibama e o Ministério da Saúde.

Defuma esta casa
Bem defumada
Com a cruz de Deus
Ela vai ser rezada.

CAPÍTULO 14
Considerações finais

Adaptando um texto de autoria desconhecida, imaginemos que nossa vida é uma viagem de trem, cheia de embarques e desembarques, acidentes, agradáveis surpresas em muitos embarques e grandes tristezas em outros.

Quando nascemos, ao embarcarmos nesse trem, nos deparamos com algumas pessoas que, julgamos, estarão nessa viagem conosco: nossos pais. Infelizmente em alguma estação eles desembarcam, deixando-nos órfãos de carinho, proteção, amor e afeto. Todavia, isso não impede que, durante o percurso, pessoas que se tornarão muito especiais para nós embarquem. Chegam então nossos irmãos, amigos, filhos e amores inesquecíveis.

Muitas pessoas embarcarão nesse trem apenas a passeio; outras encontrarão no seu trajeto somente tristezas; e há ainda aquelas que circularão por ele, prontas a ajudar quem precise. Outros tantos viajam no trem de tal forma que, quando desocupam seus assentos, ninguém sequer percebe.

Curioso é considerar que alguns passageiros, que nos são tão raros, acomodam-se em vagões diferentes do nosso. Isso nos obriga a fazer essa viagem separados deles, mas não nos impede de atravessarmos nosso vagão e chegarmos até eles.

E assim seguimos nossa viagem, cheia de atropelos, sonhos, fantasias, esperas e despedidas.

Na certeza de que esse trem não vai voltar, devemos fazer essa viagem da melhor maneira possível, tentando nos relacionar bem com os outros passageiros, procurando em cada um deles o que tiverem de melhor, lembrando sempre de que, em algum momento, eles poderão fraquejar e precisaremos entender, porque provavelmente também fraquejaremos e com certeza haverá alguém que nos acudirá com seu carinho e sua atenção.

O grande mistério, afinal, é que não sabemos em qual parada desceremos, muito menos nossos companheiros de viagem. Então paramos para pensar se quando descermos desse trem sentiremos saudades... Acredito que sim, pois deixar nossos companheiros, filhos e amigos seguirem a viagem sem nossa companhia será no mínimo doloroso. Mas devemos nos agarrar à esperança de que, em algum momento, estaremos na estação principal e com grande emoção os veremos chegar.

Estarão provavelmente com uma bagagem que não possuíam quando embarcaram, e o que nos deixará mais felizes será a certeza de que, de alguma forma, nós colaboramos para o seu crescimento.

Façamos com que nossa estada nesse trem seja tranquila, que tenha valido a pena e que, quando chegar a hora do desembarque, o nosso lugar vazio traga saudades e boas recordações para aqueles que prosseguirem a viagem.

Não nos esqueçamos de que o primor de tudo isso é que somos o maquinista desse trem e nos trilhos da vida optamos pelos caminhos a serem percorridos, e nesse percurso escolhido, várias estações diferentes farão parte das nossas paradas.

Agradeço a você por termos feito juntos essa viagem na jornada das ervas e dos benzimentos. Que possamos estar lado a lado em várias viagens pelo caminho.

Gratidão.

Fábio Dantas e
Pai Benedito de Aruanda

Fontes de consulta

ALBUQUERQUE, Ulysses Paulino de. *As folhas sagradas*: as plantas litúrgicas e medicinais nos cultos afro-brasileiros. Recife: Universidade Federal de Pernambuco, 1997.

_____. A jurema nas práticas dos descendentes culturais do africano no Brasil. In: *As muitas faces da jurema*: de espécie botânica à divindade afro-indígena. MOTA, Clarice Novaes da; ALBUQUERQUE, Ulysses Paulino de (org.). Recife: Bagaço, 2002.

AVELINO, Thyago. *Bênção em palavras*: lições que transformam. 1. ed. Rio de Janeiro: Educandário Social Lar de Frei Luiz, 2019.

BALBACH, Alfons. *As plantas curam*. 22. ed. São Paulo: Missionária, 1966.

CAMARGO, Adriano. As plantas condimentícias nas comidas rituais de cultos afro-brasileiros. *Revista do Instituto de Estudos Brasileiros (RIEB)*, São Paulo, Universidade de São Paulo, 31, p. 81-94, 1990.

_____. *Rituais com ervas*: banhos, defumações e benzimentos. 3. ed. São Paulo: Livro Expressão, 2014.

CAMARGO, Cândido Procópio Ferreira de. *Kardecismo e umbanda*. São Paulo: Pioneira, 1961.

DANTAS, Fábio. *A magia das cartas terapêuticas*: controle suas emoções, tome melhores decisões e equilibre a sua vida com o poder dos arquétipos e do alinhamento dos chacras. Ilustrações de Jean Carlo Petchas. São Paulo: Planeta do Brasil, 2018.

DANTAS, Fábio; AVELINO, Thyago. *Águas de Aruanda*. 2. ed. revista e ampliada. Aracaju: Acura Editorial, 2020.

DE'CARLI, Johnny. *Reiki universal*. São Paulo: Butterfly, 2014.

HODSON, Geoffrey. *O reino das devas e dos espíritos da natureza*. São Paulo: Pensamento, 1991.

HOROWITZ, Leonard G. et al. *The Book of 528*: Prosperity Key of Love. Las Vegas: Tetrahedron, 2019.

MAGALHÃES, Álvaro. *Grande manual globo*: plantas medicinais e indicações terapêuticas por espécies. Porto Alegre: Globo, 1978. v. 7.

MCKUSICK, Eileen Day. *Tuning the Human Biofield*: Healing with Vibrational Sound Therapy. Rochester: Healing Arts Press, 2014.

MEDEIROS, José. *O livro do pêndulo*: técnicas essenciais e ferramentas indispensáveis para obter respostas às perguntas do dia a dia. Nascente.

MENEZES, Javert de. *A arte do benzimento*: orações, rezas, benzeduras. 2. ed. São Paulo: Alfabeto, 2017.

MOURA, Clóvis. *Rebeliões da senzala*: quilombos, insurreições, guerrilhas. São Paulo: Zumbi, 1959.

PRANDI, Reginaldo. *Herdeiras do axé*: sociologia das religiões afro-brasileiras. São Paulo: Hucitec: FFLCH-USP, 1996.

PITTA, J. C. N. Diagnóstico e conduta dos estados confusionais. Psiquiatria na Prática Médica v. 4 (4); 2002.

PRADO, Ana Cristina. *Fitoconsciência*: fonte de manifestação da planta. Aracaju: Acura, 2020.

REIMER, Ivoni Richter. *Milagres das mãos*: curas e exorcismos de Jesus em seu contexto histórico-cultural. São Leopoldo: Oikos; Goiânia: Ed. da UCG, 2008.

SANTOS, Jocélio Teles dos. *O dono da terra*: o caboclo nos candomblés da Bahia. Salvador: Sarah Letras, 1995.

SILVA, Cilma Laurinda Freitas. *Uso terapêutico e religioso das ervas*. Goiânia, Caminhos, v. 12, n. 1, p. 79-92, jan./jun. 2014.

TULIO, Theresa. *A botica caseira*: curso de manejo e preparo de ervas. 1. ed. Rio de Janeiro: Vila de Beroe, 2017.

VERGER, P. Tranquillizers and Stimulants in Yoruba Pharmaceutics. Special Seminar on: *The traditional Background to Medical Practice in Nigeria*, University of Ibadan: Institute of African Studies in collaboration with University College Hospital, 1966.

_____. Ewé: *O uso das plantas na sociedade iorubá*. São Paulo: Companhia das Letras, 1995.

Glossário de termos farmacêuticos e médicos

Adstringente: agente que causa na língua uma sensação de aperto, diminuindo as secreções ou formando uma capa protetora.
Afecções: doenças.
Afta: úlcera pequena e superficial que aparece nas mucosas do aparelho digestivo.
Amenorreia: ausência de menstruação.
Analgésica: que reduz ou suprime a dor.
Antianêmica: que combate a anemia.
Antiartrítica: que combate a inflamação nas articulações.
Antiasmática: que combate a dificuldade de respirar, manifestada por acessos irregulares.
Antibacteriana: que combate bactérias, destruindo-as ou detendo seu crescimento.
Antiblenorrágica: que combate a blenorragia, infecção purulenta da uretra e do prepúcio, no homem, ou da uretra e da vagina, na mulher.
Anticatarral: que combate o catarro e a constipação do peito.
Anticoagulante: que impede a coagulação do sangue.
Anticolinesterásica: substância que atua por meio da inibição da enzima acetilcolinesterase.
Anticonceptiva: o mesmo que anticoncepcional; que impede a fecundação.
Anticonvulsivante: que combate as convulsões.
Antiescorbútica: que previne ou cura o escorbuto, que é a doença causada pela carência de vitamina C.
Antiespasmódica: que age contra espasmos e dores agudas.
Antifúngica: que age contra as infecções provocadas pelos fungos.
Anti-inflamatória: que combate a inflamação.
Antimicrobiana: que impede o desenvolvimento de micróbios.

Antioxidante: substância que reduz ou impede os efeitos e consequências da oxidação.
Antirreumática: que age contra o reumatismo.
Antitérmica: que diminui a temperatura corporal; antifebril; antipirética.
Antitumoral: que combate tumores, formações patológicas com massa de tecido que persiste e cresce, sem função fisiológica.
Antiviral: que combate vírus.
Aromático: estimulante, picante.
Blenorragia: infecção purulenta da uretra e do prepúcio, no homem, ou da uretra e da vagina, na mulher.
Broncodilatadora: que dilata o lúmen das passagens de ar dos pulmões.
Bronquite: inflamação da mucosa dos brônquios, dos condutos situados na traqueia, através dos quais o ar entra e sai dos pulmões.
Calmante: alivia e interrompe a inflamação.
Carminativa: contra gases intestinais; antiflatulento.
Cistite: inflamação da mucosa da bexiga, geralmente causada por uma infecção; infecção na bexiga.
Colecistite: inflamação na vesícula biliar.
Colerética: que aumenta a produção da bile.
Colesterolemia: hipercolesterolemia, elevação patológica da taxa de colesterol no sangue.
Contraceptivo: anticoncepcional, que evita a gravidez.
Depurativa: que purifica o organismo, facilitando a eliminação de produtos do metabolismo.
Dermatose: designação das doenças da pele em geral.
Descongestionante: substância que alivia a congestão nasal.
Diaforética: sudorífera, sudorífica; estimulante da transpiração; que faz suar.
Dispepsia: distúrbios da função digestiva.
Diurética: que provoca a eliminação abundante de urina.
Eczema: doença da pele, com avermelhamento e prurido.
Elefantíase: doença parasitária que torna a pele rugosa como a do elefante; filariose.
Emética: que provoca vômito.
Emoliente: que tem a propriedade de amolecer tecidos irritados ou inflamados, formando uma capa protetora.

Epilepsia: doença nervosa com convulsões e distúrbios de consciência.

Escrofulose: doença que provoca escrófulas, isto é, ingurgitamento dos gânglios linfáticos devido a várias causas, às vezes infecciosas.

Esteatose: acumulação excessiva de gordura nos tecidos.

Estomatite: inflamação da mucosa bucal.

Eupéptica: que estimula as secreções gástricas, facilitando a digestão.

Expectorante: que facilita a expulsão das secreções; aquilo que ajuda na expectoração, na eliminação de catarro dos brônquios.

Febre intermitente: que para e recomeça por intervalos.

Flatulência: acúmulo de gases no tubo digestivo.

Gastralgia: dor de estômago.

Gastrite: inflamação da mucosa do estômago.

Gastroprotetora: que protege a mucosa do estômago.

Gonorreia: blenorragia; doença transmitida por via sexual, sendo causada pela bactéria Gram-negativa *Neisseria gonorrhoeae*, que pode causar, no homem, a inflamação da uretra e, na mulher, o aparecimento de um corrimento mucoso.

Gota reumática: reumatismo decorrente do excesso de ácido úrico no sangue.

Hematoma: edema que contém sangue.

Hemorroidas: condição patológica em que as veias do ânus ou do reto estão inchadas ou torcidas, causando dores.

Hemostática: agente capaz de estancar hemorragias.

Hepático: remédio para as doenças do fígado.

Hepatoprotetora: que protege o fígado.

Herpes: doença causada por vírus; erupção cutânea caracterizada pela formação de vesículas sobre base inflamada e separadas por intervalos de pele sã.

Hidropisia: retenção de líquido, edema.

Hiperacidez: excesso de ácido no estômago.

Hiperplasia: aumento de um órgão pelo crescimento excessivo de células.

Hipersensibilidade: sensibilidade excessiva, alergia.

Hipocolesterolemiante: que provoca diminuição da taxa de colesterol no sangue.

Hipoglicemiante: que provoca diminuição da concentração ou da taxa de glicose no sangue.

Icterícia: manifestação patológica caracterizada pelo aumento da bilirrubina no sangue, com deposição desse pigmento amarelo em vários tecidos – como na pele e nas mucosas –, o que explica a cor amarelada apresentada pelo paciente.
Intestino constipado: alteração intestinal que causa retenção de fezes ou dificuldade para evacuar: constipação intestinal; prisão de ventre.
Laringite: inflamação da laringe, levando à rouquidão.
Laxante: laxativo, que atua como purgativo fraco, que facilita a evacuação intestinal.
Leucorreia: corrimento vaginal, resultante de infecções por bactérias, fungos ou protozoários.
Litíase: formação de cálculos nos canais excretores das glândulas, como vias biliares e urinárias.
Litolítica: que dissolve ou desintegra cálculos ou pedras.
Metrorragia: hemorragia uterina fora do período menstrual.
Micose: infecção causada por fungos.
Mucolítica: que dissolve o muco.
Mucoprotetora: proteção das mucosas.
Narcótica: substância que amortece os sentidos, causando perda da sensibilidade.
Necrose: morte celular ou de tecido orgânico.
Neuroprotetor: que protege os neurônios.
Neuralgia: neuralgia, sintoma caracterizado por dor ao longo de um nervo e suas ramificações.
Oftálmico: remédio para as doenças dos olhos.
Parasitose: doença causada por parasitas.
Pneumoconiose: atribuição genérica para doenças causadas pela presença de poeira ou partículas sólidas no aparelho respiratório.
Prostatite: inflamação da próstata.
Prurido: comichão ou coceira; irritação que provoca coceira na pele.
Resolutiva: que faz cessar uma inflamação.
Sedativa: calmante, tranquilizante.
Sinusite: inflamação da mucosa dos seios da face, região do crânio formada por cavidades ósseas ao redor do nariz, das maçãs do rosto e dos olhos.
Sudorese: transpiração, eliminação de suor através da pele.

Sudorífera: sudorífica, diaforética, que provoca transpiração, que faz suar.
Tônico: que estimula o organismo em geral.
Uretrite: inflamação ou infecção do canal da uretra.
Vasoconstritora: que provoca contração dos vasos sanguíneos.
Vermífuga: que destrói ou expulsa vermes.

© arquivo pessoal

Sobre o autor

Fábio Dantas é escritor, palestrante, advogado e psicanalista. Bacharel em Direito, licenciado em Letras, mestrando em Direitos Humanos, doutor em Ciências Jurídicas e Sociais, especialista em Ciências da Religião e em Políticas Públicas e Gestão Governamental. Possui formação em Constelação Estrutural, Coaching Sistêmico, Ativismo Quântico, Cartas Terapêuticas, Tarô, Fitoterapia, Essências de Cristais e Florais de Lara, Master Hipnose e Resgate de Memórias, e Mesa Conexão Estelar. É presidente do Centro de Formação Espiritual Águas de Aruanda e voluntário de projetos sociais para seres humanos, animais e plantas, e autor de 13 livros, entre eles *A magia das cartas terapêuticas*, também do selo Academia da Editora Planeta.

Acompanhe o autor:

fabio.dantasoficial
fabiodantas.oficial

aguasdearuanda
aguasdearuanda.org.br

Responsabilidade social

O Centro de Formação Espiritual Águas de Aruanda, localizado na cidade de Aracaju (SE), tem como objetivo contribuir com a expansão das consciências humanas por meio de ensinamentos espiritualistas/holísticos e práticas culturais e sociais que fomentem a sedimentação de valores socioambientais e a construção de uma sociedade mais humanista, alicerçada em uma cultura de fraternidade, respeito e paz.

Hoje temos quatro projetos sociais em andamento: Alimentando Esperança, Francisco de Assis, Recicláguas e Horto da Serra. Além disso, apoia a construção e manutenção da Casa de Sossego Vó Tereza.

Conheça essa corrente do bem e participe dela:

www.aguasdearuanda.org.br

Casa de Sossego Vó Tereza | Aracaju-SE

Projeto que visa ao cuidado de crianças e adolescentes com paralisia cerebral e idosos em vulnerabilidade social. Faça parte deste grandioso projeto.

www.votereza.ong.br – Casa de Sossego Vó Tereza

Leia mais

Para saber mais sobre os nossos projetos

Aponte a câmera do seu celular ou utilize a URL
www.aguasdearuanda.org.br para acessar.

**Acreditamos
nos livros**

Este livro foi composto em Dante MT Std e
impresso pela gráfica Santa Marta para a Editora
Planeta do Brasil em fevereiro de 2025.